GOLDMANN
RATGEBER

Buch

Das weltbekannte Autorenteam Sheila Ostrander und Lynn Schroeder hat die Summe aus seinen jahrzehntelangen parapsychologischen Erfahrungen gezogen: Das Ergebnis ist ein Handbuch über alles, was Sie schon immer über PSI wissen wollten, und gleichzeitig das erste PSI-Praktikum, das den Leser aktiv an der Erforschung außersinnlicher Wahrnehmungen teilnehmen läßt, indem es zu eigenen Experimenten anleitet.

Das weitgespannte Trainingsprogramm führt von der »einfachen« Gedankenübertragung über das Fotografieren der menschlichen Aura bis zu psychokinetischen Experimenten, um sozusagen den »Stein ins Rollen« zu bringen. Denn tatsächlich ist jeder – bis zu einem gewissen Grad – medial begabt. Das Geheimnis liegt, wie so oft, im »gewußt wie« – das in diesem hervorragenden Trainingsbuch vermittelt wird.

Autoren

Sheila Ostrander und Lynn Schroeder sind seit vielen Jahren mit großem Erfolg in der parapsychologischen Forschung tätig und haben zu diesem Themenkreis bereits mehrere Bücher veröffentlicht, die große Aufmerksamkeit erlangten.

Im Goldmann Verlag ist von Ostrander/Schroeder bereits lieferbar:

Superlearning (11318)

OSTRANDER / SCHROEDER

PSI-TRAINING

Das umfassende Handbuch
mit praktischen Anleitungen zur Aktivierung
des eigenen PSI-Potentials

Aus dem Amerikanischen
von Helga Künzel

GOLDMANN VERLAG

Für Marjorie D. Kern (1896–1973), Autorin und Begründerin der Southern California Society for Psychical Research, und Ivan T. Sanderson (1911–1973), Autor, Forscher und Begründer der Society for the Investigation of the Unexplained.

Umwelthinweis:
Alle bedruckten Materialien dieses Taschenbuches
sind chlorfrei und umweltfreundlich.
Das Papier enthält bereits Recycling-Anteile.

Der Goldmann Verlag
ist ein Unternehmen der Verlagsgruppe Bertelsmann

Made in Germany · 1. Auflage · 2/93
Genehmigte Taschenbuchausgabe
Copyright © 1974 by Sheila Ostrander
and Lynn Schroeder
Gesamtdeutsche Rechte beim Scherz Verlag
Bern und München
Einzig berechtigte Übersetzung aus dem
Amerikanischen von Helga Künzel
Umschlaggestaltung: Design Team München
Druck: Elsnerdruck, Berlin
Verlagsnummer: 13676
SK · Herstellung: Sebastian Strohmaier
ISBN 3-442-13676-8

Inhalt

1 Neue Biologie des Denkens

Psi – der dreiundzwanzigste Buchstabe des griechischen Alphabets und Stamm von Wörtern wie *Psy*chologie oder *psy*chisch – hat in den letzten Jahrzehnten eine »Karriere« erlebt, von der es sich in Jahrtausenden vorher nichts hätte träumen lassen: Es wurde zum Sammelbegriff für alles Außersinnliche und Unnatürliche, Mystische und Okkulte, das den Menschen zugleich fasziniert, erschreckt und in oft fassungsloses Staunen versetzt. Aber während Psi bis vor kurzem für den medial Begabten wie für den Forscher nur ein subjektives Phänomen war, können heute bestimmte paranormale Erscheinungen dank moderner Instrumente und wissenschaftlicher Untersuchungsmethoden im wahrsten Sinne des Wortes »veranschaulicht« und ihre Wirkungsweise in konkret faßbaren Ergebnissen vermittelt werden. Und diese Möglichkeit, neue außersinnliche Kommunikationssysteme zu schaffen und zu nutzen, besitzt nicht nur der Psi-Forscher, sondern jeder, der daran interessiert ist, seine eigenen Fähigkeiten auf diesem Gebiet zu erproben. Das notwendige theoretische und praktische Rüstzeug dafür, kurz gesagt: das Knowhow in Sachen Psi, will Ihnen das vorliegende Buch liefern.

So werden zum Beispiel Anleitungen gegeben zum Bau vereinfachter, preiswerter Adaptationen einiger Vorrichtungen und Apparate, die von anerkannten Psi-Forschern entwickelt und in bahnbrechenden Experimenten verwendet wurden, und bestimmte, mit Erfolg angewandte Trainingstechniken so abgewandelt, daß sie auch für den »Hausgebrauch« nutzbar gemacht werden können. Es gibt Apparaturen, die Sie in die Lage versetzen, mit Pflanzen zu sprechen, verschiedenartige Auren oder auch die Auswirkungen Ihrer Gedanken auf Pflanzen und Menschen zu fotografieren. Es gibt Vorrichtungen und besondere Spiele, die Ihnen zur Entfaltung Ihrer telepathischen Fähigkeiten verhelfen. Es gibt Wege zur Erforschung »anderer« Energien und Möglichkeiten, bei denen Ihr Tonbandgerät als Mittler im Dialog mit dem Außersinnlichen eingesetzt werden kann.

Wer bereits überzeugt ist, daß es ASW (= Außersinnliche Wahrnehmung) gibt, der kann mit Hilfe der hier beschriebenen Methoden und Vorrichtungen greifbare Beweise für die Richtigkeit seiner Ideen erlangen. Und er kann anderen eine überzeugende Psi-Demonstration geben. Vor allem weil die Technologie jetzt eine einwandfreie Darstellung gewisser Psi-Effekte ermöglicht, wird heute endlich ernst genommen, was Sensitive seit Jahrhunderten behaupten – wenn sie es nicht vorzogen, was oft der Fall war, ihr Wissen um diese Dinge weitgehend geheim zu halten, weil sie den Mißbrauch dieser Kräfte fürchteten. Natürlich kann man Psi – genau wie jede andere geistige oder materielle Energie – zum Guten wie zum Bösen verwenden. Doch ist auch klar: Je mehr Menschen von einer Sache etwas verstehen, desto geringer ist die Wahrscheinlichkeit ihres Mißbrauchs auf breiter Basis, die Möglichkeiten ihres positiven Einsatzes für viele jedoch um so größer. Bereits heute stellt Psi auf manchem Gebiet ein wertvolles Hilfsmittel dar, etwa bei der medizinischen Diagnose, der Verbrechensaufklärung und der Steigerung der Lernfähigkeit, um nur einige Beispiele zu nennen.

Es dürfte im Interesse jedes einzelnen liegen, daß solche positiven Anwendungsmöglichkeiten der ASW bekanntgemacht und besonders jenen Menschen nahegebracht werden, die grundlegende, unser Leben betreffende Entscheidungen fällen und sich vielleicht der neuen, dank der Psi-Forschung möglich gewordenen Alternativlösungen nicht bewußt sind.

Dabei liegt eine Vielzahl an wissenschaftlichem Beweismaterial vor, das zeigt, daß bei unserem Denken und Fühlen Energieformen mitwirken, die bislang nirgends registriert werden konnten. Viele alte Texte, angefangen vom überlieferten Wissen des abendländischen Kulturkreises bis hin zu den Schriften östlicher Religionen, enthalten eine Methodologie für eine Form des Denkens, die es ermöglicht, Zustände in der materiellen Welt zu verändern, also *Energie zu manipulieren.* Diese Denkweise wird als schöpferisch, intuitiv oder transzendental beschrieben und oft als jene Methode bezeichnet, mit deren Hilfe neue Ideen entwickelt und Entdeckungen gemacht werden. Es ist eine Denkweise, die Dichter und Technologen, Musiker und Geschäftsleute gemeinsam haben. Kunst, Religion und Wissenschaft sind durch diese dynamische, kreative Art des Denkens miteinander verbunden.

Heute nähern wir uns vielleicht einer *neuen Biologie des Denkens.* Durch neue Instrumente und neue wissenschaftliche Techniken können wir jetzt beobachten und untersuchen, in welcher Wechselbeziehung unser Denken und unsere Sprache zu dem uns umgebenden Universum stehen. Die zeitgenössische Technologie liefert uns eventuell ein Mittel, mit dessen Hilfe wir über sie hinauswachsen und ergründen können, in welcher Weise Geist und Materie ein einziges Kontinuum darstellen, Musik und Medizin zusammenhängen, Dichter und Techniker durch ähnliches Funktionieren des Geistes verbunden sind.

Man kann über ein Thema lesen, argumentieren, man kann dazu »ja«, »niemals« oder »vielleicht« sagen, aber um welches Thema es sich auch handelt: Erst die persönliche Erfahrung weitet den Blick wirklich. Es ist etwas ganz anderes, wenn *Sie selbst* ein telepathisches Erlebnis haben oder *selbst* eine Aufnahme machen von der funkelnden Korona eines Blattes. Und es ist auch etwas ganz anderes, wenn Sie selbst eine Behauptung überprüfen und sie entweder bestätigen oder widerlegen können. Darum haben wir uns bemüht, vor allem die Psi-*Experimentatoren* auf den für Sie besonders interessanten Gebieten – wie zum Beispiel Telepathie und Psychokinese – mit den neuesten Informationen bekannt zu machen.

Wie Sie dieses Handbuch benutzen, hängt weitgehend von dem Ziel ab, das Sie mit Psi in erster Linie erreichen möchten, denn die meisten Projekte eignen sich – mit kleinen Abwandlungen – sowohl für Unterhaltungsspiele im Freundes- und Familienkreis wie auch für wissenschaftliche Experimente. Auf einem so jungen Gebiet wie Psi herrscht viel Spielraum für persönliche Ideen, für die Entwicklung neuer Techniken und für die Erfindung neuer Geräte oder Systeme. Zur Erläuterung der Vorrichtungen, die Sie verwenden, und der Untersuchungen, die Sie machen können, wird aber auch anhand von Beispielen geschildert, wie bestimmte Forscher ihre Projekte entwarfen und verwirklichten. Und die umfassende, detaillierte Bibliographie zu allen im Buch angesprochenen Themen (S. 279ff.) macht es jedem, der möchte, möglich, sich noch eingehender mit der Materie zu beschäftigen und sich mit dem einen oder anderen Gebiet intensiv zu befassen.

Wenn Sie ein Experiment planen, müssen Sie bedenken, daß bei Psi der Beobachter und das Beobachtete nicht so unabhängig voneinander sind wie bei vielen anderen Testfällen. Ihr Denken und Ihre Kraftfelder sind Bestandteil des Experiments – was uns daran erinnert, daß unser Geist nicht von der Materie getrennt, sondern Teil eines Ganzen ist. Sinn und Zweck der in diesem Buch beschriebenen Projekte ist es nicht, Psi in ordentliche kleine Kästchen zu packen und ebenso viele Stückchen objektiver Wahrheit zu erhalten. Es will vielmehr zu weiterer Forschung anregen, deshalb werden Kriterien genannt und Verfahren zur Überprüfung von Phänomenen beschrieben, damit jeder Interessierte in dem weitgehend unerschlossenen Gelände auf dem richtigen Weg bleibt. Ihre Experimente können dann auf diesem Weg Prüfsteine sein oder gar Marksteine einer neuen Route werden.

Dabei sind Schlußfolgerungen auf dem Gebiet der Psi-Forschung stets risikoreiche Gratwanderungen. Es ist unerläßlich, daß Ihr Geist nicht zu »beschränkt« ist, um die Bedeutung dessen zu erfassen, was Sie vor sich sehen. Andererseits ist es wichtig, daß Sie sich nicht aufgrund einiger weniger Experimente zu falschen Schlüssen verleiten lassen, von der Art, wie sie die Humoristin Maggie Grant in ihrer Kolumne im *Canadian Magazine* höchst anschaulich darstellte: »Frage: Ist es wahr, daß die Rolltreppen in einem Kaufhaus mit der Kraft betrieben werden, die von den durch die Drehtüren gehenden Kunden erzeugt wird? Antwort: Wenn Sie ins Geschäft schauen, nachdem die Drehtüren geschlossen und abgesperrt wurden, sehen Sie, daß die Rolltreppen nicht mehr laufen.«

Es ist also ratsam, welche Ergebnisse Ihre Experimente auch immer erbringen, sie mit den Ergebnissen anderer Forscher zu vergleichen. Schon um zum Beispiel herauszufinden, warum etwas an manchen Tagen funktioniert und an anderen nicht, warum dieses oder jenes bestimmten Experimentatoren gelingt, anderen dagegen nicht.

Etwa ein Jahr bevor Alexander Graham Bell, der Erfinder des Telefons, dieses sein berühmtestes Patent erhielt, erschien in einer amerikanischen Zeitung folgender Artikel:

Gestern wurde ein Mann aufgrund der Beschuldigung verhaftet, versucht zu haben, unter Vorspiegelung falscher Tatsachen Geld zu erschleichen. Er behauptete, die Entwicklung einer Vorrichtung zu unterstützen, die es einer Person ermöglicht, mit einer mehrere Meilen entfernten anderen Person sprechen zu können, und zwar mittels eines kleinen Apparats und eines Kabels. Zweifellos ist der Mann ein Betrüger und skrupelloser Schwindler, den man lehren muß, daß die amerikanische Öffentlichkeit zu klug ist, um auf solche und ähnliche Hirngespinste hereinzufallen. Selbst wenn diese unsinnige Idee durchführbar wäre, hätte sie keinen praktischen Wert, außer für zweitrangige Zirkusnummern.

Wenn man auf dem Gebiet des Paranormalen forscht, sollte man sich also davor hüten, zu rasch dem Drehtüreffekt zu erliegen, andererseits aber auch nie vergessen, daß wir heute über ganze Kontinente hinweg mit anderen Menschen sprechen können . . .

Dieses Buch ist in mancher Hinsicht eine Do-it-yourself-Anleitung, die man mit einer unvollendeten Landkarte vergleichen kann: Die Routen zu den wichtigen Ausgangspunkten sind markiert, es gibt Grenzsteine, Wegzeichen und schließlich Spuren, die nur ein Stück weit führen. Der Rest des Gebiets ist Terra incognita und harrt der Erschließung. Die Forscher sind unterwegs, und jetzt haben sich ihnen auch viele andere Menschen, Wissenschaftler wie Laien, angeschlossen. Es sieht so aus, als stünde das sogenannte Grenzgebiet zur Besiedelung offen.

2 Die Pflanze
als paranormale Werkstatt

Es ist an der Zeit, von Kohlköpfen zu sprechen – und von Philodendren. Und es ist offenbar auch an der Zeit, *mit* vielen Dingen zu sprechen – all den schönen, bizarren, alltäglichen, sprießenden, schießenden, kriechenden, wurzelnden und blühenden Mitgliedern des Pflanzenreichs. Vermutlich wissen wir alle, und vermutlich denken wir kaum je daran, daß ohne Pflanzen kein Leben auf Erden möglich wäre, daß es ohne sie keine Umwandlung der Sonnenenergie in Nahrung gäbe. Pflanzen sind Bindeglieder zum Leben. Und offensichtlich können sie uns mehr über die Grundlagen allen Lebens enthüllen, als wir bisher für möglich gehalten haben.

»Liebe, Haß, Freude ... und zahllose andere angemessene Reaktionen auf bestimmte Reize sind bei Pflanzen genauso üblich wie bei Tieren«, behauptet Sir Jagadis Chandra Bose, der große indische Physiologe und Biophysiker.

»Auch wenn die Vorstellung beunruhigend ist: Es könnte sein, daß *ein* Lebenssignal die gesamte Schöpfung verbindet«, sagt Cleve Backster, ein international anerkannter Polygraph-Experte und Erfinder des Lügendetektors. Backster, heute noch Leiter einer Schule für Polizeibeamte, ist nicht der Mensch, den man sich im Garten auf dem Boden kauernd vorstellt, wie er Petunien gut zuredet und Tomaten bemitleidet. Doch eines Abends im Jahre 1966 befestigte er die Elektroden eines Polygraphen an seiner Dracaena. Er fragte sich, wie lange die kurz zuvor begossene Pflanze wohl brauchen würde, um die Flüssigkeit aufzusaugen. Das fand er nicht heraus, denn statt einer ansteigenden Kurve zeigte das Diagramm eine reich ausgezackte Abwärtslinie; das heißt, Backsters Drachenbaum zeigte eine Reaktion, die derjenigen eines Menschen ähnelte, der kurzfristig erregt ist. Backster, der sehr wohl wußte, daß ein Polygraph dann am stärksten ausschlägt, wenn sich der daran angeschlossene Mensch bedroht fühlt, überlegte: »Was würde passieren, wenn ich die Pflanze verletzte, wenn ich sie versengte?« Im selben Augenblick schoß die Feder des Polygraphen nach oben: Es sah so aus, als habe die Pflanze auf Backsters Gedanken reagiert. Diese eine Polygraphenbewegung stürzte Backster in ein wissenschaftliches Forschungsabenteuer, das ganz offensichtlich ungeheure Konsequenzen hat. Backster war nicht der erste und ist heute nicht der einzige Wissenschaftler, der in die unbekannte Welt um uns herum eindringt, doch bei der Erforschung der Wahrnehmung und Kommunikation im Pflanzenreich wirkt er nach wie vor als Katalysator.

Vor einigen Jahren saßen wir noch lange nach Mitternacht mit einem NASA-Ingenieur in Backsters New Yorker Labor. Wir hatten uns einige der Pflanzenexperimente angesehen, und ein Sternphilodendron war immer noch an den Polygraphen angeschlossen. Keiner von uns hatte seit etwa einer halben Stunde das Gerät beachtet. Das Gespräch war abgeschweift, hatte sich schließlich den rasch steigenden Mieten in New York zugewandt, und einer von uns sagte scherzend zu Cleve Backster: »Wenn die Mieten weiter so hochgehen, werden Sie bald nicht mehr genug Geld haben, um Ihre Pflanzen zu versorgen.« Zipp! Die Feder schnellte nach oben. Allem Anschein nach waren nicht nur vier so spät noch wach, sondern fünf. Der Philodendron hatte sich ins Gespräch eingeschaltet. Die Sache war sehr komisch und vollkommen unwissenschaftlich, aber gerade weil das Ganze so unerwartet geschah, für uns persönlich eine überzeugende Demonstration von Pflanzenwahrnehmung.

Zu den Behauptungen, die von Erforschern des grünen Reichs aufgestellt wurden, zählen: Pflanzen reagieren auf Gedanken über ihr Wohlergehen; sie reagieren auf den Tod von Lebewesen und fühlen mit den Lebewesen in ihrer Umgebung; sie können mit ihren Besitzern kommunizieren, auch wenn diese Hunderte von Kilometern entfernt sind; geschieht eine Katastrophe, werden sie »ohnmächtig«; Pflanzen können sich erinnern und sind möglicherweise sogar fähig, einem Beobachter zu sagen, ob er an seine letzte Liebschaft oder ein mathematisches Problem denkt; Pflanzen lassen sich als Sensoren und Detektoren benutzen, als eine Art »Kontrollanlagen«; sie lassen sich in Systeme integrieren, mit deren Hilfe man Maschinen aus Distanz anzuschalten vermag, indem man einfach an sie denkt; Pflanzen können den Zugang zur Erschließung neuer Formen von Energie liefern.

Wir wollen sehen, was an diesen Behauptungen wirklich dran ist.

Backster nannte den Effekt, den er mit Hilfe des Polygraphen entdeckte, »Primär-Wahrnehmung«. Wahrnehmung im Pflanzenreich – diese Vorstellung umfaßt so viel, daß sie neben den Psi-Interessierten bestimmt auch zahllose andere Menschen fasziniert, vor allem natürlich Berufs- und Hobbygärtner. Außerdem hat diese neue Dimension unserer Beziehung zu Pflanzen sicherlich auch der Philosophie etwas zu sagen, den Geisteswissenschaften, der Ökologie, der Religion und sogar der Medizin.

Vielleicht wollen Sie auch selbst experimentieren und an Ihren Pflanzen Kontrollgeräte befestigen – eine entsprechende Versuchsanordnung wird später beschrieben. Doch Sie können die Wahrnehmungsfähigkeit der Pflanzen auch ohne ein Gerät testen. Beginnen Sie damit, die Reaktionen von Pflanzen auf Ihre Gedanken und Gefühle zu prüfen. Dazu brauchen Sie lediglich:

1. Sechs Blumentöpfe, Pflanzkästen, Kuchendosen oder andere geeignete Behälter.

2. Samen: Gerste, Bohnen und Mais keimen rasch. Schauen Sie auch, was es in Ihrem Lebensmittelgeschäft an Dörrgemüse gibt. Samen, die zum Züchten eßbarer Keimlinge verkauft werden, eignen sich ausgezeichnet und dürften hohe Keimwerte haben. Im Grunde kann man aber jeden Frucht-, Blumen- oder Gemüsesamen verwenden.

3. Erde: mit oder ohne Dünger bzw. Wachshilfen. Mischen Sie die Erde gründlich. Jeder Topf muß genau die gleiche Quantität und Qualität erhalten.

Denken Sie daran, daß die Pflanzen bei jedem Experiment genau gleich versorgt werden, die gleiche Menge Wasser, Licht, Wärme usw. erhalten müssen. Der einzige Unterschied besteht darin, daß Sie bestimmten ausgewählten Pflanzen außerdem noch Ihre Gedanken zuwenden.

Stecken Sie nun in vier Töpfe je acht Samen, und zwar gleich tief. Bestimmen Sie durch Werfen einer Münze, welchen beiden Töpfen Sie Ihre Gedanken widmen wollen. Kennzeichnen Sie diese Töpfe mit einem Pluszeichen und die anderen zwei mit einer Null. Stellen Sie die Plustöpfe 1 bis 1,5 Meter von den Kontrolltöpfen entfernt auf. Legen Sie fest, wie lange Ihr Experiment dauern soll – am besten zwischen zwei und fünf Wochen, je nachdem, welches größte Wachstum Sie erreichen wollen und wie hoch die Wachstumsrate Ihrer Samen ist.

Verbringen Sie täglich zweimal mindestens 10 bis 15 Minuten damit, eine emotionale Verbindung zu den Pluspflanzen herzustellen. Was Sie dabei sagen sollen? Das ist eine Sache des Temperaments. Manche Menschen beten für Ihre Pflanzen, andere beschwören einen universellen Lebensgeist. Viele erzielen durch liebevolle und ermutigende Worte und Gedanken gute Ergebnisse. Sie sind ehrlich begeistert, wenn Schößlinge erscheinen, und jubeln über die täglichen Fortschritte. Wieder andere reden ihren Pflanzen nur gut zu, und einige wenige haben sogar versucht, ihnen hypnotische Befehle des Inhalts zu erteilen, daß sie wachsen und gedeihen sollen. Yoga-Schüler meditieren und lassen dabei ihre Gedanken um die Samen kreisen. Sprechen Sie mit Ihren Pflanzen stumm oder laut, aber was Sie auch tun, seien Sie positiv und vom Erfolg überzeugt, das heißt, stellen Sie sich möglichst lebhaft vor, wie Ihre Pflanzen sprießen und gedeihen, zu sattgrünen, kräftigen, vitalen Gebilden heranwachsen.

»Das Geheimnis verbesserter Pflanzenzucht ist neben wissenschaftlicher Kenntnis die Liebe«, erklärte einmal der berühmte Pflanzenzüchter Luther Burbank, womit er gleich eine der beiden auf jeden Fall zu beachtenden Regeln bei der Pflanzenkommunikation angesprochen hat: Sie müssen Ihren Pflanzen *täglich* eine aufmerksame Behandlung angedeihen lassen; es genügt nicht, ihnen lediglich ein paar flüchtige Gedanken zu widmen und dann Ergebnisse zu erwarten. Und – Regel Nummer zwei – Sie müssen daran *glauben*, daß Sie Pflanzen beeinflussen können. Tun Sie das nicht, werden Ihre Gedanken schwach und Ihre Konversation bloße Pflichtübung sein. Um den Einfluß Ihrer Gedanken genau verfolgen zu können, messen Sie regelmäßig die Ergebnisse:

1. Notieren Sie, wann die Keimlinge sichtbar werden. Machen Sie am besten Fotos.

2. Messen Sie nach Ablauf des Experiments die Pflanzen in Millimetern; kontrollieren Sie Üppigkeit und Aussehen; machen Sie zum Vergleich Aufnahmen von allen vier Töpfen.

3. Wenn Sie wollen, können Sie die Pflanzen behutsam ausgraben und unter Wasser von der Erde befreien. Messen Sie das Wurzelsystem, wiegen Sie die Pflanzen und machen Sie noch einmal ein Vergleichsfoto.

Der Psychologe Dr. Robert Brier empfiehlt für ein Experiment »zu Hause«, je fünf Samen in zehn Töpfe zu geben, mit fünf der Töpfe zu sprechen und die anderen als Kontrolltöpfe »links liegen zu lassen«. Führen Sie dieses Experiment zehnmal durch. Wenn die von Ihnen »bevorzugten« Samen bei acht von zehn Versuchen größer werden als die Kontrollsamen, ist es Ihnen gelungen, einen Kontakt herzustellen.

In der Pflanzen-Psi-Werkstatt gibt es aber auch Arbeit für all jene, die kein »grünes Händchen« haben, deren Efeu welkt und deren Geranien verdorren, was immer sie auch anstellen. Solche Menschen haben vielleicht besondere Begabung für das *Hemmen* von Wachstum, und man kann das eben beschriebene positive Experiment auch mit negativen Vorzeichen durchführen und dann unter Umständen sogar besonders dramatische Beweise für die Macht seiner Gedanken erhalten. Bereiten Sie sechs Töpfe mit Samen vor; ermutigen Sie zwei davon, verwünschen Sie zwei und ignorieren Sie die restlichen beiden. Trennen Sie die Versuchstöpfe ein gutes Stück voneinander, und stellen Sie die Kontrolltöpfe dazwischen. Sie können die Töpfe mit +, 0 und – kennzeichnen. Behandeln und messen Sie die Pflanzen wie im vorstehend beschriebenen Grundexperiment.

Seien Sie zu den Samen und Keimlingen in den Negativtöpfen so verächtlich und herabsetzend wie möglich (sorgen Sie aber dafür, daß sie – objektiv betrachtet – die gleiche Pflege erhalten wie die anderen Töpfe). Behandeln Sie die Pflanzen als etwas Ekliges, befehlen Sie ihnen, nicht zu wachsen, und wenn sie doch wachsen, gebieten Sie ihnen, sofort *aufzuhören*.

Die De-la-Warr-Laboratorien in Oxford forderten die über ganz England verstreuten Mitglieder ihrer Radionic Association auf, solche Pflanzenexperimente durchzuführen. Ein südafrikanischer Chirurg fand heraus, daß er seine Samen nicht unbedingt hassen, sondern sie nur mit einem steten Strom der Entmutigung überschütten mußte, um ihr Wachstum zu behindern. Er setzte in seinem Büro im Winter Bohnenkerne in Töpfe und erklärte jenen in den Minustöpfen: »Es ist zu kalt, und die Sonne scheint nicht. Es hat keinen Sinn, daß ihr zu keimen versucht. Wenn ihr keimt, werdet ihr es bereuen.« Die freundlich behandelten Bohnen in den Plustöpfen wuchsen dagegen prächtig, und die Kontrollpflanzen blieben »in der Mitte«. Angesichts der Minustöpfe meinte der Arzt: »Offensichtlich bin ich so etwas wie die rechte Hand des Teufels . . .«, denn keiner der verwünschten Bohnenkerne schob einen Keimling durch die Erde. Nur drei von acht hatten unter der Erde ein kleines Würzelchen getrieben.

Biologiestudenten könnten versuchen, das Gedeihen von Elementarpflanzen wie Pilzen zu beeinträchtigen oder gar ganz zu unterbinden. Wählen Sie eine Abart mit ziemlich klaren Umrißlinien. Setzen Sie in zehn Petrischalen Kulturen an, behandeln Sie fünf davon mit wachstumshemmenden Gedanken und benutzen Sie die anderen fünf zur Kontrolle. Verwenden Sie mindestens 15 bis 30 Minuten darauf, die Pilze am Wachsen zu hindern. Das Experiment kann aus einer einzigen Sitzung bestehen oder sich über einen längeren Zeitraum erstrecken. Der französische Parapsychologe Dr. Jean Barry stellte in einer seiner Testreihen mit Pilzen fest, daß die Versuchspersonen in 27 von 28 Fällen das Wachstum hemmten!

Experimentieren Sie mit verschiedenen Pflanzenarten, um herauszufinden, ob einige empfänglicher sind für Ihre Ermutigungen als andere. Dr. Paul Blondel, Professor für Naturwissenschaften am Blake College in Kalifornien, hat angeblich entdeckt, daß Tomaten, Kohl und Kartoffeln sich am stärksten durch liebevolle Aufmerksamkeit und schmeichelnde Worte beeinflussen lassen. Menschen, die sogenannte Auren wahrnehmen, behaupten oft, sie könnten die Emotionen der Pflanzen genauso aus den Veränderungen der Korona ablesen wie die menschlichen Gefühle. Das berühmte Medium Eileen Garrett erzählte uns einmal, daß sie bei einem Besuch in Backsters Laboratorium »sehen« konnte, wie Pflanzen auf seine Besorgnis reagierten und eifersüchtig wurden, wenn er seine Aufmerksamkeit anderen zuwandte. Gibt es verschiedene Ebenen »emotionaler« Stabilität bei Pflanzen, sind einige anfälliger für Einflüsse von außen als andere? Notieren Sie den prozentualen Wachstumsunterschied zwischen »beachteten« und Kontrollpflanzen. Vergleichen Sie ihn bei verschiedenen Arten.

Wenn es Ihnen gelungen ist, das Pflanzenwachstum zu hemmen, sollten Sie prüfen, ob bestimmte Pflanzen widerstandsfähiger gegen negative Gedanken sind als andere. Einige Versuche scheinen darauf hinzuweisen, daß sich das Wachstum von Weizen besonders schwer bremsen läßt – Zufall, oder verweist dieses Ergebnis auf größere Vitalität, auf eine Extraration »Lebenskraft« in den Nährstoffen?

Natürlich können Sie Ihre Plus- und Kontrollpflanzen in den Garten setzen, sie dort weiterbehandeln und die Fortschritte überprüfen. Sie können auch im Garten selbst experimentieren. Wenn Sie weniger an wissenschaftlichen Beweisen pro oder kontra Pflanzenkommunikation interessiert sind als an einem Weg, Blumen und Gemüse üppiger sprießen zu lassen, wählen Sie einfach einen Teil des Gartens für die positive Beeinflussung aus und benutzen den Rest als Kontrolle. Wollen Sie noch zusätzlich eine Art Experiment machen, stecken Sie ein Stück ab, das 2,5 Meter im Quadrat mißt; entfernen Sie den Mutterboden, sieben Sie ihn durch, mischen Sie ihn gründlich, damit die Qualität einheitlich ist, und geben Sie ihn wieder auf das Beet; unterteilen Sie das Beet in der Mitte durch einen 30 Zentimeter breiten Streifen »Niemandsland«; bepflanzen oder besäen Sie die beiden Hälften, bestimmen Sie eine Seite für die positive Beeinflussung und die andere als Kontrollbeet; lassen Sie auch hier beiden Beeten gleiche Pflege angedeihen.

Pflücken Sie von einem Busch oder einer Pflanze zwei ähnlich aussehende Blätter. Legen Sie in Ihrer Wohnung das eine Blatt an einen beliebigen, einsamen Ort und das zweite in einem anderen Zimmer an einen besonders schönen Platz. Ermutigen Sie das zweite Blatt, sprechen Sie mit ihm, bewundern Sie es, so oft Sie können. Vergleichen Sie die beiden Blätter nach einer Woche, zwei Wochen, einem Monat. Wenn Sie einen »Haltbarkeitserfolg« verbuchen können, versuchen Sie das gleiche mit Schnittblumen. Manche Menschen behaupten, sie könnten Schnittblumen in ihrer Wohnung durch ein bißchen Liebe und gutes Zureden länger frisch halten. Andere glauben gar, die Farben des Zimmers wirkten sich auf die Lebenskraft von Blumen aus. Auf jeden Fall beeinflussen verschiedenfarbige Lichter, das heißt unterschiedliche Frequenzen, das Pflanzenwachstum.

Mit Hilfe polygraphischer Aufzeichnungsgeräte und bei sorgfältiger Abstimmung der Zeit gelang Backster die Feststellung, daß sich Pflanzen sogar über ziemlich weite Entfernungen hinweg – in einem Fall 160 Kilometer – auf ihre Eigentümer einstimmen. Pflanzen fangen die ihnen gesandten Gedanken auf und scheinen auch mitfühlend zu reagieren, wenn ihr Besitzer in emotionale Schwierigkeiten gerät.

Gehen Sie bei Distanzexperimenten folgendermaßen vor:

1. Nehmen Sie zwei Gruppen gleicher Samen. Wählen Sie eine Gruppe aus, die Ihre Gedanken empfangen soll. Halten Sie die Samen in der Hand, denken Sie an sie, stellen Sie sich vor, wie die Samen keimen – schließen Sie sozusagen Freundschaft mit ihnen. Säen Sie dann beide Gruppen aus. Stellen Sie die Töpfe an eine Stelle, an die Sie selten kommen, oder noch besser, lassen Sie die Töpfe von jemand anderem versorgen. Wenn Sie wollen, können Sie die Töpfe auch ins Haus eines Freundes bringen. Achten Sie aber auf jeden Fall darauf, daß Sie sich den Standort und die Position der einzelnen Töpfe vorstellen können. Bezeichnen Sie die Töpfe mit A und B, doch sagen Sie Ihrem Helfer nicht, welche der Töpfe Ihre Gedanken auffangen sollen. Gehen Sie dann wie bereits beschrieben vor, und vergessen Sie nicht, den ausgewählten Töpfen wirklich Ihre Gedanken zu senden.

2. Nehmen Sie zwei Pflanzenschößlinge, beispielsweise Efeu oder Chrysantheme, oder zwei Töpfe mit Samen, die normal gekeimt haben. Kennzeichnen Sie die Töpfe mit A und B. Senden Sie erneut den Pflanzen Ihre Gedanken aus einem anderen Zim-

mer oder einem anderen Haus, doch versuchen Sie diesmal, das Wachstum einer Gruppe zu hemmen.

Den Beweis, daß Pflanzen in der Tat aus der Ferne beeinflußt werden können, erbrachte Dr. Robert Miller, ehemaliger Professor für Industriechemie am Polytechnikum in Georgia. Er bat den Luftfahrtingenieur Ambrose Worrall und dessen Frau Olga, beides angesehene Geistheiler, eine Roggenpflanze in ihr Abendgebet einzuschließen, das sie immer um 21 Uhr sprachen. Der Roggensamen wuchs in Atlanta, die Worralls lebten im fast 1000 Kilometer entfernten Baltimore. Um 21 Uhr verzeichneten Millers Geräte in seinem gegen atmosphärische Einflüsse abgeschirmten Labor einen plötzlichen Wachstumsschub bei dem Roggensämling. Um 8 Uhr am nächsten Morgen lag die Wachstumsrate des Sämlings 840 Prozent über normal!

Aber Pflanzen sind offenbar nicht nur fromm, sondern auch hochmusikalisch, wie ein Geiger in Südindien erfahren durfte. Mehrere Wochen hindurch spielte er ihnen jeden Tag bei Sonnenaufgang eine klassische Weise vor. Den höchst sensiblen Zuhörern gefiel seine Musik, und sie steigerten ihr Wachstum um das Doppelte. Der Geiger war Dr. T. C. N. Singh, Leiter des Botanischen Instituts der bei Madras gelegenen Annamali-Universität, und sein Publikum bestand aus Mimosen. Dr. Singh hatte seine Versuche mit einer Stimmgabel begonnen und her ausgefunden, daß das Pflanzenprotoplasma, das zur Zeit der Morgen- und der Abenddämmerung normalerweise träge strömt, durch rhythmische Schallwellen, Musik und Tanz beschleunigt werden kann. 1958 berichtete er auf einer Tagung der International Horiculture Society in Frankreich, daß Geigen, Flöten und menschlicher Gesang bei Petunien, Zwiebeln, Manioksträuchern und Wasserpfeffer das Wachstum beschleunigen und die Größe sowie den Ertrag steigern können. Einige Pflanzen geben die neuerworbenen Eigenschaften angeblich sogar an nachfolgende Generationen weiter. Musik könne, so behauptete Singh, Chromosomenveränderungen herbeiführen.

Strenge und weniger strenge Experimente, die seit damals durchgeführt wurden, scheinen zu bestätigen, daß bestimmte Musik – besonders klassische (z. B. Bach und Brahms) und

Songs der Beatles – Pflanzen in die Höhe treibt. Ein Wissenschaftler stellte fest, daß sein Bryophyllum bei Dunkelheit die Blätter zusammenrollte, sie aber, wenn er die Ouvertüre zu *Wilhelm Tell* spielte, wie auf ein Wecksignal hin sofort aufrollte, ob es dunkel war oder nicht.

Auch anderer strukturierter Schall, der keine Musik ist, kann Pflanzen beeinflussen. Yogis aus dem Sivananda Yoga Ashram in Val Morin, Quebec, wirkten an Backsters Experimenten mit und beobachteten spezifische Pflanzenreaktionen, während sie Yoga-Mantras sprachen.

Ein anderes interessantes Experiment besteht in dem Versuch, die zum Gießen der Pflanzen verwendete Flüssigkeit zu beeinflussen. Füllen Sie zwei verschließbare Flaschen mit Leitungswasser, Quellwasser oder irgendeiner Lösung, die Sie zum Gießen Ihrer Pflanzen verwenden wollen. Stellen Sie aber unbedingt sicher, daß der Inhalt beider Flaschen gleich ist. Halten Sie eine der verschlossenen Flaschen 15 bis 30 Minuten in den Händen. Denken Sie positiv, stellen Sie sich bildlich vor, zu welch prächtigem Wachstum dieses Wasser die Pflanzen anregen wird, beten Sie über dem Wasser, oder segnen Sie es, wenn Sie wollen. Versuchen Sie, ein freudiges, optimistisches Gefühl oder Energie auf das Wasser zu lenken. Begießen Sie die Samen in den Plustöpfen mit diesem Wasser und die Kontrollpflanzen mit dem aus der unbehandelten Flasche. Geht Ihnen die Flüssigkeit vor Abschluß des Experiments aus, benutzen Sie für beide Pflanzengruppen normales Leitungswasser.

Dr. Bernard Grad von der McGill-Universität in Montreal ließ in streng kontrollierten, wiederholten Experimenten den bekannten Heiler Oberst Oskar Estebany ein verschlossenes Becherglas mit schwacher Kochsalzlösung in Händen halten. Pflanzen, die mit der von Estebany ausgehenden »Vitalkraft« (wie Grad diese Energie nennt) angereicherten Lösung gegossen wurden, wuchsen deutlich besser als die mit der qualitativ gleichen, aber nicht behandelten Lösung begossenen Pflanzen.

J. I. Rodale, ein Pionier des organischen Gartenbaus und späterer Begründer der Zeitschrift *Prevention,* besuchte vor einigen

Jahren die De-la-Warr-Laboratorien in England. Dort hörte er von Experimenten, die er frei heraus als »unglaublich« bezeichnete: Wenn die Mutter einer jungen Pflanze sterbe, so hieß es, gedeihe die Pflanze nicht so gut wie ein Ableger, dessen Mutter gesund und munter sei. Doch einen eigenen Versuch war Rodale die unglaubliche Sache trotzdem wert.

Nach einiger Zeit berichtete er, was mit acht Ablegern geschehen war, die er auf seiner Farm in Pennsylvania von zwei Harfenstrauchpflanzen genommen hatte: Rodale schuf mit Bedacht gegensätzliche Situationen. Er vernichtete eine der Mutterpflanzen; er verbrannte sie samt der Erde aus dem Topf, in dem sie gewachsen war, und vergrub die Scherben des zerschlagenen Topfs einige Kilometer vom Versuchsort entfernt. Was geschah? Die vier verwaisten Ableger wuchsen kümmerlich, wogegen die vier anderen, deren Mutter unversehrt geblieben war, prächtig gediehen. Spielten die Gedanken des Experimentators dabei eine Rolle, oder war irgendeine unbekannte Energie am Werk? Ist der abgeschnittene Teil, der Ableger, noch Teil des Energiekörpers der Mutterpflanze? Wie lange braucht ein Ableger, um seine eigene Identität zu entwickeln und nicht mehr von der Mutterpflanze »abhängig« zu sein?

Jeder kann dieses seltsame Experiment wiederholen und – wenn er Erfolg hat – weitere Theorien entwickeln.

Die Forschungen im Pflanzenreich scheinen vor allem zwei neue Aspekte der Naturbetrachtung erbracht zu haben: die Möglichkeit einer Kommunikation mit Pflanzen und die Vorstellung, daß die Pflanzen Bestandteil eines feinen, veränderlichen Energienetzes sind, das alles Leben durchdringt und verbindet. Gedanken und Energien – vielleicht ein und dasselbe Phänomen aus zweierlei Perspektive betrachtet, ähnlich wie die Physiker das Licht einmal als Wellen, einmal als Teilchen sehen.

Blätter könnten mit viel mehr Formen von Energie in Zusammenhang stehen, als wir ahnen. Wenn einige sowjetische Forscher recht haben, könnte es sein, daß Ärzte ihren Patienten eines Tages auf Rezept Rosen verordnen. Dr. Nikolai Jurtschenko untersucht seit zwei Jahrzehnten im Sukhumi-Sanatorium am Schwarzen Meer den Einfluß von Pflanzen auf die menschliche Gesundheit. Er behauptet, daß vor allem Blumen und Bäume – Weiden, Birken, Eichen, Rosen – bei bestimmten Leiden Heilwirkung besitzen. Rosen mit tiefroten Blüten lindern angeblich Nervenkrankheiten. Laut Dr. Jurtschenko streben die Menschen instinktiv zu jenen Blättern und Blumen, die für sie am wohltuendsten sind. Ein anderer sowjetischer Wissenschaftler, Akaki Kereselidze vom Georgischen Institut für subtropische Landwirtschaft, empfiehlt Gesundheitsparks, die nicht nur der »nutzlosen Schönheit« wegen angelegt, sondern mit ausgewählten Grünpflanzen bestückt werden und dadurch zur Belebung und Kräftigung bestimmter Körperteile beitragen können. Das heißt nun freilich nicht, daß Sie einen Gallensteingarten anlegen oder ein Bluthochdruckspalier züchten sollen – zumindest noch nicht.

Die Kirlian-Fotografie zeigt tatsächlich höchst individuell geformte Muster jener Energie, die von verschiedenen Pflanzen ausgestrahlt wird. Und angesichts eines tausendjährigen überlieferten Wissens verschiedener Kulturkreise überrascht es nicht, daß einige Forscher, während ihre Kollegen nach weiteren Arzneien aus Blatt und Rinde suchen, dem alten Volksglauben auf den Grund gehen, demzufolge von Pflanzen heilende Strahlungen ausgehen.

Wenn Sie solche angenehmen oder gar heilenden Strahlungen empfangen möchten, könnten Sie es mit einer Technik versuchen, die Dr. Marcel Vogel empfiehlt, ein IBM-Chemiker, der seine Freizeit ähnlichen Arbeiten widmet wie Backster. Vogel behauptet, man könne lernen, das Kraftfeld einer Pflanze zu spüren und damit in Verbindung zu treten, indem man die Hand 10 bis 12 Zentimeter über die Pflanze hält. Er rät, dafür eine stark duftende, aromatische Pflanze zu wählen und die Hand langsam über ihr zu schwenken. Sie werden, so sagt er, durch eine Duftwolke belohnt.

Wenn Sie die Pflanzenenergien und -strahlungen ernsthaft untersuchen wollen, finden Sie eine wichtige Sammlung experimenteller Daten in den Werken des Russen Dr. Alexander Gurwitsch, der mit Nachdruck erklärte: »*Alle* lebenden Zellen produzieren eine unsichtbare Strahlung.« Gurwitsch behauptete, bei gewissen Pflanzen diese Strahlen – er nannte sie »mitogenetische Strahlen« – entdeckt zu haben, und dachte sich im Zusammenhang damit ein faszinierendes Experiment aus: die Zwiebelkanone. Angeblich bewirkten Strahlen von einer Zwiebelwurzelspitze, mit denen er die Seite einer zweiten Zwiebelwurzelspitze beschoß, eine fünfundzwanzigprozentige Zunahme der Zellteilung. Diese seltsame Strahlung steigerte auch das Wachstum von Hefepilzen und Bakterien. Die Energiereaktion ließ sich mit Glas abschirmen, nicht aber mit Quarz. Gurwitsch fand heraus, daß auch von Menschen mitogenetische Strahlen ausgehen, ebenso wie von Pflanzen, und daß Krankheit sie verändert. Ein kranker Mensch brauchte eine Hefekultur nur mehrere Minuten zu halten, und die Hefezellen starben ab. Derartige Experimente machte auch Dr. Otto Rahn an der Cornell-Universität.

Gurwitschs Arbeit, die seinerzeit großes Aufsehen erregte, schien beachtliche Versprechungen für die Medizin zu bergen, doch sie geriet bald in Vergessenheit, hauptsächlich weil Gurwitsch keine Theorie aufstellte. Er konnte den Mechanismus, der seiner angenommenen Strahlung zugrunde lag, nicht erklären. Heute nehmen sowjetische Biophysiker, die sich der Erforschung von Kirlian-Phänomenen und ultraschwacher Biolumineszenz widmen, eine höchst positive Neubewertung von Gurwitschs Arbeiten vor.

Auf irgendeine Art von Energiestrahlung verweist eindeutig auch eine der ersten und interessantesten Entdeckungen Backsters. Er machte sie in einem völlig automatisierten Experiment, das in einem verschlossenen, menschenleeren Labor stattfand. In zufällig gewählten Momenten wurden Kleinkrebschen in kochendes Wasser gekippt und auf diese Weise getötet. Auf den Tod der Krebschen reagierten drei Philodendren, die in drei verschiedenen, vom Labor entfernten Räumen an Galvanometer angeschlossen waren, stark und synchron. Mittlerweile haben Backster und andere festgestellt, daß Pflanzen das Ende jedweden Lebens in ihrer Umgebung registrieren; anscheinend wird ein bestimmtes Signal ausgesandt, wenn der Tod eintritt.

Die Technologie hat also unser Verständnis der Pflanzenwelt und damit unser »Gespräch mit der Natur« auf eine neue Ebene gehoben, und einem jeden von uns ist es möglich, an diesen »Konversationen« mit Pflanzen teilzunehmen.

3 Philodendron Nr. 2
antwortet nicht mehr . . .

Die Vorstellung, daß es eine Primär-Wahrnehmung gibt und eine Kommunikation mit der Pflanzenwelt möglich ist, kann für unsere bisherige Sicht des Lebens umwälzende Konsequenzen haben. Natürlich wäre es für die meisten von uns zu schwierig, bei mehr oder weniger privaten Forschungen Cleve Backsters hohen Standard zu halten, mit Polygraphen und einer raffinierten elektronischen Laboreinrichtung zu experimentieren und sorgfältig kontrollierte Bedingungen herzustellen, wie sie in einem Labor herrschen. Aber es gibt auch einfachere Vorrichtungen, die man verwenden kann, um die Reaktionen seiner Pflanzen aufzufangen, Vorrichtungen, mit denen sich zum Beispiel die Schwankungen im elektrischen Widerstand messen lassen. Diese Schwankungen werden als Psycho-Galvanische Reaktion (PGR) oder Galvanische Hautreaktion (GSR) bezeichnet.

Dr. Marcel Vogel aus Kalifornien, IBM-Chemiker und anerkannter wissenschaftlicher Experte auf dem Gebiet der Flüssigkristalle, schilderte in einem Vortrag sehr anschaulich, wie er zur »Pflanzenarbeit« gekommen war. Obwohl er ursprünglich sehr skeptisch gegenüber Cleve Backsters Behauptung gewesen war, Pflanzen würden auf Gedanken und Gefühle reagieren, hatte er sich, einfach so, aus Neugier, ein simples Gerät zur Messung des elektrischen Widerstands, einen »Psychoanalysator«, besorgt und in seinem Wohnzimmer an eine Pflanze angeschlossen. Zu Vogels Überraschung reagierte die Pflanze tatsächlich auf seine Gedanken. Nun hatte es ihn gepackt, und er arbeitete weiter auf diesem Gebiet.

Pflanzen haben also offenbar wirklich etwas zu sagen. Und

das können Sie sogar selbst nachprüfen, indem Sie versuchen, per Instrument mit ihnen zu sprechen, zum Beispiel mittels einer vereinfachten Form des Lügendetektors, der schon so manche Party zu einer amüsanten Sache gemacht hat. Eine Nadel registriert dabei die Reaktionen der Pflanze auf einer Nummernscheibe. Die Elektroden dieses kleinen Geräts sind an einem Kunststoffstab befestigt. Wenn Sie rasche, einfache Tests mit Pflanzen machen wollen, können Sie den Stab mit einer Schraubzwinge auf der Oberseite eines Blattes befestigen. Im allgemeinen jedoch arbeiten Forscher mit einer Elektrode auf jeder Blattseite. Die Elektroden des Meßgeräts lassen sich aber leicht vom Plastikstab abschieben und für die Verwendung an Pflanzen umwandeln. Da dieses Gerät mit Batterie betrieben wird, kann man es sowohl im Haus wie im Freien verwenden.

Der vielleicht beste Tip, was eine einfache, billige Vorrichtung zur Überwachung Ihrer Pflanzen anbelangt, ist der von Robert Devine als selbst zu bastelnder Lügendetektor entworfene Psychoanalysator. Wenn Sie sich in Elektronik auskennen oder einen Bekannten haben, der es tut, können Sie das Gerät leicht nachbauen. Oft wissen auch Geschäfte, die Elektronikzubehör verkaufen, jemanden, der Ihnen diese Arbeit abnimmt. Schaltpläne und eine komplette Bauanleitung für den Psychoanalysator finden Sie in der Zeitschrift *Popular Electronics* vom Februar 1969 und in *The Electronic Experimenter's Handbook* (New York 1970).

Ein etwas komplizierteres, aber dennoch von vielen nachgebautes und verwendetes Gerät entwickelte der Ingenieur L. George Lawrence speziell für die Erforschung der Pflanzenwahrnehmung. Mit Lawrences Reaktionsdetektor kann man Pflanzenreaktionen sowohl auf einem Meßgerät sehen als auch durch einen Lautsprecher hören. Hobby-Experimentatoren finden in Lawrences Artikel »More Experiments in Electroculture« (*Popular Electronics,* Juni 1971) die Bauanleitung für das Gerät und Anweisungen für dessen Verwendung bei der Arbeit mit Pflanzen.

Für breiter angelegte Experimente sind bleibende Aufzeichnungen sehr wichtig, darum benutzen die Forscher gern Meßstreifenrecorder. Diese Aufzeichnungsgeräte sind ziemlich teuer, doch auch einen solchen Apparat kann man selbst bauen. Der Artikel »The Amateur Scientist« (*Scientific American*, März 1972) enthält die Bauanleitung für einen Meßstreifenrecorder.

Wenn Sie eine ungewöhnliche, interessante Aufzeichnung Ihrer Arbeit wünschen, sollten Sie die Pflanzen einmal bei ihren Reaktionen filmen.

Der Psychoanalysator und das Gerät von Lawrence sind schon mit den richtigen Elektroden ausgestattet. Wollen Sie andere Instrumente für ihre Pflanzenexperimente umändern, müssen Sie für die Elektroden ein Metall mit guter Leitfähigkeit wählen (kein Aluminium). Zur klassischen Ausrüstung gehören zwei Elektroden aus rostfreiem Stahl, die auf der Ober- und Unterseite eines Blattes über einer Ader befestigt werden. Viele Wissenschaftler streichen auf die Elektrode oder das Blatt zur Verbesserung des Kontakts eine Paste oder ein Gel aus Agar-Agar mit einprozentigem Salzzusatz. Verschiedentlich wird auch medizinische Gallerte benutzt, wie sie bei EEG- und EKG-Elektroden Verwendung findet.

Benutzen Sie also ein Gel, wenn Sie wollen, und geben Sie dann das Blatt behutsam, aber fest zwischen die Elektroden. Eine Schraubzwinge, die man in jedem Eisenwarengeschäft bekommt, hält die Elektroden an Ort und Stelle. Legen Sie als Isolierung ein Stück Kunststoff zwischen Elektrode und Zwinge. Es ist praktisch, die Zwinge an einem Stabständer zu befestigen – notfalls können Sie Isolierband dafür nehmen. Der Ständer vermeidet Zug auf das Blatt und ermöglicht es, die Vorrichtung für verschieden hohe Blätter an den Pflanzen zu verwenden (siehe Abb. S. 30).

Die meisten Experimentatoren beginnen ihre Versuche mit Philodendren oder ähnlichen Pflanzen, deren Blätter groß und fest genug für die Vorrichtung sind. Achten Sie darauf, daß Sie die Pflanze nicht überfordern, und säubern Sie sie nach jedem »Durchgang«. Welches Gerät Sie auch benutzen, achten Sie stets darauf, daß die Pflanze zunächst »ruhig« ist, damit Sie eine gleichmäßige Aufzeichnung – eine Basislinie – erhalten.

Haben Sie die Pflanze gerade erst angeschafft, müssen Sie erst einmal eine Verbindung zu ihr herstellen. Berühren Sie die Pflanze, sprechen Sie mit ihr, begrüßen Sie sie in Ihrem Heim, ungefähr wie ein neues Haustier. Lassen Sie der Pflanze mehrere Tage Zeit, mit Ihnen vertraut zu werden. Wenn Sie beginnen, die Pflanze auf Reaktionen hin zu prüfen, werden Sie feststellen, daß manche Pflanzen eine Weile brauchen, um sich an das Gerät zu gewöhnen. Anfangs werden Sie keine Abweichung von der Basislinie erhalten, wie stark der Stimulus auch sein mag. Oder die Linie verändert sich ständig und kommt gar nicht zur Ruhe. Die Herstellung eines persönlichen Kontakts scheint eine wichtige Voraussetzung dafür zu sein, daß die Pflanze auf *Sie* reagiert und nicht auf andere Dinge in der Umgebung. Vogel nennt diesen Vorgang das »Laden« der Pflanze, das erst abge-

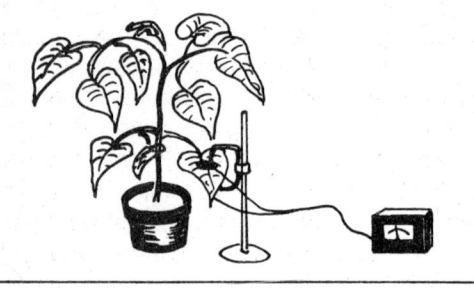

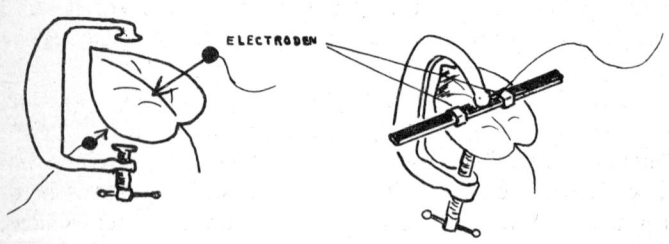

An einen Verstärker angeschlossene Pflanze. Zwei Anordnungen von Schraubzwingen und Elektroden in Nahansicht. Die Elektroden können auf der Blattoberseite und der Unterseite über eine Ader oder an zwei verschiedene Stellen einer Blattseite plaziert werden. Man kann sie auch auf zwei Akupunkturpunkten einer Pflanze befestigen.

schlossen ist, wenn auf dem Recorder eine gerade Basislinie erscheint.

Wir haben festgestellt, daß eine gesunde Pflanze, die an den Versuchsleiter oder zumindest an Menschen überhaupt gewöhnt ist, bei weitem die besten Ergebnisse bringt. Im allgemeinen hatten wir Schwierigkeiten, bei einer wilden Pflanze in einem öffentlichen Park oder einem fremden Garten eine Reaktion auszulösen. Allerdings resultierten die Schwierigkeiten vielleicht auch aus den »unsicheren« Bedingungen: Was sollte man schließlich antworten, wenn ein Parkwächter fragte, warum man an Stockrosen, die der Allgemeinheit gehören, Drähte befestigte? Daß man mit den Blumen reden wolle?

Wenn Sie bei sich zu Hause mit Experimenten beginnen, sollten Sie daran denken, daß Pflanzen – genau wie Menschen – scharf auf eine echte Bedrohung ihres Wohlbefindens reagieren. Verbrennen Sie ein Blatt der Pflanze – und Sie sollten eine deutliche Reaktion erzielen. Drohen Sie als nächstes laut, die ganze Pflanze zu verbrennen. Reagiert sie? Drohen Sie dann *mental,* in Gedanken, der Pflanze Schaden zuzufügen. Vergleichen Sie die Reaktionen, und notieren Sie die Unterschiede, falls welche bestehen. Vielleicht werden Sie feststellen, daß anfangs die verbale Drohung eine heftigere Reaktion auslöst, aber im Laufe der Zeit wird die mentale Drohung zum stärkeren Reiz. Es ist wichtig, daß Sie fähig sind, Ihre Gedanken und Gefühle zu kontrollieren, denn Sie müssen eine klare Botschaft senden können. Vogel empfiehlt, vor dem Versuch zu meditieren, und verbietet während der Experimente allen daran Beteiligten Alkohol und Rauchen.

Wenn Sie denken: *Ich werde dieses Blatt mit einem Zündholz versengen,* müssen Sie in dem Augenblick auch wirklich die Absicht haben, Ihre Drohung auszuführen. Andernfalls werden Sie keine Reaktion erzielen. Pflanzen lassen sich allem Anschein nach nicht so leicht zum Narren halten – um bei einer Pflanze eine Reaktion auszulösen, muß man schon echtes Gefühl in die projizierten Gedanken legen.

Wenn Sie mit Ihrer Pflanze über einen längeren Zeitraum hinweg arbeiten möchten, ist es am besten, Sie setzen jemand anderen als »Pflanzenschinder« ein. Möglicherweise erhalten

Sie dann stets eine Art Reaktion, wenn der Drangsalierer in die Nähe der Pflanze kommt. Falls Sie eine Hauskatze haben, die gern einmal in ein Blatt beißt, erfolgt vielleicht eine Reaktion, sobald die Katze vorbeischleicht.

Bleibt jede Reaktion aus, werden Sie natürlich zunächst Ihre Apparatur überprüfen. Doch auch wenn diese ordnungsgemäß arbeitet, kann es vorkommen, daß Sie lediglich eine gerade Basislinie erhalten. Möglicherweise sind Ihre Pflanzen nämlich vor Entsetzen in Ohnmacht gefallen! Als Backster bei einem seiner Versuche einer kanadischen Pflanzenphysiologin über die Schulter schaute, zeigte sein Aufzeichnungsgerät nichts als eine gerade Basislinie. Keine einzige Pflanze reagierte. Auf Backsters Frage hin gestand die Wissenschaftlerin, daß sie ihre Pflanzen nach Beendigung der Versuche *immer vernichtete*. Backsters Philodendren kamen schließlich wieder zu sich – nachdem Backster die Kollegin verabschiedet hatte.

Manche Pflanzen reagieren aus unbekannten Gründen nicht auf manche Menschen. Vielleicht sind das Leute mit negativer Einstellung gegenüber diesen Pflanzen. Wenn keine Reaktion erfolgt, sollten Sie weitere Versuche machen, und zwar an verschiedenen Tagen mit verschiedenen Pflanzen. Es kann auch geschehen, daß eine Pflanze aus einer Personengruppe nicht ihren Eigentümer, sondern jemand anderen auswählt und sich auf ihn einstimmt. Gelingt es Ihnen, diesen Effekt zu erzielen? Und können Sie einen Sinn darin finden?

Ungesunde, halbweike Pflanzen arbeiten nicht gut, und einige Pflanzen scheinen gelegentlich einfach abzuschalten. Ein kleines Freilandpflänzchen, das wir ins Hausinnere versetzt hatten, verursachte während einer ganzen Sitzung keinerlei Ausschlag der Registriernadel – doch dann schnellte die Nadel plötzlich bis ganz nach oben: Ein Freund hatte laut beklagt, daß er am nächsten Morgen zum Zahnarzt müsse.

Am stärksten sollte Ihre Pflanze auf Sie reagieren, ihren Besitzer und Beschützer. Das Sammeln von Beweisen für die »innige« Verbindung zwischen Ihnen beiden kann zu einem unterhaltsamen Spiel werden.

Nehmen Sie zehn beliebige Spielkarten, ohne die Asse. Wählen Sie eine Karte als Zielobjekt aus, halten Sie jedoch Ihre

Wahl geheim. Lassen Sie eine zweite Person die Karten nacheinander umdrehen und jedesmal fragen: »Ist das deine?« Wenn die zweite Person Ihre Karte herausfindet, müssen Sie Strafe zahlen. Die zweite Person soll den an der Pflanze angeschlossenen Recorder beobachten. Wird Ihr Philodendron als Party-Lügendetektor fungieren und Sie verraten? Variationen dieses Versuchs könnten interessante Experimente mit Pokerspielern erlauben, besonders wenn ein Spieler einen Royal flush in der Hand hält und eine geliebte Pflanze in der Nähe steht.

Sie können sich auch von jemandem aus Ihrer Gruppe bestimmte Fragen stellen lassen, die Ihre Einstellung zu Politik, Sex oder gegenüber bestimmten Leuten betreffen. Steht Ihre Pflanze mit Ihnen in Einklang? Erhalten Sie nennenswerte Reaktionen? Sie können auch prüfen, was geschieht, wenn Sie sich eine aufregende Geschichte anhören, im Fernsehen einen Thriller anschauen oder hingerissen einem Musikstück lauschen. Als wir uns die Hearings über den Watergate-Skandal ansahen, schlug die Nadel unseres Pflanzenrecorders in entsprechenden Momenten heftig aus!

Durch Kontrollgeräte können Verbindungen zwischen Ihnen und Ihrer Pflanze auch über große Entfernungen hinweg sichtbar gemacht werden. Im allgemeinen sollte dies mit Hilfe eines Meßstreifenrecorders geschehen. Wenn Sie ein Gerät benutzen, das lediglich eine Ableseskala hat, brauchen Sie einen Helfer, der genaue Aufzeichnungen über Zeitpunkt und Stärke der auftretenden Reaktionen macht. Sagen Sie ihm nur, daß Sie während einer vereinbarten Viertelstunde – Uhrenvergleich! – in irgendeinem Augenblick der Pflanze einen Gedanken senden werden. Bitten Sie ihn, sein eigenes Denken ruhig und neutral zu halten, also tunlichst nicht an die Pflanze zu denken.

Notieren Sie in einem anderen Raum oder Gebäude die genaue Zeit, und gehen Sie dann geistig auf Sendung. Bedrohen Sie Ihre Pflanze, oder schicken Sie ihr einen intensiven Gedanken der Liebe und Fürsorge. Wenn Sie Reaktionen erhalten, sollten Sie zu ermitteln versuchen, welche Ihrer Gedanken oder Gefühle die Entfernung am besten überwinden. Wie weit können Sie weg sein, um bei Ihrer Pflanze noch eine Reaktion auszulösen? Erhalten Sie eine mitfühlende Reaktion Ihrer Pflanze, wenn ein starker Schmerz Sie überfällt und Sie dabei gedanklich nicht mit der Pflanze verbunden sind? Sie könnten auch einen Freund auffordern, Sie durch irgend etwas zu erschrecken – er könnte Ihnen zum Beispiel einen Eiswürfel in den Kragen stekken, Ihnen eine Spinne auf den Arm setzen usw.

Reaktionen auf den Tod von Lebewesen sind eine der zuverlässigsten Äußerungen von Pflanzen. Die Kleinkrebschen, die Backster verwendete, dienen als Fischfutter und werden oft in Geschäften verkauft, in denen man Aquarien und Zubehör erhält. Jede Art Köder eignet sich, Voraussetzung ist nur, daß *gesunde* Zellen sterben. Auch Gemüse und Früchte können verwendet werden, solange sie wirklich frisch sind. Haben Sie einmal die grundlegende Reaktion auf ein Todessignal aufgezeichnet, können Sie mit deren Hilfe versuchen, mehr über die Wahrnehmungsfähigkeit von Pflanzen in Erfahrung zu bringen.

Wir erhielten heftige Reaktionen, als wir eine Anregung Backsters aufgriffen und Joghurt »vernichteten«. Während eine Gloxinie zuschaute, mischten wir Marmelade in Joghurt und aßen ihn. Das Konservierungsmittel in der Marmelade tötete acidophile Zellen im Joghurt zu Tausenden, vielleicht sogar zu Millionen. Die Gloxinie reagierte darauf so heftig, daß die Nadel bis zum Ende der Skala ausschlug. Zu beunruhigen schien es unsere Gloxinie auch, wenn wir verschiedene Nahrungsmittel, etwa blauen Käse, betont vor ihr kauten. Und sie schien es zu »wissen«, wenn eine frische Zitrone dran glauben mußte oder eine Paprikaschote zerschnitten wurde. Doch gegen Ende des Schneidevorgangs wurde ihr die Sache offenbar langweilig, denn sie beruhigte sich und wurde wieder normal.

Pflanzen stecken sich allem Anschein nach auch ein Territorium ab, genau wie Tiere. Manche Hunde kümmern sich nur um Haus und Hof, andere außerdem noch um ihre Straße und den ganzen Block. Vielleicht können Sie feststellen, wieviel Raum eine Pflanze als ihr eigen beansprucht, indem Sie prüfen, wann die Pflanze aufhört, auf ein Todessignal zu reagieren. Müssen die absterbenden Zellen zwei Räume weit weg sein? Drei Räume? Außerhalb des Hauses?

Die Fähigkeit der Pflanzen, Todessignale wahrzunehmen, ist mit einem merkwürdigen Phänomen verknüpft: Ihre Pflanze wird sich nach einiger Zeit an den Tod primitiver Lebensformen gewöhnen und nicht mehr darauf reagieren. Um weiter Reaktionen zu erhalten, müssen Sie eine neue Pflanze verwenden. Angeblich jedoch gewöhnen sich die Pflanzen selbst bei jahrelangen Versuchen nicht an den Tod menschlicher Zellen, sondern reagieren immer darauf. Warum sollte einer Pflanze an einer bestimmten Art Lebewesen mehr liegen als an anderen Arten? Man könnte es verstehen, würde die Pflanze heftig auf den Tod ihres Besitzers reagieren, aber darum geht es nicht; schon ein mit Jod behandelter Kratzer am Arm genügt. Es ist sehr schmeichelhaft zu denken, wir seien etwas so Besonderes, daß die Vegetation menschlichen »Tod« – das Absterben menschlicher Zellen – stets zur Kenntnis nimmt. Aber was geht dabei vor? Welche unterschiedlichen Informationen werden ausgesandt, wenn Zellen einer Garnele, einer Maus, eines Pferdes oder eines Menschen sterben? Und natürlich drängt sich die Frage nach dem Warum auf. Vielleicht gelingt es dem einen oder anderen von Ihnen, aufgrund eigener Experimente eine Theorie darüber zu entwickeln oder zumindest eine Hypothese aufzustellen.

Werden wir den Tag erleben, an dem eine Mimose mit zitterndem Blatt auf den schurkischen Juwelendieb weist, der die wohlhabende Witwe in ihrem Bett ermordet hat?

Wenn Sie ein dramatisches, bedeutsames Experiment machen wollen, das auch für ein wissenschaftliches Projekt geeignet wäre, suchen Sie sich sechs Freiwillige. Bereiten Sie dann den Tatort vor: Stellen Sie drei ähnliche Pflanzen ziemlich nahe zusammen in einen Raum, und überlassen Sie sie dort ihrem Schicksal. Machen Sie sechs Lose, markieren Sie eines mit einem X für »Pflanzenmörder«, und lassen Sie Ihre sechs Freunde ziehen. Der Mörder darf seine »Identität« niemandem enthüllen.

Einer nach dem anderen betritt jeder der sechs nun den Raum und verbringt drei bis vier Minuten allein mit den Pflanzen. Die übrigen warten weit genug entfernt, so daß sie keine aus dem Raum dringenden Geräusche hören können. Wenn der Freund, der das »Mörderlos« gezogen hat, im Raum ist, muß er eine Pflanze vernichten. Er soll sie mit den Wurzeln ausreißen, zerstückeln, so beschädigen, daß sie sich nicht mehr erholen kann.

Bringen Sie nun Ihre Geräte an den Schauplatz des Verbrechens, und schließen Sie eine der überlebenden Pflanzen oder auch beide an. Lassen Sie die sechs Verdächtigen nacheinander eintreten. Können die Pflanzenzeugen durch ihre Reaktion den Mörder entlarven? Da Pflanzen offenbar tatsächlich ein Wahrnehmungsvermögen haben, ist es vermutlich nicht anständig, sie absichtlich zu zerstören. Macht man diesen Versuch jedoch als ernsthaftes wissenschaftliches Experiment, liefert er fundierte Beweise für die Wahrnehmungsfähigkeit und für ein Kurzzeitgedächtnis der Pflanzen. Die Gültigkeit des Experiments steigt, wenn es Ihnen gelingt, wiederholt mit verschiedenen Menschen und verschiedenen Pflanzen den Schuldigen zu ermitteln. Wenn Sie keine Pflanze opfern wollen, können Sie versuchen, vom Täter nur ein Blatt der Pflanze versengen oder sie anderweitig beschädigen zu lassen. Prüfen Sie, ob die Pflanze unter den Verdächtigen den Angreifer zu identifizieren vermag.

Das *Wall Street Journal* vom 2. Februar 1972 berichtet, daß bereits ein Präzedenzfall für die Verwendung von Pflanzen bei der Verbrechensaufklärung geschaffen wurde, und zwar in New Jersey. In einem Fabrikbüro war ein Mädchen ermordet worden, und die an einen Polygraphen angeschlossene Pflanzenzeugin hatte geholfen, die Liste der Verdächtigen einzugrenzen.

Reagieren Pflanzen einfach auf uns, wie Eisenspäne auf einen Magneten reagieren und hierhin oder dorthin tanzen? Oder haben sie ein eigenes Innenleben? »Pflanzen haben ein empfindliches Nervensystem und ein vielfältiges Gefühlsleben«, behauptete Sir Jagadis Chandra Bose, um die Jahrhundertwende einer der ganz Großen der indischen Wissenschaft. Mit einem Crescographen (oder Auxanographen) – für die Erfindung dieses und anderer Apparate wurde er geadelt – gelang es Bose, Pflanzenreaktionen ungeheuer zu verstärken und dann zu beobachten. Eine vorbeikriechende Schnecke, sagte er, würde auf diesem Apparat scheinbar vorbeirasen wie ein Schnellzug. Bose war felsenfest davon überzeugt, daß Pflanzen ein Nervensystem haben. Er entdeckte bei ihnen so viele Reaktionen, die jenen von Tieren gleichen, daß er meinte, Pflanzen könnten eines Tages in medizinischen Experimenten Verwendung finden und Tieren die Vivisektion ersparen. Laut Bose kennen Pflanzen Liebe und Haß, Freude und Furcht. Koffein bringt Pflanzen aus dem Häuschen, Alkohol läßt Blumen betrunken schwanken, und alte Bäume überleben den Schock großer Operationen (Umpflanzungen), wenn sie vor dem Ausgraben unter Chloroform gesetzt werden.

Pflanzen haben keine Nerven, wie wir sie kennen, doch die jüngsten Forschungen über elektrische Aktivität bestätigen Bose. Offenbar gibt es ein bioelektrisches Universalprinzip, das bei Tieren als Nerven und bei Pflanzen als etwas Vergleichbares zum Ausdruck kommt. Außerdem scheinen Pflanzen, genau wie Menschen und Tiere, Akupunkturpunkte zu haben.

Wir bewohnen den gleichen Raum wie Pflanzen, doch einer der Gründe für die mangelhafte Kommunikation mit ihnen könnte darin liegen, daß wir nicht immer in der gleichen Zeit leben. Stark beschleunigte Filme von Pflanzen zeigen, daß sie sich sehr ähnlich verhalten wie Tiere, daß sie in sehr ähnlicher Weise reagieren und zurückweichen. Unsere Sinne sind nicht auf ihre Zeit eingestellt, und im allgemeinen nehmen wir ihre Welt nicht wahr. Wie einmal jemand sagte: Lebewesen, die auf einer viel höheren Frequenz als der unsrigen leben, erschienen wir genauso vegetativ und reaktionsarm wie Pflanzen.

Im Timerjaschew-Institut für Photosynthese und Pflanzenphysiologie der sowjetischen Akademie der Wissenschaften testen Forscher das Erinnerungsvermögen von Pflanzen, indem sie Kartoffeln, Gurken, eine Reihe anderer Gemüse und Blumen verschiedenen rhythmischen Lichtblitzmustern aussetzen. Wie Ingenieur E. Gruschinow berichtet, waren fast alle getesteten Pflanzen lernfähig und konnten sich an den Rhythmus erinnern, nachdem man die Lichter ausgeschaltet hatte. Der Preis für das längste Gedächtnis gebührte dem Hahnenfuß, der sich noch nach achtzehn Stunden an ein gegebenes Muster erinnerte.

Auch mit der Versuchsanordnung, die der Psychologe Iwan Pawlow für seine Hundeexperimente entwickelt hat, läßt sich das Erinnerungsvermögen von Pflanzen testen. Zielobjekte – Backster benutzt dazu Samen verschiedener Pflanzen, eine Sorte als Zielobjekt, eine andere Sorte zur Kontrolle – werden neben die Pflanze gelegt, die im selben Moment eine Belohnung erhält, in der Hoffnung, daß sie das Zielobjekt erkennen lernt und schließlich ohne Belohnung reagiert, wenn es in ihre Nähe gebracht wird. Eines der Probleme bei dieser Methode besteht darin herauszufinden, worüber ein Philodendron sich so freut wie ein Hund über ein Stück Wurst. Backsters Belohnung besteht in Licht, andere empfehlen intensive emotionale Zuwendung.

Falls Pflanzen konditioniert werden könnten, falls sie ein Gedächtnis haben und lernen könnten, verschiedene Substanzen zu erkennen, eröffnete sich ein völlig neues Gebiet von Anwendungsmöglichkeiten. Der Moskauer Biophysiker Dr. Viktor Adamenko, der von erfolgreicher Pflanzenkonditionierung – allerdings mittels Bestrafung statt Belohnung – berichtet, führt aus: »Bei mehreren Gelegenheiten reagierte das Philodendron, wenn das Erzgestein (Zielobjekt) in der Nähe war, obwohl es jetzt keinen elektrischen Schlag mehr erhielt; vielleicht besitzt jede Zelle eine Art Primär-Wahrnehmung.« Zu den Überlegungen, ob sich Pflanzen generell als lebende Detektoren und Sensoren eignen, sagt er: »Im Laufe der Zeit werden vielleicht lebende Trioden, Empfänger, Generatoren und andere Schöpfungen der Biotronik auftauchen.« Adamenko und eine Reihe seiner Forscherkollegen in Amerika und anderswo meinen, daß es uns mit solchen Biodetektoren gelingen könnte, Energieformen aufzuspüren, die mit unseren leblosen Instrumenten nicht ausfindig zu machen sind. Und es hat den Anschein, als könnten einige der Dinge, die Biosensoren aufspüren, aus dem Weltraum kommen.

Am Abend des 29. Oktober 1971 machten L. George Lawrence und sein Assistent in Südkalifornien eine kleine Erfrischungspause während ihrer Feldforschungsarbeit über biologische Fernsensoren. Das wissenschaftliche Gerät der beiden Männer sollte laut Lawrence biologische Signale auffangen, die außerhalb des bekannten elektromagnetischen Spektrums lagen. Während der Pause war ihr Detektor einfach nur ins Blaue hinaus gerichtet – wie sie später feststellten, auf das Siebengestirn Urs major, den Großen Bären oder Großen Wagen. Plötzlich wurde der kontinuierliche Pfeifton der Apparatur von einer

Reihe einzelner Impulse unterbrochen. Von irgendwoher aus dem Himmel fingen sie etwa eine halbe Stunde lang Signale auf. Signale?

Lawrence glaubt, daß es sich bei den Impulsen, die sein Instrument an jenem Abend registrierte, um intelligente Signale aus dem äußeren Weltraum handelt. Eine Überspielung seiner seltsamen Tonbandaufnahmen liegt nun im wissenschaftlichen Archiv der Smithsonian Institution. (Von Lawrences Geräten wurden noch des öfteren Signale aufgefangen, und es ist der Versuch geplant, sie mittels einer Computeranalyse zu entziffern.)

Man sollte meinen, daß ein Elektronikfachmann von Lawrences Qualifikation den Unterschied zwischen bloßen Geräuschen und intelligenten Signalen kennt. Außerdem versteht er etwas von Biodetektoren. Als Backster seine Entdeckung der Primär-Wahrnehmung publizierte, wiederholte der interessierte Lawrence die Experimente Backsters und bestätigte dessen Ergebnisse; von diesen ausgehend, konstruierte er Pflanzengeräte. Heute besitzt er einen drei Tonnen schweren Apparat, das Stellartron, dessen Hauptbestandteil »ein Wandlerkomplex für biologische Signale« ist. Das Ecola-Institut in San Bernardino, das Lawrence leitet, plant, mit dem Stellartron die Milchstraße rund um die Uhr zu erforschen, um eventuell vorhandene Signale aus dem äußeren Raum aufzufangen.

Heute glauben natürlich viele Wissenschaftler, daß es im Weltraum weitere Zivilisationen geben könnte. Seit fast zwanzig Jahren veranstalten führende sowjetische Astronomen und Astrophysiker nicht nur immer wieder Konferenzen, auf denen Möglichkeiten der Kontaktaufnahme mit außerirdischen Zivilisationen erörtert werden, sie überlegen auch, was zu sagen wäre, falls eine solche Zivilisation zu uns durchkäme.

Einer der Gründe, warum wir nie irgendwelche deutlichen Signale von Außerirdischen auffangen, liegt nach Lawrences Vermutung darin, daß wir es sozusagen auf der falschen Frequenz versuchen. Hochentwickelte Zivilisationen könnten von einer elektromagnetischen Kommunikationsform zu einem Kommunikationssystem auf biologischer Basis übergegangen sein. Mit anderen Worten: Könnten Biodetektoren uns helfen, mit anderen Intelligenzen im Universum Verbindung aufzunehmen?

Forscher sind nun dabei, das Stellartron, das Botschaften aus dem Weltall sucht, zu bemannen. Ob diesem erstaunlichen Unternehmen Erfolg beschieden sein wird oder nicht – es eröffnet zumindest neue Perspektiven, gewährt einen Blick in neue Welten, die sich mit der Erforschung des Wahrnehmungsvermögens von Pflanzen auftun könnten: andere Formen von Energie und eine Vielfalt von Dingen, die sich unter dem Begriff Psi zusammenfassen lassen.

Lawrences Vorstellung von einem biologischen System als Kommunikationsmedium im All geht von Backsters fundamentaler Entdeckung der Primär-Wahrnehmung aus, von einer grundlegenden, überall gegenwärtigen Kommunikationsmöglichkeit, von einer allem Anschein nach »anderen« Energieform. Immer mehr Wissenschaftler gelangen zu der Ansicht, daß die Grenze zwischen Lebendem und Leblosem nicht so klar ist, wie man bisher glaubte. Der Physiker Dr. C. A. Muses, ebenfalls ein Anhänger Backsters, meint beispielsweise: »Absolute Leblosigkeit erscheint zunehmend als Illusion, und die entsprechende Realität dazu ist, daß Biologie in irgendeiner Form nirgends aufhört, wie weit wir auch unter uns schauen oder wie weit über uns hinaus.«

Es wäre eine Ironie der Wissenschaftsgeschichte, wenn wir in unserem Glauben, die Welt zu verstehen, das übersehen hätten, was uns am nächsten ist: die Biologie. Könnten die ordnenden Prinzipien und Triebkräfte der – im weitesten Sinn aufgefaßten – Biologie im Partikelchen und im Planeten gleichermaßen wirksam sein? Würde diese Erkenntnis neues Licht auf die alte These vom Menschen als einem Mikrokosmos werfen, in dem sich das Universum, der Makrokosmos widerspiegelt? Könnte die Biologie, wenn nicht der Mensch, im Mittelpunkt von allem stehen?

Für einen kreativen Forscher kann es eine faszinierende Aufgabe sein, Pflanzen in Verbindung mit diversen Apparaturen zum Einsatz zu bringen. Und es kann Spaß machen. Das zeigen die erfinderischen Konstruktionen von Paul Sauvin, einem Technologen aus New Jersey und Psi-Berater einer Konstruktionsfirma für Forschung und Entwicklung. Sauvin griff die Idee auf, daß man einer Pflanze beibringen könne, auf Impulse aus

40

der Ferne zu reagieren – und in die Ferne zu wirken. Wie wäre es also, fragte er sich, wenn eine Pflanze ein Funksignal gäbe, das – entsprechend verstärkt und umgewandelt – die Zündung eines Autos betätigte? Aus einer Entfernung von vier Kilometern sandte Sauvin seiner Laborpflanze eine Welle starker Emotion, und unten auf der Straße vor dem Labor sprang der Motor seines Autos an. Es gelang Sauvin auch, Spielzeugeisenbahnen per Gedankenkraft und tatkräftiger Pflanzenunterstützung in Gang zu setzen und zu stoppen.

Wenn Sie eine Vorliebe für Elektronik haben, können Sie vielleicht die Geranie in Ihrer Küche dazu bringen, die elektrische Kaffeemaschine einzuschalten, kurz bevor Sie aufstehen; oder vielleicht können Sie Ihren Philodendron so anschließen, daß er die Lichter in Ihrer Wohnung ausmacht, wenn Sie nicht daheim sind. Noch hat niemand herausgefunden, wie man Usambara-Veilchen dazu bringen könnte, den Hund im richtigen Moment hinauszulassen – aber was nicht ist, kann ja noch werden. Man braucht nicht viel Phantasie, um sich ernsthafte Verwendungsmöglichkeiten für telepathisch gesteuerte Pflanzenvorrichtungen auszudenken.

Der sowjetische Physiker Dr. Viktor Adamenko stellt fest: »Experimente scheinen zu zeigen, daß Pflanzen aus einer Entfernung von 150 Kilometern irgendeine Art Emanation empfangen und daß bekannte Methoden der Abschirmung gegen elektromagnetische Wellen, wie Faradaysche Käfige und Metallbehälter, die Pflanze nicht hindern, das Signal zu empfangen.« Vermag Ihr Einfluß auf eine Pflanze jede »Sperre« zu durchdringen? Nach dem gegenwärtigen Stand des Wissens könnte das Denken eine Energie sein, aber eben eine Energie anderer Ordnung. Wenn Sie Wachstumsexperimente oder Experimente mit Überwachungsgeräten machen, sollten Sie während des Versuchs stets einen Schirm zwischen sich und die Pflanze stellen oder einen Behälter über sie stülpen (verfahren Sie mit der Kontrollpflanze genauso). Probieren Sie es mit Glas, Schiefer, Holz, Metall, Kunststoff usw. Distanzexperimente müssen mit Überwachungsgeräten durchgeführt werden, damit Sie kontrollieren können, ob Sie Effekte erzielen.

Und vergessen Sie nie, daß bei Psi-Versuchen immer eines

hinzukommt: die innere Einstellung, das heißt die positive bzw. negative Erwartungshaltung der am Experiment Beteiligten.

Eine wissenschaftliche Erklärung für die Kommunikation mit Pflanzen suchen viele Forscher in Psi-Feldern oder unbekannten Energien, andere wieder in der Quantenmechanik, in Phänomenen der Kristallresonanz und sogar in Tachyonen (theoretisch angenommenen Teilchen mit einer höheren Geschwindigkeit als Licht); wahrscheinlich wird man schließlich auf mehr als einen Kommunikationsträger stoßen und mehr als eine Erklärung für die Phänomene finden. Als eigenen Tip auf physikalischer Ebene möchten wir anführen, daß die – sehr wichtige – sowjetische Entdeckung der Fähigkeit von Photonen, Informationen von einem Organismus zum anderen zu tragen, buchstäblich etwas Licht in die Rätsel der Pflanzenkommunikation bringen könnte.

Einheit alles Seienden – vielleicht liegt in dieser uralten Erkenntnis des Rätsels Lösung. Geist und Materie sind offenbar nicht voneinander getrennt, Mensch und Natur eng miteinander verbunden, sogar in Freud und Leid – vielleicht möchten Sie mit Ihren Pflanzen darüber sprechen . . .

4 Die Aura oder
Das Unsichtbare bekennt Farbe

»Wenn das Gebiet der mentalen und spirituellen Phänomene mit eben dem Interesse erforscht und genutzt würde, das man den materialisierten oder materiellen Phänomenen entgegenbrachte und noch entgegenbringt, dann würden diese genauso anwendbar, beurteilbar und meßbar werden wie jede andere Dimension menschlicher Erfahrung«, erklärte im Jahre 1939 der »schlafende Prophet« Edgar Cayce. Cayce versicherte auf entsprechende Fragen, daß psychische Phänomene eines Tages mittels wissenschaftlicher Instrumente, Meßgeräte und Methoden direkt aufgezeigt werden könnten.

Wie weit sind wir heute hinsichtlich der Entwicklung von Techniken, mit deren Hilfe man Energiekräfte im und um den Körper, die von Sehern angeblich wahrgenommen werden, aufspüren, sichtbar machen, verstehen und nutzen kann? Ist es gelungen, die Gesetze zu ermitteln, nach denen diese Energien wirken? Haben neue Instrumente dazu beigetragen, mehr in Erfahrung zu bringen über so unerklärliche Erscheinungen wie »Auren«, den »Ätherleib«, Energien, die durch unsichtbare Kanäle – sogenannte Akupunkturmeridiane – strömen, und die Wirkungskraft bei Geistheilungen?

Seit Jahrhunderten beschreiben Seher, Medien, Sensitive und Mystiker immer wieder eine farbige Aura oder Korona um den menschlichen Körper. Auf Gemälden der alten Meister ist diese »Umrandung« oft als Heiligenschein dargestellt.

Bereits in der Antike hatten indische und orientalische Wissenschaftler behauptet, daß im menschlichen Körper und um ihn herum unsichtbare Energien kreisen, und in China fand dieses Wissen in der Theorie und Praxis der Akupunktur Ausdruck, einer Heilmethode, die Krankheiten angeblich dadurch kuriert, daß sie Energieströme in den erkrankten Körperbereich umlenkt. Außerdem dient die Akupunktur zur Anästhesie und Schmerzkontrolle.

Die Vorstellung von einem Energiekörper und einer Aura hat die Lehren jener Gruppen mitgeprägt, deren Anliegen das Studium alter orientalischer und indischer Schriften war und ist, zum Beispiel der Theosophen und der Rosenkreuzer. Swami Sivananda beschreibt die Hindu- und Yoga-Theorie des Prana – jener Universalenergie, die als grundlegender angesehen wird als die Atomenergie – folgendermaßen: »Was immer sich bewegt, arbeitet oder Leben besitzt, ist nichts als Ausdruck oder Manifestation von Prana . . . Prana ist die Verbindung zwischen dem astralen (oder aurischen) und dem physischen Körper. Wenn das schlanke, fadenähnliche Prana (die Silberschnur) abgeschnitten wird, trennt sich der Astralleib vom physischen Leib. Der Tod tritt ein.«

Die Prana-Aura, die den physischen Körper umgibt, ist angeblich der Träger, mittels dessen ein Mensch einem anderen bei der magnetischen Therapie heilende Energie zuführt.

Bis vor kurzem fehlten uns jedoch Instrumente und Techniken, um die Vorstellungen unserer Altvorderen bestätigen zu können. Unser Wissen über diese unsichtbaren Bioenergien stammte im wesentlichen von Menschen mit besonders sensibler Sinneswahrnehmung.

Was aber nehmen Sensitive eigentlich als Aura wahr? Nehmen alle das gleiche wahr? Und in welcher Weise nehmen sie diese Korona wahr?

Der amerikanische Seher Edgar Cayce sah eine farbige Umrandung um den Körper, aus der er Krankheiten diagnostizieren und Gedanken sowie Emotionen herauslesen konnte. Er beschrieb den Energiestrom im Körper als eine Acht, deren Linien sich im Solarplexus kreuzen. Außerdem sah er einen Energiekörper, der den physischen Körper durchdringt. Er sagte, dieser »Energiekörper« (oder »Ätherleib«) vibriere auf einer höheren Frequenz, er durchdringe den physischen Körper und rage ein Stückchen über diesen hinaus, bilde also einen Teil der Aura. Auch andere Medien behaupten, Energiemuster zu sehen.

Die meisten Sensitiven erklären, daß die Aura aus mehreren Schichten besteht. Die drei wichtigsten sind ihnen zufolge ein dunkles, etwa acht Millimeter breites »Band« nahe der Haut, eine innere Aura mit einer Ausdehnung von fünf bis zehn Zentimetern, silbrig oder grünlich-golden, die angeblich flirrt wie die Luft an einem heißen Tag, und eine neblige, weiter nach außen reichende Korona.

Die Ärztin Dr. Shafica Karagulla hat die Beschreibungen, die Hellseher von Patienten-Auren gaben, gründlich analysiert und mit entsprechenden medizinischen Diagnosen verglichen. Dabei stellte sie fest, daß viele Medien nicht nur *aus* dem Körper Energien strömen sehen, sondern auch von außen *in* den Körper. Durch das Feld um den Körper, so sagt sie, findet ein ständiger Austausch von Energien statt.

Dr. Karagulla erkannte in ihren Gesprächen mit Sensitiven, daß solche Menschen oft Phänomene wie die Aura wahrnehmen, aber keine Ahnung haben, daß derartige Wahrnehmungen als »psychisch« oder parapsychologisch einzustufen sind. Viele Künstler und Schriftsteller spüren die aura-ähnlichen Kraftfelder, sind sich jedoch kaum je des Psi-Aspekts dabei bewußt. Meist wird die Aura als »kuppelförmig« geschildert, und Hindu-Werke beschreiben die pranische Energie als »feinen Dunstschleier« um den ganzen Körper.

Ist die Aura tatsächlich ein optisches, mit den Augen wahrnehmbares Phänomen, oder ist sie eine »andere« Energie, die von Medien auf nur ihnen eigene Art erkannt wird? Ambrose und Olga Worrall, die bekannten Geistheiler, erklärten übereinstimmend, das »Sehen« der Aura sei in keiner Weise eine Funktion des physischen Auges. Beide behaupteten, man nehme sie mit dem »spirituellen Auge« wahr, ganz spontan. Deshalb ist es auch möglich, daß Auren sowohl von Blinden wie von Menschen mit normaler Sehfähigkeit »gesehen« werden, wenn diese die Augen geschlossen haben. Olga Worrall versicherte, daß sie die Korona durch die Mitte ihrer Stirn »sehe«. Jedes Lebewesen – Mensch, Tier und Pflanze – besitzt laut den Worralls eine Aura, und diese Aura sei selbst eine Lebensform. Tote Dinge sind von keiner Korona umgeben. Die Worralls waren auch überzeugt, daß die Aura etwas mit Magnetismus zu tun habe und sich verändere, wenn man einen Menschen verschiedenen Punkten des Kompasses zudrehe.

Jack Schwarz, eines der wenigen gründlich untersuchten Medien in Amerika, arbeitet seit 1948 zusammen mit Wissenschaftlern wie Dr. Elmer und Dr. Alyce Green von der Menninger Foundation in Kansas an der physiologischen Erforschung von Psi, um den Prinzipien, die seinen phantastischen paranormalen Fähigkeiten zugrunde liegen, auf die Spur zu kommen. An der Menninger-Klinik in Kansas wurde seine Technik der bewußten Schmerzkontrolle und der Aura-Diagnose sogar mit Hilfe des klinikeigenen Fernsehens überprüft, und viele Ärzte haben durch ein von Schwarz entwickeltes Schulungsprogramm gelernt, Auren zu sehen und diese neue Fähigkeit bei der Diagnostizierung von Krankheiten zu nutzen.

»Was ein Medium als Aura sieht«, sagt Schwarz, »das verändert sich entsprechend der eigenen Aura des Mediums. Schließlich muß die Wahrnehmung des Mediums durch dessen eigene Aura hindurch erfolgen. Wenn Emotionen oder äußere Bedingungen das Kraftfeld des Mediums beeinflussen, sieht es natürlich auch das Energiefeld anderer in einer anderen Tönung.« Dies könnte erklären, warum manche Medien angeblich die Aura an einigen Tagen klar und an anderen Tagen nur schwach oder gar nicht sehen. Auch Schwarz ist überzeugt, daß die Korona »direkt« und nicht durch die Augen wahrgenommen wird.

Der Arzt Dr. William McGary, Direktor der A. R. E. Clinic Ltd. in Phoenix, Arizona, meint dazu: »Wenn wir einräumen, daß alle diese Menschen nicht fortwährend Sinnestäuschungen unterliegen, dann . . . müssen wir lernen, mit der oszillatorischen Natur des Körpers umzugehen, sofern wir wirklich Fortschritte im Verständnis seines wahren Wesens machen wollen.«

Viele Menschen haben bereits gelernt, Ausstrahlungen und Felder um die Körper von Lebewesen zu sehen, und sie glauben, daß sich die Fähigkeit zur Wahrnehmung dieser Energie-Umrandung durch Übung entwickeln läßt. Wir empfehlen folgende Methode zur Schulung des Aurasehens:

Setzen Sie sich vor einen Spiegel, der an einer weißen oder hellfarbigen Wand hängt. Entspannen Sie sich, und konzentrieren Sie den Blick auf einen Punkt, der etwa 15 Zentimeter über

Ihrem Kopf und 60 Zentimeter hinter Ihrem Spiegelbild liegt. Beobachten Sie durch peripherisches Schauen die Umrisse Ihres Körpers, vor allem des Kopfes und der Schultern. Nach und nach sollte das peripherische Schauen eine dünne Lichtlinie um den Körper herum enthüllen. Es kann mehrere Minuten dauern, bis Sie diese Linie sehen. Bewegen Sie den Kopf, und prüfen Sie, ob das Lichtmuster sich mit dem Kopf bewegt. Das erleichtert es Ihnen festzustellen, ob das Feld mit Ihnen verbunden ist oder nicht. Wenn Sie die Linie sehen, sollten Sie sich genau einprägen, wie Sie das fertiggebracht haben, damit Sie das Verfahren wiederholen können.

Eine andere Methode besteht darin, den Spiegel vor einen schwarzen Hintergrund zu hängen und sich selbst mit blauem Licht anzustrahlen (z. B. mit Hilfe blauer Glühbirnen). Und dann heißt es: üben, üben, üben. Als erstes werden Sie, wie die bereits Geschulten sagen, wahrscheinlich einen farblosen oder nebligen schmalen Lichtstreifen um den Körper sehen. Später, mit zunehmender Routine, können mehrere Schichten sichtbar werden, die sich nach außen hin ausdehnen. Die Farben können klarer werden. Wenn Sie diese Ausstrahlung erst einmal sehen, können Sie damit experimentieren. Versuchen Sie, bewußte Kontrolle über das Muster zu erlangen, und verlagern Sie es von der einen Seite der Hand oder des Kopfes auf die andere. Laut den Behauptungen von Psi-Praktikern können Sie durch die Aura, ähnlich wie beim Biofeedback, psychische Kontrolle über Körperfunktionen erlangen.

Die zentralen Fragen in diesem Zusammenhang lauten: Worum handelt es sich bei dieser Energie, und welcher Mechanismus liegt ihrem Wirken zugrunde? Ambrose Worrall, der nicht nur Geistheiler, sondern auch Elektronikfachmann war, vertrat die Ansicht, man werde in Bälde Instrumente entwickeln können, mit denen sich die Kräfte des psychischen Körpers oder Energiekörpers und die von ihm ausgehenden Strahlungen registrieren lassen. »Wir müssen dabei alle möglichen Systeme und Kraftfelder in Betracht ziehen«, sagte er. Gleich Cayce hielt er alle Psi-Phänomene für im Prinzip erfaßbar und meßbar.

Weil die Energie-Interaktion, die ein Medium sieht, für die meisten Menschen weitgehend unsichtbar ist, wird ihre Existenz

Kraftfelddetektoren

Wissenschaftliche Bezeichnung	Apparat, welcher das Kraftfeld registriert	Was sich abspielt	Was Medien nach eigenen Aussagen sehen
Elektrodynamische Felder	Burr-Voltmeter	Zeichnet Kraftfelder von Lebewesen auf . . . Muster der Energie, die das Wachstum eines Embryos oder Samens steuert oder Wunden heilt. Zeigt Energieveränderungen im Körper während Hypnose. Zeigt Auswirkungen kosmischer Veränderungen auf den Körper.	Sie sehen Kraftfelder von Lebewesen; sehen Veränderungen des Felds, wenn eine Person hypnotisiert wird.
Konvektionsströme einer Warmluftschicht um den Körper	Schlierengerät	8 Zentimeter starke farbige Hülle aus warmer Luft bewegt sich von den Füßen aufwärts über den Körper. Wechselt an Leiste und Achselhöhlen die Richtung. Schießt an den Schultern aufwärts, löst sich 12 Zentimeter über dem Kopf in federiges Gebilde auf. Konzentrationen von Bakterien und/oder Entzündungen ändern das Strömungsmuster. Zu Diagnosezwecken verwendet.	5 bis 10 Zentimeter starkes farbiges Kraftfeld – bewegt sich vom Boden über den Körper. An den Schultern kommen rechts und links Felder hinzu – gleiten nach oben über den Kopf. Ist die Person krank, so ist das Strömungsmuster blockiert, die Farben sind verändert. Zu Diagnosezwecken verwendet.
Ultraschwache Lumineszenz	1. Hochempfindliche Photomultiplier	Blitzende Lichtsignale in verschlüsselten Mustern gehen vom Körper aus. Diagnostizierung einer Krankheit, bevor sich körperliche Symptome zeigen.	Sehen verschiedene farbige Lichter im Feld um den Körper aufflackern. Sehen zerrissene Energiemuster, bevor Krankheit sich physisch äußert.

Wissenschaftliche Bezeichnung	Apparat, welcher das Kraftfeld registriert	Was sich abspielt	Was Medien nach eigenen Aussagen sehen
	2. Kirlian-Fotografie	Kann Verstärker des obigen sein. Zeigt Lichtblitzmuster, die Gesundheitszustand und Emotionen offenbaren. Wird ein Teil des physischen Körpers amputiert, zeigt das Foto ein »Phantombild« des fehlenden Teils. Verschiedene Gedanken verändern die Farben.	Generelle Muster von Energien offenbaren Gesundheitszustand und Emotionen. Können ein Phantomglied sehen.
Kraftfelddetektion	Sergejew-Detektor	Spürt ein pulsierendes Feld von Lebewesen aus einigen Metern Entfernung vom Körper auf. Kann Angst, Streß feststellen. Nach klinischem Tod werden pulsierende Energiefelder in einigen Fuß Entfernung vom Körper erfaßt.	Medien nehmen großes, ausgedehntes Energiefeld um den Körper wahr. Bei Eintritt des Todes sehen sie Wirbel nebliger Energie aus dem Körper austreten.
Festlegung von Akupunkturpunkten	Tobiskop Biometer	Bestimmt Akupunkturpunkte auf der Haut als Punkte, die Elektrizität leichter leiten. Spürt Flächen auf, wo Energiefluß blockiert ist.	Sehen Energieströme durch den Körper fließen und nehmen Flächen wahr, wo Energiefluß verstopft ist.
Elektromagnetische Felder	Guliajew-Elektroauragramm	Zeigt Veränderungen von Energien und Muskeln. Diagnostiziert innere Organe mittels Elektroauragrammen.	Sie nehmen Veränderungen von Energien in inneren Organen wahr.
Elektromagnetisches Kraftfeld	Komplexes bioelektronisches Gerät	Zeigt Felder um den Körper als positiv oder negativ geladen in verschiedenen Zonen. Feldpolaritäten ändern sich bei Hypnose, Narkose, Schlaf, Einfluß von äußeren Feldern. Kann auf modifiziertem Fernsehbildschirm gezeigt werden.	Sie sehen Kraftfelder als polarisiert in positiv und negativ. Nehmen Änderungen der Polaritäten bei Hypnose, Narkose und Schlaf wahr.

überhaupt bestritten. Doch wie Buckminster Fuller erklärt, finden neunundneunzig Prozent dessen, was bei der menschlichen Aktivität und der Wechselbeziehung zwischen Mensch und Natur vorgeht, in Wirklichkeitsbereichen statt, die der Mensch beim gegenwärtigen Entwicklungsstand seiner Sinne nicht sehen, hören, berühren oder riechen kann. Instrumente müssen diese Vorgänge veranschaulichen. Vielleicht können bald auch die »medial« wahrgenommenen Phänomene per Instrument »sichtbar« gemacht werden. Die Aufstellung auf S. 48/49 faßt einige der jüngsten wissenschaftlichen Entdeckungen zusammen, die mit der Untersuchung von Kraftfeldern im und um den Körper zu tun haben. Es ist durchaus denkbar, daß einige dieser Entdeckungen zur Erklärung eines bestimmten Aspekts des von Medien wahrgenommenen Psi-Phänomens beitragen oder daß man in ihnen eine Analogie zur Art des Auftretens von Psi-Vorkommnissen sehen darf. Viele Wissenschaftler, die in ihren Labors mit raffinierten Instrumenten Kraftfelder erforschen, haben vielleicht noch nie von Psi-Phänomenen gehört, während Medien, die diese Kraftfelder wahrnehmen, selten Gelegenheit haben werden, ein wissenschaftliches Labor zu besuchen und herauszufinden, ob die Instrumente der Wissenschaftler in etwa das zeigen, was sie »sehen«.

Der neue Vorstoß auf dem Gebiet der Psi-Entdeckung und -Erforschung konzentriert sich daher auf die Entwicklung von Geräten, die dazu beitragen können, das Funktionieren von Psi-Energien zu registrieren und zu verstehen. Vor allem sowjetische Wissenschaftler haben Pionierarbeit geleistet bei der Erforschung der Psi-Dimensionen mit Hilfe von technischen Apparaturen.

5 Leben heißt Licht: der Kirlian-Effekt

Menschen sind »ein aufregendes Panorama von Farben, ganze Galaxien von Lichtern...« In den sechziger Jahren veröffentlichte die sowjetische Presse ungewöhnliche Beschreibungen namhafter russischer Wissenschaftler über das Aussehen von Menschen, wenn man sie mittels einer neu entwickelten Form der Fotografie betrachtete. Wir sind eine Welt »leuchtender Labyrinthe«, »phantastischer Galaxien«, »bezaubernder geisterhafter Lichter« und »vielfarbiger Flammen«, hieß es voller Begeisterung.

In den siebziger Jahren konstruierten die Amerikaner einen ähnlichen Apparat und begannen ebenfalls, das neue Bild des Menschen zu erforschen: »Eine faszinierende neue Welt«, »leuchtend farbige Blasen und Kleckse«, »die Struktur organischen und anorganischen Lebens«, Blitze, aus denen Energie pulst »wie Wasser aus dem Schlauch eines Feuerwehrmannes«.

Forscher in Ost und West sahen leuchtende Strahlungen aus dem menschlichen Körper kommen, die sichtbar wurden, wenn man den Körper in ein elektrisches Hochfrequenzfeld brachte. Ein russisches Ehepaar hatte ein Verfahren entwickelt, mit dessen Hilfe man die leuchtend farbigen, bewegten Lichtspiele um die Körper von Menschen, Tieren, Pflanzen und allen anderen Lebewesen fotografieren, filmen und visuell beobachten kann. Das Verfahren wird nach den Erfindern Semjon und Walentina Kirlian »Kirlian-Fotografie« genannt, was es sichtbar macht »Kirlian-Effekt«. Die beiden Forscher hatten jahrzehntelang ganz allein mit zäher Beharrlichkeit daran gearbeitet, diese neue Form der Fotografie mit Hochfrequenzfeldern zu entwickeln und zu vervollkommnen.

Seit Mitte der sechziger Jahre widmen sich ganze Teams sowjetischer Wissenschaftler von Moskau bis Sibirien der Untersuchung der schönfarbigen Emanationen, und sie warten mit verwirrenden neuen Vorstellungen über die Natur des Lebens auf.

Einige der ersten Entdeckungen: Krankheit macht sich durch ein gestörtes Flammenmuster bemerkbar, lange bevor sie sich im physischen Körper auf eine diagnostizierbare Weise zeigt. Die Muster verändern sich mit der Stimmung, der Gesundheit und sogar den Gedanken. Auch Hypnose und Drogen modifizieren Zeichnung und Farben der Lichtumrandung. Wesentliche Veränderungen erfahren die Flammenmuster außerdem durch das Wetter, die Tageszeit und durch kosmische Störungen wie etwa Sonneneruptionen. Die hellsten Lichter treten an jenen Punkten der Haut auf, die als Akupunkturpunkte bekannt sind.

Sowjetische Wissenschaftler sind dabei, praktische Anwendungsmöglichkeiten für die Kirlian-Technik der Hochfrequenzfotografie in Landwirtschaft, Ökologie, Medizin, Geologie, Kriminologie, Archäologie und auf vielen anderen Gebieten zu erarbeiten.

Die Geschichte der Entdeckung und Entwicklung der Kirlian-Fotografie haben wir in unserem Buch *PSI. Die Geheimformel für die wissenschaftliche Erforschung und praktische Nutzung übersinnlicher Kräfte des Geistes und der Seele im Ostblock* behandelt. Nachdem wir zahlreiche Unterlagen über die Kirlian-Fotografie durchgearbeitet hatten, waren wir, wie ein ganze Reihe Wissenschaftler in der Sowjetunion, zu der Überzeugung gelangt, daß diese Technik in der Psi-Forschung angewandt werden könnte, um einige jener Phänomene, deren Mechanismen sich bislang jeder Analyse entzogen hatten, sichtbar und untersuchbar zu machen.

Vermag menschliches Denken oder menschliche Energie auf Pflanzen einzuwirken und ihr Wachstum zu beschleunigen? Die Fotografie könnte die Beeinflussung »mit den Augen verfolgen«. Gehen von einem Geistheiler irgendwelche Strahlungen aus, die für das Heilen von Wunden verantwortlich sind? Die Kirlian-Fotografie könnte aufzeigen, was bei der Geistheilung geschieht. Sendet während des geheimnisvollen Phänomens der Psychokinese (PK), der Bewegung von Gegenständen durch bloße Geisteskraft, der Körper ein besonderes Energiemuster aus, das irgendwie mit der Verursachung dieser Erscheinung zu tun hat, und welcher Art ist dieses Muster? Hier könnte uns die Kirlian-Technik Neues über Psi-Ereignisse lehren. Sie zählt vielleicht zu jenen Aufzeichnungs- und Meßmethoden, mit deren Hilfe wir »gewöhnlichen Sterblichen« verstehen lernen, was Sensitive wahrzunehmen behaupten.

Natürlich ist die Kirlian-Technik als solche *kein* paranormales Ereignis, keine »paranormale Fotografie«. Sie hat mit Okkultismus genausowenig zu tun wie ein Elektroenzephalogramm. Apparate wie der Elektroenzephalograph und die Kirlian-Vorrichtung, die zur Verwendung bei regulärer wissenschaftlicher Arbeit entwickelt wurden, lassen sich aber eben auch zur Untersuchung von Psi benutzen und können uns mehr über die elektro-physiologischen Prozesse enthüllen, die im Körper während Psi-Vorgängen ablaufen.

Das Fotografieren mit elektrischem Strom an sich ist nicht neu. Und das Neue an der Kirlian-Methode ist auch nicht die Entwicklung des Hochfrequenz-Funkengenerators, denn diesen gibt es bereits seit der Jahrhundertwende, als Nicola Tesla die Teslaspule bzw. den Tesla-Transformator erfand. Neu an der Kirlian-Technik sind die vielfältigen patentierten Apparate, die es ermöglichen, den Funkengenerator auf zahlreichen Gebieten von der Zahnheilkunde bis zur Botanik und bei zahlreichen Instrumenten vom Mikroskop bis zur Holographieausrüstung für diverse fotografische Anwendungsmöglichkeiten einzusetzen. Die Patente der Kirlians für diese Adaptationen nehmen in den Annalen der sowjetischen Fotografie und Kinematographie der vergangenen zwanzig Jahre viel Raum ein (siehe dazu die technischen Einzelheiten S. 253ff.). Seltsam ist, daß rund zwanzig Jahre einer interessanten Entwicklung der sowjetischen Fotografie von westlichen Fotoexperten bis 1973 offenbar völlig übersehen wurden.

Die Veröffentlichung unseres Materials über die Kirlian-Fotografie im Jahr 1970 und der anschließende Austausch von Daten unter den Wissenschaftlern trugen zur Wiederbelebung des Interesses an der Fotografie mit elektrischen Hochfrequenzfeldern bei. Inzwischen gelang es zahlreichen amerikanischen Forschern, elektrographische Apparate zu bauen und Fotos damit zu machen. Sie wiederholten nicht nur sowjetische Arbeiten, sondern versuchten sich auch an neuen Experimenten.

Professor Douglas Dean, ehemaliger Präsident der amerikanischen Parapsychological Association, meint allerdings: »Wir haben noch einen weiten Weg vor uns bis zur Überbrückung der Lücke zwischen bestimmten Bereichen der sowjetischen Forschung und unserer eigenen . . . auf dem Gebiet der Kirlian-Fotografie. Aber zweifellos können wir viel gewinnen, wenn wir solche Forschung betreiben. Das große unbekannte Potential der Kirlian-Fotografie erschließt uns vielleicht Bereiche, von denen wir heute noch nicht einmal träumen und die für die gesamte Menschheit von großem Nutzen sein können.«

Als wir Ende 1968 mit Plänen und wissenschaftlichem Material über die Kirlian-Fotografie aus der Sowjetunion zurückkamen, konnten wir es kaum erwarten, selbst mit dem Fotografieren zu beginnen und uns ein eigenes Bild von dem zu machen, worüber die Sowjets gesprochen hatten. Wir übersetzten wissenschaftliche Abhandlungen und Patentmaterial, und je mehr wir über die vielfältigen Anwendungsmöglichkeiten der Kirlian-Methode erfuhren, desto stärker waren wir überzeugt, daß diese Technik bei der Erforschung von Psi hilfreich sein könnte. Doch dann erlitten wir eine ziemlich herbe Enttäuschung. Elektronikfachleute warfen nur einen Blick auf das Material und erklärten kurz und bündig: »Eine solche Maschine kann man hier nicht bauen. Und wenn es ginge, würde sie nicht funktionieren – sie würde alles, was mit ihr in Berührung kommt, verschmoren lassen. Das Projekt ist unmöglich, weil westliche elektrische Teile ganz anders sind als sowjetische.« Außerdem behaupteten sie, daß in den sowjetischen wissenschaftlichen Abhandlungen immer entscheidende Einzelheiten ausgelassen seien, so daß westliche Wissenschaftler Mühe hätten, sie zu verstehen.

Ein von der Kirlian-Fotografie begeisterter Biophysiker baute falsche Teile zusammen und tötete seine Pflanze durch elektrischen Strom.

Wir sagten uns schließlich, die einfachste Lösung des Problems wäre der Kauf einer Apparatur in einem Ostblockland.

Nach einigem Hin und Her gelang es uns, die Genehmigung für die Einfuhr eines Hochfrequenz-Fotoapparates aus der Tschechoslowakei zu erhalten. Die tschechische Vorrichtung wurde als Elektrograph bezeichnet und sollte ähnliche Ergebnisse erbringen wie der Kirlian-Apparat.

Anfang 1972 traf schließlich bei Lynn eine hüfthohe Kiste aus der Tschechoslowakei ein. Nachdem sie sich durch das Polstermaterial in der Kiste gewühlt hatte, brachte sie den Elektrographen zum Vorschein: ein in einem Holzkistchen untergebrachtes Gerät von etwa 25 × 38 × 15 Zentimeter. Um mit dem Elektrographen Aufnahmen zu machen, gibt man Film und Objekt auf die Kupferplatte oben auf dem Kasten und schaltet den Strom etwa eine Sekunde lang ein. Fotografieren muß man im Dunkeln. Unter dem Gegenstand werden Funken sichtbar, und fotografiert man Finger, spürt man auch ein leichtes Kitzeln. Würden wir ähnliche Bilder zustande bringen wie die Russen?

Professor Douglas Dean, Elektrophysiologe und Pionier der physiologischen Psi-Forschung, wollte mit unserem Elektrographen unbedingt sofort einige Experimente durchführen. In einem Fotolabor machten er und Lynn eine Reihe Aufnahmen: Sie zeigten den gleichen Korona-Effekt wie die Kirlian-Fotos. Wenn zwei Menschen ihre Zeigefinger nebeneinander legten, ergab sich eine Lumineszenz-Abstoßung und ein Dünnerwerden der Korona, genau wie auf den russischen Bildern. Mit anderen Worten: Die Korona oder Strahlung zieht sich in sich selbst zurück und vermischt sich nicht mit der einer anderen Person.

Die Jersey Society of Parapsychology, deren Präsident Douglas Dean damals war, stellte ihm eine kleine Summe zur Verfügung, so daß er weiter mit der Kirlian-Technik experimentieren und prüfen konnte, ob man beim Fotografieren von amerikanischen Geistheilern mit dem Apparat die gleichen Ergebnisse erzielte wie die Sowjets bei ihren Aufnahmen von dem berühmten russischen Heiler Oberst Alexej Kriworotow. Der Oberst heilt magnetisch, indem er seine Hände in einer Entfernung von etwa fünf Zentimetern am Körper des Patienten entlangführt. Die Patienten berichten, daß sie starke Wärme, »wie von einer Wärmflasche«, fühlen, doch kein physiologischer Indikator zeigt irgendeine Hautveränderung beim Patienten oder bei Kriworotow an. Besonders erfolgreich ist der Oberst bei Rückenleiden, Infektionen und Erkrankungen des Nervensystems. Die Kirlians fotografierten Kriworotows Hände in den Ruhepausen und während der Vorbereitung auf eine Behandlung. Auf den vor der Behandlung gemachten Fotos zeigte die Korona von Kriworotows Händen regelmäßige Flammen durchschnittlicher Größe, doch wenn sich der Oberst auf eine Behandlung vorbereitete, wurden die Flammen größer und heller. Vielleicht machte die Kirlian-Technik einen Energie- oder Informationsaustausch zwischen Heiler und Patient sichtbar, der dem Patienten hilft, sich neu auf Gesundheit zu programmieren.

Konnte der Elektrograph uns mehr über die Vorgänge während eines solchen Heilungsprozesses sagen? Dean organisierte eine Reihe Fotositzungen mit Mrs. Ethel DeLoach, der Begründerin der Jersey Society of Parapsychology. Mrs. DeLoach ist eine bekannte Heilerin und behandelt mit Genehmigung einiger Ärzte in bestimmten Krankenhäusern New Jerseys und New Yorks deren Patienten. Dean fotografierte Mrs. DeLoachs Zeigefinger, während sie sich in einem Zustand der Entspannung befand. Die Aufnahme zeigte eine durchschnittliche Flammen-Aura. Dann wurde sie gebeten, an eine Heilbehandlung zu denken. Die jetzt gemachten Aufnahmen zeigten ein wesentlich stärkeres Hervorsprühen von Flammen aus ihrem Finger. Bei jeder Wiederholung der Folge war die gleiche Zunahme der Strahlung zu beobachten. Die Ergebnisse entsprachen jenen des Ehepaars Kirlian. Auf Farbfotos sind die Flammen übrigens vorherrschend bläulich.

Dean machte auch eine Reihe Farbaufnahmen, während Mrs. DeLoach tatsächlich einen Patienten behandelte. Das Foto *davor* zeigte die übliche kleine blaue Korona. Dann wurde der Finger einer Hand fotografiert, während Mrs. DeLoach mit der anderen Hand versuchte, eine Grützgeschwulst am linken Arm ihres Patienten zu heilen. Die Geschwulst, eine Art mit toten Zellen gefüllte Zyste, war etwas mehr als einen halben Zentimeter hoch. Dean fotografierte während des Handauflegens und stellte eine verblüffende Veränderung an Mrs. DeLoachs Finger fest. Die Flammen hatten sich wesentlich vergrößert, und dazu war in der Korona aus dem Bereich des Fingerendgelenks eine leuchtend orangefarbene, sonnenähnliche Ausstrahlung erschienen. Dean sagt: »Man muß annehmen, daß sie tatsächlich heilbehandelte, denn die Grützgeschwulst am Arm des Patienten verschwand am folgenden Tag.«

Diese anfänglichen Ergebnisse waren ermutigend und ließen hoffen, daß man mit der Kirlian-Technik und auch mit dem Elektrographen vielleicht bestimmte Psi-Effekte sichtbar machen könnte, deren Aufspürung und objektive Aufzeichnung zuvor kaum möglich gewesen war.

Paul Sauvin aus New Jersey (der Patient im gerade geschilderten Heiltest) gehörte zu den ersten Fachleuten, denen wir die Kirlian-Pläne zeigten. Er versteht viel von Elektronik, hat einen sehr findigen Verstand und machte uns von Anfang an Mut im Hinblick auf die Möglichkeit, eine amerikanische Version des Kirlian-Apparats zu bauen.

Nach wochenlanger Erprobung verschiedener Kraftzufuhrsysteme, wobei er oft ganze Abende herumbosselte und sein Küchentisch infolge eines zu starken Generators von Hochfrequenzströmen einmal plötzlich in Flammen stand, empfahl Sauvin die von Kosmetikerinnen benutzte handelsübliche Teslaspule als wirksam und sicher. Wir befolgten seinen Rat, beschafften uns eine Hochfrequenzausrüstung und fertigten Aufnahmeplatten verschiedenen Typs an, damit wir das Gerät zum Fotografieren benutzen konnten. Es erbrachte ausgezeichnete Ergebnisse (siehe Kap. 6).

Im Winter 1970 machte Dr. Thelma Moss, Professorin am neuropsychiatrischen Institut der California-Universität, eine wissenschaftlich ertragreiche Reise in den Ostblock, nach der sie dann in Amerika das erste regelrechte Kirlian-Forschungsprogramm startete. Das Verdienst an der Durchsetzung der Kirlian-Fotografie in Amerika – gegen den Widerstand so manchen »Fachmannes« – gebührt Dr. Moss und ihren Mitarbeitern.

Denn zurück in Los Angeles, wollte sie natürlich sofort in ihrem eigenen Labor die Kirlian-Arbeiten kopieren und zeigte die Pläne des Kirlian-Apparats mehreren amerikanischen Elektronikexperten. »Unzulänglich«, »undurchführbar«, »absurd«, erklärten ihr die Fachleute.

Die Art und Weise, wie sie schließlich doch zu einer Kirlian-Vorrichtung kam, wird nach ihrer Ansicht vermutlich einer der schönsten Augenblicke ihrer Universitätslaufbahn bleiben. Während einer Vorlesung im Rahmen eines von der California-Universität veranstalteten Abendkurses schilderte sie ihre Rußlandreise, berichtete über die laufenden sowjetischen Psi-Forschungen und zeigte Kirlian-Fotos aus Moskau und Alma-Ata. Nach der Vorlesung kam ein junger Mann zu ihr, stellte sich als Kendall Johnson vor und sagte, er würde gern Kirlian-Aufnahmen machen.

»Das würde ich auch gern«, erwiderte Dr. Moss. Sie erzählte ihm von den entmutigenden Äußerungen der Fachleute und gab ihm die angeblich »nicht zu entziffernden« Pläne sowie die übersetzten wissenschaftlichen Abhandlungen. In der vorletzten Vorlesung ihres Kurses meldete sich Ken Johnson wieder, diesmal mit einer Aufnahme, die eine erstaunlich gute »Kirlian-Fotografie« zu sein schien. »Wo haben Sie die denn gemacht?« fragte Dr. Moss ungläubig.

»In der Garage meines Schwiegervaters«, antwortete er.

Dank Johnsons elektronischem Genie hatten die beiden nach mehreren Wochen beharrlicher Arbeit in der Garage ein funktionierendes Gerät stehen. Der Apparat ist jedoch ganz anders als jener der Kirlians, denn er arbeitet mit einer Niederfrequenz von dreitausend Hertz statt einer Hochfrequenz von zweihunderttausend. Dr. Moss und Johnson taten sich zusammen und forschen nun gemeinsam auf dem Gebiet der Strahlungsfeldfotografie, wie sie es nennen.

Professor Dean meint: »Johnson gelang es schließlich, vielleicht weil er kein ausgebildeter Elektroniker war, die russische Konstruktion so abzuändern, daß die ersten kirlian-artigen Fotos in den Vereinigten Staaten möglich wurden. Diese Leistung half bestätigen, daß der Kirlian-Effekt echt ist, und sie regte viele andere Labors an, mit ähnlichen Arbeiten zu beginnen . . .«

Im Lauf der folgenden drei Jahre machten Dr. Moss und Johnson über fünfzigtausend Strahlungsfeldfotos, untersuchten mehr als fünfhundert Personen und mehr als tausend Blätter – und Wissenschaftler an anderen Universitäten folgten ihrem Beispiel.

Hier nun einige der grundlegenden bisherigen Beobachtungen westlicher Forscher auf dem Gebiet der Kirlian-Fotografie:

○ Veränderte Bewußtseinszustände können auf Kirlian-Fotos sichtbar gemacht werden.
○ Elektrophysiologische Untersuchungen haben gezeigt, daß kein Zusammenhang besteht zwischen der Korona-Ausstrahlung und der Hauttemperatur, der galvanischen Hautreaktion, Gefäßverengungen oder -erweiterungen und der Perspiration.
○ Befindet sich ein Mensch in normaler, gesunder Verfassung, zeigt sein Finger eine vorherrschend blaue und weiße Korona. Ist er erregt, besorgt oder nervös, strahlt das Fingerendgelenk oft einen roten Fleck aus.
○ Die englischen Forscher D. R. Milner und E. F. Smart, die mit Gleichstrom-Hochspannungsfotografie experimentieren, fanden heraus, daß zwischen einem frisch gepflückten Blatt und einem vierundzwanzig Stunden früher gepflückten sterbenden Blatt eine Wechselwirkung besteht, bei der es zur Übertragung von Energie kommt.
○ Untersuchungen verschiedener, durch Drogen (Alkohol und Marihuana) verursachter Bewußtseinszustände haben erbracht: Die Intoxikation mit beidem bewirkt eine allgemeine Steigerung der Helligkeit und Größe der Korona. Eine Versuchsperson, die sich bis zum siebzehnten Drink »durcharbeitete«, zeigte anfangs eine kleine, eng zusammengezogene Korona, dann ein »rosiges Glühen«, schließlich ein »helles Leuchten«.
○ Dr. Moss und Johnson untersuchten drei Personen, die behaupteten, Heilkräfte zu besitzen. Ihre Fotos zeigen genau das Gegenteil dessen, was die Russen und Dean festgestellt hatten. Eine Veränderung ist auch hier klar ersichtlich, doch hatten die Heiler in entspanntem Zustand eine sehr breite Korona, während der Heilbehandlung dagegen eine viel kleinere. Die Patienten hatten vor der Behandlung eine kleine Korona und danach eine größere.
○ Bei Hypnose zeigte sich ein ähnliches Muster wie oben beschrieben, doch die Ergebnisse waren nicht beständig.

- Ein Sensitiver zeigte im Normalzustand eine sehr kleine Emanation, in Trance dann jedoch eine leuchtend blau-weiße Korona.
- Im allgemeinen hat jeder Mensch sein ganz persönliches, einmaliges Auramuster.
- Pflanzenblätter zeigen, wenn man sie verletzt oder anschneidet, rote Flächen und Blasen.
- Gedankliche Energie, die ein Medium auf ein verletztes Blatt lenkte, stellte auf den Kirlian-Fotos dessen ursprüngliches Leuchten wieder her.
- Die Fingerspitzen von PK-Medien zeigen während des PK-Vorgangs im Vergleich zum Normalzustand eine scharfe, konzentrierte Korona.
- Während magnetischer Stürme, die von Sonnenflecken ausgelöst wurden, verändert sich die Korona: Es erscheinen große rote Flammen.
- Musik scheint die Korona zu verändern: Die Emanation wirkt konzentrierter und weist mehr Kügelchen auf.
- Farbiges Licht auf der Haut scheint die Korona zu beeinflussen, wie auf *davor* und *danach* gemachten Aufnahmen zu sehen war.
- Die Fotos sind infolge zyklischer Veränderungen im elektrischen Erdfeld je nach Tageszeit unterschiedlich. Am stärksten ist das Feld um 7 Uhr abends Weltzeit und am schwächsten um 4 Uhr morgens Weltzeit (18 bzw. 3 Uhr MEZ).
- Ein kalifornischer Forscher arbeitet an der Entwicklung eines vorläufigen medizinischen Diagnoseverfahrens.

Auch in der Sowjetunion wurde auf dem Gebiet der Kirlian-Fotografie weitergeforscht. Hier einige der jüngsten Erkenntnisse:

- Bestimmte Gedanken, die eine Person hat, verändern die Elektrobiolumineszenz – zum Beispiel das Denken an einen Bleistift im Gegensatz zum Denken an ein interessantes Buch oder ein schönes Theaterstück.
- Wenn man sich neben einer Pflanze stehend in den Finger sticht, glühen deren Blätter plötzlich um fünfzig Prozent heller.

○ Wenn ein in Biofeedback oder autogenem Training geschulter Mensch sich suggeriert, seine Hand werde wärmer, finden nur während der Autosuggestion von Wärme bestimmte strukturelle Veränderungen in der Lumineszenz statt.

○ Berührt die so geübte Person eine andere, nicht in Autosuggestion geschulte Person, und wird letztere fotografiert, so zeigen beide die gleiche Lumineszenzstruktur.

○ Pflanzen sind ideale Detektoren dieser Energieveränderung. Hält man die Hand in die Nähe einer Pflanze und suggeriert sich, die Hand sei warm, verstärkt sich die Lumineszenz der Blätter. Redet man sich ein, die Hand sei kalt, nimmt die Lumineszenz der Blätter deutlich ab.

○ Tau bildet sich auf Pflanzenblättern genau an den gleichen Stellen, die auf Kirlian-Fotos der Blätter die stärksten Flammenmuster zeigen.

○ Die Kirlian-Fotografie erwies sich als nützlich bei der Untersuchung von Möglichkeiten, Obst und Gemüse zu konservieren.

○ Bei der Untersuchung der Akupunktur mittels der Kirlian-Fotografie zeigte sich: Die Stimulierung gewisser Punkte auf einem Akupunktur-Energiekanal konnte an anderen Flammenpunkten auf dem Kanal die Helligkeit der Lumineszenz verstärken.

○ Die Lumineszenz von Keimlingen des Frühlingsweizens ist wesentlich intensiver im Vergleich zu jener von Keimlingen anderer Sorten.

○ Die Kirlian-Fotografie kann in der Ökologie zur Frühdiagnose von Gift in Fischen angewandt werden: Fotos der Schuppen von vergiftetem Fisch wiesen deutliche Unterschiede gegenüber Fotos von Kontrollfischen auf. (Könnte sehr nützliche warnende Hinweise auf vergiftete Seen und Flüsse geben.)

○ In Streßsituationen treten scharfe Energieblitze auf (hilfreich bei der Beurteilung der Schwere des Leidens eines Patienten und zur Frühdiagnose).

○ Jeder Körperteil hat im allgemeinen eine bestimmte Farbe: Herzregionen blau; Vorderarm grünblau; Oberschenkel oliv.

○ Die Kirlian-Diagnose kann sich mit dem Menschen als Ganzes befassen oder auch anhand einzelner Zellen gestellt werden.

○ Die Kirlian-Technik läßt sich zur Registrierung der Gemütsverfassung verwenden, zur medizinischen Diagnose (besonders bei Krebs), zur Überwachung der Wirkung medikamentöser Behandlungen einer Person, zur Überwachung der Wirkung von Strahlenbehandlungen bei einer Person.

○ Es besteht die Hoffnung, daß man die Methode zusammen mit Röntgenstrahlen und der Ultraschall-Holographie dazu einsetzen kann, den Menschen bis in eine bestimmte Tiefe transparent zu machen.

6 Das »leuchtende Labyrinth« Mensch

Was aber stellen die Kirlian-Bilder nun eigentlich dar? Zeigen sie ätherische Kräfte, Psi-Energie oder bloß Elektrizität? Das neueste wissenschaftliche Material dazu legt durchweg den Schluß nahe, daß auf den Kirlian-Fotos wirklich die Aktivitäten einer Energie-Emanation des lebenden Körpers zu sehen sind.

In der Sowjetunion vertreten die Wissenschaftler unterschiedliche Standpunkte. Einige glauben, die Stimulierung der Haut durch die bei der Kirlian-Fotografie erfolgende Hochfrequenzentladung führe einfach dazu, daß der Körper elektrifizierte Teilchen abstrahle, die auf den Fotos als verschiedene Muster in der Korona zu sehen sind. Sie sprechen von einer »kalten Elektronen-Emission«, und der Physiker Viktor Adamenko meint, daß diese ihren Ursprung im gleichen Substanzniveau haben könnte wie die Aura. Westliche Wissenschaftler entgegnen, diese Theorie erkläre nicht das ganze ausstrahlende Licht. Manche wiederum beharren darauf, daß die Kirlian-Fotografie eine *andersgeartete* Energie im Körper verstärke, die sie als »bioplasmatisch« bezeichnen.

Der Biologe Professor B. A. Dombrowski von der Kirow-Staatsuniversität von Kasachstan behauptet, die auf den Bildern sichtbare Energie sei eine Form von Plasma, dem vierten Zustand der Materie. Ihm zufolge bildet diese bioplasmatische Energie die Energie-Grundsubstanz oder Matrix aller lebenden Dinge. Den Bioplasmakörper stellt er sich als eine Art Energie-Gegenstück zum physischen Körper vor. Für ihn ist der Bioplasmakörper nicht Ausstrahlung des physischen Körpers, sondern der physische Körper ist das Spiegelbild des Energiekörpers. Eine Krankheit schlägt demnach zuerst im Energiekörper zu, bevor sie den physischen Körper erreicht; die Kirlian-Fotos sind ein Mittel zum frühen Aufspüren von Krankheiten, die auf den Bildern als gestörte Energiemuster sichtbar werden.

Somit wäre es möglich, Krankheiten zu verhindern, indem man die auf Kirlian-Bildern zu sehenden gestörten Energien wieder ins Gleichgewicht bringt; und genau dies könnte mit Hilfe einer Akupunktur-Behandlung geschehen.

Der Bioplasma- oder Energiekörper spiegelt offenbar auch die Emotionen eines Menschen wider, seine Geistesverfassung, seine Reaktion auf Töne und Farben sowie auf die gesamte Umgebung, und er fängt Psi-Informationen auf. Es wurde auch die Theorie aufgestellt, daß der Bioplasmakörper als Sender und Empfänger von Energie fungiert.

Dr. Moss erfuhr bei ihrem Gespräch mit den kasachischen Wissenschaftlern, daß die bioplasmatische Energie nach deren Ansicht ähnlich funktioniert wie die in der Yoga-Lehre definierte Energie des Prana.

In den vergangenen Jahren gelangen Wissenschaftlern, die in verschiedenen Bereichen der Biophysik arbeiten, mehrere aufregende Entdeckungen, die vielleicht den Schlüssel liefern zu dem, was die Kirlian-Fotos »eigentlich« abbilden:

Bereits in den sechziger Jahren erkannten die Biologen, daß nicht nur Glühwürmchen schimmern, sondern daß auch Menschen glühen. In der Sowjetunion war der weithin bekannte Dr. Boris Tarusow von der Moskauer Universität ein führender Erforscher der extrem schwachen Lichtstrahlungen von Pflanzen und Tieren. Um diese Lumineszenz sehen zu können, benutzten die Forscher hochempfindliche Lichtverstärker, sogenannte photoelektronische Vervielfacher oder Photomultiplier. Sie gleichen den Infrarotvisieren mit Bildwandler, die vom Militär zum Orten bei vollkommener Dunkelheit verwendet werden. Auch in der Astronomie, bei der Suche nach Sternen, werden Photomultiplier eingesetzt. Die Biologen sahen mit ihrer Hilfe unendlich kleine Lichtstrahlen von Blättern und sogar von einzelnen Zellen ausgehen. Ein Geheimnis blieb jedoch bestehen: das *Warum* des Glühens.

Zuerst nahm man an, aktive chemische Verbindungen in den lebenden Körpern von Menschen, Tieren und Pflanzen seien die Ursache dafür. Einige Forscher vermuteten, daß sich das schwache Licht entsprechend dem Stoffwechsel der Pflanze ändere: abgekühlte Pflanzen – schwaches Glühen; warme Pflanzen – starkes Glühen. Andere meinten, das Glühen habe etwas mit dem Kraftfeld der Erde zu tun. Lösen konnte das Rätsel bis heute keiner.

An der Staatsuniversität von Kasachstan, wo mit der Erforschung der Kirlian-Fotografie befaßte Wissenschaftler die Theorie von der bioplasmatischen Energie aufgestellt hatten, kam man auf die Idee, der auf Kirlian-Fotos beobachtete Prozeß könne mit dieser von Tarusow erforschten ultraschwachen natürlichen Lumineszenz zusammenhängen. »Wir behaupten mit aller Vorsicht, daß ultraschwache Lumineszenz in biologischen Organismen plasmatische Prozesse verkörpert«, sagt Dr. Viktor Injuschin aus Alma-Ata. »Es ist möglich, diese ultraschwache Lumineszenz in lebenden Dingen durch Anwendung der Kirlian-Fotografie zu verstärken.« Nach Meinung der kasachischen Experten verändert der Kirlian-Prozeß die natürliche Lumineszenz des Körpers von einer schwachen in eine helle, so daß man leichter sehen kann, was dabei vorgeht. 1972 gelang einem Team unter Führung von Dr. Boris Nikolajewitsch Natusow, dem Dekan der Abteilung Biophysik an der Moskauer Universität, ein wichtiger Durchbruch. Die lange, geduldige Beobachtung ultraschwacher Lumineszenz mit den neuesten hochempfindlichen Photomultipliern machte sich bezahlt: Man stellte nämlich fest, daß Pflanzen nicht immer mit *stetigem* Licht schimmerten und daß die Veränderungen der Lumineszenz mit weit mehr als bloß dem Stoffwechsel verknüpft waren.

Manchmal brachen die fast unsichtbaren Strahlen plötzlich und mit aller Macht hervor, fast als sende die Pflanze ein Lichtblitzsignal aus. Die sowjetischen Wissenschaftler fanden heraus, daß Pflanzen mittels ihrer Blitzsignale »sprechen« können. Ein bestimmtes Lichtmuster bedeutet: zuviel Wasser und Salzgehalt um die Wurzeln. Andere Muster signalisieren ein Zuviel oder Zuwenig an Dünger. Die wichtigste Erkenntnis jedoch war, daß sich aus den mit Photomultipliern sichtbar gemachten Lumineszenzblitzen – genau wie bei der Kirlian-Fotografie – anhand der Lichtmuster Krankheiten diagnostizieren lassen, lange bevor irgendein physisches Symptom der Krankheit aufgespürt werden kann. Ein spezifisches Muster gesteigerter Lumineszenz bei Pflanzen erwies sich als Anzeichen für eine bevorstehende Bakterien- oder Pilzattacke. Bei der Untersuchung der blitzenden Lumineszenz von Baumwollpflanzen stießen die Wissenschaftler auf ein bestimmtes Signal, ein Warnmuster, das lange vor dem Sichtbarwerden irgendwelcher äußeren Krankheitssymptome aufdeckte, daß die Pflanzen von der tödlichen Welkekrankheit bedroht waren. Die Kirlians hatten mit ihrer Technik der Elektrofotografie das gleiche herausgefunden.

Ein unerwarteter Nutzen der leuchtenden Pflanzenblitze: Die Pflanzen zeigten selbst an, welche von ihnen – seien es Gräser oder Büsche – in einem neuen Pflanzgebiet, wo die Gärtner noch keine Erfahrungen besaßen, am besten gedeihen würden. Immer mehr Tatsachenmaterial sammelte sich an. Viele bereits aus der Kirlian-Fotografie bekannte Muster zeigen sich in den natürlichen Ausstrahlungen von Lebewesen auch dann, wenn sie nicht mit elektrischen Hochfrequenzfeldern erhellt werden.

Eine weitere neue Feststellung stützt den Gedanken, daß die Kirlian-Fotografie tatsächlich natürliche, im und um den Körper wirkende Energien »ins Bild setzt«. In Sibirien beschloß ein unternehmungsfreudiger Wissenschaftler, Dr. Vlail Kasnachajew, noch einmal Gurwitschs Behauptung zu überprüfen, daß Organismen eine Art Energie ausstrahlen. Statt zu versuchen, lebendige Ausstrahlungen mit Geräten wie Photomultipliern und Kirlian-Apparaten sichtbar zu machen, entschieden sich Kasnachajew und seine Mitarbeiter, nach irgendeinem *Effekt* zu suchen, den solche Ausstrahlungen auf andere lebende Dinge haben könnten.

Die Ergebnisse waren verblüffend. Unter anderem fanden die Wissenschaftler heraus, daß erkrankte Zellen informationstragende Strahlen aussenden, die durch Quarzglas zu gesunden Nachbarzellen dringen und auch diese krank machen können (siehe Kap. 10).

Interessanterweise stellten Kirlian-Forscher fest, daß verschiedene Krankheiten auf ihren Bildern bestimmte Lichtmuster erzeugen. Die Kirlian-Forscher vermuten, daß diese Lichtblitze Informationen übermitteln. Hier bestehen, wie die Forscher ausführen, Ähnlichkeiten mit den Beobachtungen Kasnachajews.

Die Entdeckung, daß lebende Zellen informationstragende Strahlen aussenden, ist von ungeheurer Bedeutung, denn sie vermittelte eine Erkenntnis, die nur wenige Wissenschaftler für möglich hielten. Die Kirlian-Forscher versuchen nun, die erwiesene Lichtausstrahlung lebender Dinge mit den auf ihren Bildern so schön zu sehenden Lichtmustern in Zusammenhang zu bringen. Diesem Versuch liegt der Gedanke zugrunde, daß die Ausstrahlungen nicht nur Informationen über Krankheiten enthalten könnten, sondern – gleich Computerkarten – auch Programme für die verschiedenartigsten Phänomene, zum Beispiel für die Geistheilung.

In Alma-Ata entwickelten Viktor Injuschin und seine Kollegen auch neue Wege zur Registrierung dieser unbekannten Bioenergien und zum Aufspüren der Wechselbeziehungen, die zwischen ihnen und den auf Kirlian-Fotos sichtbaren Energien bestehen. Injuschin versichert, daß er eine Aufzeichnung der Energien seiner Versuchsperson erhält, ohne für das Experiment ihren Normalzustand zu verändern, das heißt ohne den Hochfrequenzstrom einzuschalten. Die kasachischen Wissenschaftler fanden auch einen Weg zur Aufzeichnung außergewöhnlicher Strahlungen aus den Augen von Menschen. Die Wissenschaftler benutzten eine besondere, für das ultraviolette Spektrum empfindliche Filmemulsion und bestimmte Selektivfilter, außerdem unterdrückten sie jede Wärmestrahlung. Sie bekamen höchst seltsame Bilder auf ihren Film. »Wir entdeckten eine Emanation aus den Augen von Tieren und Menschen«, berichtete Dr. Injuschin. Die aus Menschen- und Tieraugen kommenden Energien verändern sich laut Injuschin mit den Emotionen und den Umweltbedingungen.

Zur Aufzeichnung dieser ungewöhnlichen Emanationen verwendeten die Wissenschaftler eine Filmemulsion mit sehr fein verteilten Partikeln, die sie zusammen mit Photozellen in ein kryostatisches (gleichmäßig kaltes) Element gaben. Sogar durch undurchsichtige Schirme und dünne Metallplatten »erhielten wir von menschlichen Augen unter Bedingungen der Autosuggestion nach einer Belichtungszeit von nur einer Tausendstelsekunde sehr klare Bilder auf der Emulsion«.

Könnte es sein, daß die Kirlian-Fotografie diese bis jetzt nirgends registrierten Ausstrahlungen des menschlichen Körpers verstärkt? Auch Gehirnwellen müssen um ein Vielfaches verstärkt werden, bevor sie sich aufzeichnen lassen; und es wäre durchaus denkbar, daß das elektrische Hochfrequenzfeld einige der Energien verstärkt, die bei solchen Phänomenen wie ultraschwacher Lumineszenz, Ausstrahlung auf Nachbarzellen und Emanationen von Augen auf einen Film mitwirken.

Überall in der Sowjetunion untersuchen jetzt Wissenschaftler erneut die Theorien Alexander Gurwitschs über natürliche Ausstrahlungen der Menschen und das von ihnen ausgehende glühende Licht. Die Feststellungen der Forscher erbringen zunehmend den Beweis, daß Gurwitsch recht hatte. Der Mensch scheint tatsächlich Energien auszustrahlen, und die Kirlian-Technik macht sie für uns alle sichtbar.

Benson Herbert vom Paraphysics Lab in England unterstreicht, wie außergewöhnlich wichtig es ist, alle diese neuen Forschungsarbeiten über die natürlichen Ausstrahlungen und die Lumineszenz des menschlichen Körpers mit den Forschungen über die Kirlian-Fotografie zu koordinieren. Wenn bioplasmatische Energien, Ausstrahlungen und Lumineszenz des Körpers in seinem *natürlichen Zustand* registrierbar sind, ohne eine Person in ein elektrisches Hochfrequenzfeld zu bringen, wie es die Kirlian-Fotografie tut, und wenn in beiden Fällen ähnliche Energiemuster auftreten, könnte dies ein für allemal »die Kontroverse beilegen, die immer noch tobt – an beiden Enden Europas«. Denn manche Wissenschaftler vertreten die Ansicht, daß die auf Kirlian-Fotos erkennbaren Muster ausschließlich auf das Kraftfeld zurückzuführen sind, in das der Körper gebracht wird, und keine vom Körper ausgehenden Energien offenbaren.

Zu der gegenwärtig in Alma-Ata laufenden Arbeit sagt Herbert: »Erfolg bei diesem Experiment wäre in der Tat eine Ermutigung für jene westlichen Parapsychologen, die glauben wollen, daß zwischen den Kirlian-Mustern und dem, was in der okkulten Literatur als ›Aura‹ bezeichnet wird, irgendeine Verbindung besteht . . . Zumindest bliebe die Frage offen, ob die ›Aura‹ und die Korona in ihrer Natur oder Ursache vielleicht bestimmte gemeinsame Merkmale haben . . .«

Nach Meinung einiger amerikanischer Sensitiver, die Kirlian-Bilder gesehen haben und mit den metaphysischen Theorien vertraut sind, besteht eine Ähnlichkeit zwischen dem, was die Fotos zeigen, und den Theorien der Yoga-Lehre über Prana-Energie. Andere Sensitive glauben, sichtbar gemacht werde die *Wirkung* der Aura auf die Hochfrequenzentladung. Übereinstimmung herrscht unter den hiesigen Sensitiven darüber, daß die Kirlian-Fotos eine ätherische Energie sichtbar machen können.

Professor Dean beschreibt, wie diese Energie in Bewegung aussieht: »Aus den auf den Standbildern sichtbaren Flammen schießt periodisch alle paar Sekunden Energie heraus wie Wasser aus einem Feuerwehrschlauch, und sie ändern im Film von einem Ausbruch zum nächsten die Farbe. Dazu schießen aus einem Blatt oder Finger Kügelchen heraus.« Die Flammen kamen angeblich aus Akupunkturpunkten auf der Haut. »Diese Effekte sind sehr schwer zu verstehen«, meint Dean. Er weist darauf hin, daß die von dem Physiker Dr. William Tiller vorgenommenen Standardberechnungen für bekannte Energien die hier sichtbar gemachte Energie nicht zur Gänze erklären können. Dean, Moss und Johnson sehen einen verblüffenden Zusammenhang zwischen den Strahlungsfeldfotografien und den Beschreibungen eines Energiekörpers in der metaphysischen Literatur, wie beispielsweise in *The Etheric Double* von A. E. Powell: »Jedes feste, flüssige und gasförmige Teilchen des physischen Körpers ist von einer ätherischen Hülle umgeben . . . An Größe ragt sie etwa einen Viertelzoll über die Haut hinaus . . . Im Aussehen ist das ätherische Double von blassem Violettgrau oder Blaugrau, schwach leuchtend und derb oder zart in der Struktur, je nachdem, ob der dichte physische Körper derb oder zart ist.« Blaue und violette Farbtöne erscheinen auch auf Kirlian-Fotos von lebenden Dingen im Normalzustand.

Powell erwähnt auch den Phantomschmerz, an dem viele Amputierte leiden: »Dieser ist auf die Tatsache zurückzuführen, daß der ätherische Teil des Gliedes nicht zusammen mit dem dichten physischen Teil abgenommen wird.« Die russischen Fotos von Blättern, denen man ein Stück abgeschnitten hatte, zeigen »Phantome« der fehlenden Teile.

»Durch das ätherische Double strömt Prana an den Nerven des Körpers entlang... Und genau wie sich die Teilchen des dichten physischen Körpers ständig verändern und durch frische, aus Nahrung, Wasser und Luft abgeleitete Teilchen ersetzt werden, so ändern sich auch die Teilchen des ätherischen Körpers ständig und werden durch frische ätherische Teilchen ersetzt, die in den Körper aufgenommen werden... in der als Vitalitätskügelchen bekannten Form.« Könnte es sich um die Kügelchen und Blasen handeln, die in den Kirlian-Filmen aus Blättern und Fingern hervorzuschießen scheinen? Powell beschreibt die unsichtbare Energie des Körpers als »rosenfarbig« und sagt, sie nähre das Nervensystem. Er behauptet, daß Energie dieser Art vom Heiler auf den Patienten übertragen werde.

Kirlian-Fotos von Heilbehandlungen an Menschen und Blättern zeigen oft eine rosenfarbene Emanation, ein deutliches rosarotes Glühen. Thelma Moss und Kendall Johnson folgern: »Die Kirlian-Fotografie könnte in der Lage sein, den physikalischen Beweis für eine Art Energiesystem zu erbringen, das im physischen Körper existiert und sich über diesen hinaus ausdehnt.«

Natürlich können Sie auch ohne kostspielige photoelektronische Vervielfacher (Infrarotvisiere mit Bildwandler zum Nachtsehen) oder teure Laborausrüstung zur Untersuchung von Zellkulturen mit der menschlichen Lumineszenz experimentieren. Vielleicht gelingt es Ihnen, Wechselbeziehungen zwischen der natürlichen Lumineszenz und den Kirlian-Bildern aufzuspüren.

Für ein grundlegendes Experiment brauchen Sie lediglich einen hochempfindlichen Schwarzweiß- oder Farbfilm. Sie können Rollfilm oder Platten verwenden, auch in einzelne Platten abgepackten Polaroid-Farbfilm, sofern Sie eine Polaroidkamera haben, um den Film zu entwickeln.

Wenn Sie normalen Film benutzen, nehmen Sie eine Platte oder schneiden aus einem Rollfilm ein Stück heraus und wickeln es sorgfältig in eine undurchsichtige Hülle, so daß keinerlei Licht darauf fällt. Kleben Sie dieses Filmstück auf Ihren Arm oder einen anderen Körperteil, und lassen Sie es den ganzen Tag dort. Notieren Sie, wie lange und an welcher Körperstelle Sie jedes Filmstück tragen. Geben Sie den Film zum Entwickeln oder, wenn Sie Polaroid verwenden, entwickeln Sie ihn in der Kamera. Sehr oft werden Sie feststellen, daß eine Art verschwommenes Muster auf dem Film erscheint.

Dieses Experiment machte auch der Geistheiler Ambrose Worrall, um zu demonstrieren, daß vom Körper deutliche Emanationen ausgehen, die auf Filmmaterial einwirken können. Wenn Sie intensiv über ein bestimmtes Bild nachdenken, während Sie den Film tragen, wird sich auch dieses Bild im Muster auf dem Film manchmal vage widerspiegeln. Verursacht die Körperwärme das Muster? Thelma Moss hat Filme einfach erwärmt bzw. gekühlt, aber der Film blieb leer. Nur auf einem Film, den jemand mehrere Stunden am Körper trug, erschienen ungewöhnliche Energiemuster. Wenn Sie Zeit haben, sollten Sie einmal einen Streifen Film über die Augen legen und ihn dort ungefähr eine Stunde liegen lassen. Prüfen Sie, ob die Ausstrahlungen, die Sie dann von Ihren Augen aufgezeichnet haben, von denen der Fingerspitzen oder Arme differieren. Ziehen Sie eine Akupunkturkarte zu Rate, und versuchen Sie, das Filmstück auf eine Stelle zu legen, an der sich Akupunkturpunkte häufen. Geht von dieser Stelle stärkere Lumineszenz aus als von anderen Stellen, an denen sich weniger Akupunkturpunkte befinden?

Versuchen Sie zu verschiedenen Tageszeiten Bilder zu machen. Wir alle existieren im elektrischen Erdfeld, und dieses ändert sich zweimal am Tag. Am schwächsten ist es überall auf der Erde um 4 Uhr morgens Weltzeit (3 Uhr MEZ) und am stärksten um 7 Uhr abends Weltzeit (18 Uhr MEZ). Prüfen Sie, ob sich Ihr Biofeld in jenen Stunden verändert, in denen das elektrische Erdfeld sozusagen »umschaltet«. Einige Forscher haben festgestellt, daß die Lumineszenzbilder sich entsprechend den Schwankungen des elektrischen Erdfeldes ändern können.

Wenn Sie jemanden kennen, der ein Kirlian-Gerät besitzt, oder wenn Sie selbst eines gebaut haben, sollten Sie prüfen, ob Sie einen Zusammenhang zwischen den Mustern Ihrer auf Film gebannten Emanationen und den Mustern auf den Kirlian-Fotos entdecken.

Nachstehende Anweisungen zur *Herstellung eines Kirlian-Foto-apparates* sind so gehalten, daß auch jene Leser, die keinerlei Kenntnisse in Elektronik besitzen, danach einen einfachen, billigen Hochfrequenz-Fotoapparat bauen können.

Kirlian-Bilder macht man ohne Kamera und Licht, man verwendet vielmehr einen Hochfrequenz-Funkengenerator oder Oszillator und eine Belichtungsplatte. Zum Fotografieren legt man den Film direkt auf die Platte und den aufzunehmenden Gegenstand auf den Film. Der Funkengenerator wird eingeschaltet, und der Hochfrequenzstrom, der durch den Gegenstand fließt, belichtet den Film.

Am einfachsten ist das Fotografieren, wenn man den Hochfrequenz-Funkengenerator unverändert benutzt, so, wie man ihn kauft, und wenn man die Glaselektrode als »Belichtungsplatte« nimmt. Für die Aufnahme wird der Film in einer undurchsichtigen Hülle auf die Haut gelegt und kurz mit der Glaselektrode berührt. Dies kann bei Tageslicht geschehen. Mit der Glaselektrode ist es möglich, den Entladungsvorgang zu beobachten. Wesentlich bessere fotografische Ergebnisse erbringt jedoch eine Apparatur, die sich aus dem Funkengenerator, einem Kabel, einer Belichtungsplatte und einem Kasten oder Karton zur Unterbringung der ganzen Apparatur herstellen läßt. Mit diesem Gerät kann man sowohl bei Dunkelheit wie auch bei Tageslicht fotografieren.

Der nach unserer Ansicht sicherste und am einfachsten zu adaptierende Funkengenerator, der Bilder guter Qualität liefert, ist eine handelsübliche Teslaspule, wie sie zur Verwendung in Kosmetiksalons und Friseurgeschäften hergestellt wird. Es handelt sich dabei um eine simple, per Steckkontakt anschließbare Spule in einem großen, flaschenförmigen Bakelitgehäuse mit Einstellschalter an der Unterseite. Sie ist voll stoßgeschützt, und das Gehäuse ist eckig, damit es nirgends herunterrollt oder -rutscht. Im allgemeinen werden diese Hochfrequenzgeräte mit einer Auswahl an Glaselektroden verkauft. Wird die Birne der Glaselektrode in die Spule eingeführt und der Strom eingeschaltet, glüht sie mit ultraviolettem Licht und gibt einen leisen Summton von sich. In Kosmetiksalons wird zur Behandlung des Gesichts, der Kopfhaut oder anderer Körperpartien mit der

Glaselektrode über die Haut gestrichen. Diese Hochfrequenz-funken-Behandlung ruft auf der Haut ein angenehmes Prickeln hervor, das angeblich stimulierend wirkt und so Teint und Kopf-haut verbessert. Das von der Elektrodenbirne ausgestrahlte Ul-traviolettlicht soll auch lokale Infektionen heilen können.

Kosmetikerinnen müssen im allgemeinen einen Spezialkurs machen, bevor sie mit diesen Instrumenten umgehen dürfen; und wir möchten Ihnen hier keineswegs raten, sich mit einem der Geräte selbst zu behandeln. Wir wollen Ihnen nur etwas Hintergrundmaterial über die Teslaspule liefern, mit der Sie beim Fotografieren arbeiten werden.

Über zwei Jahre lang testeten wir eine solche tragbare Kirlian-Apparatur und erzielten gute Ergebnisse damit. Mankind Re-search hat diese Vorrichtung im Hinblick auf die Anwendung in der Elektrofotografie gründlich geprüft, mit dem Ergebnis, daß sie »die hohen Frequenzen liefert, die erforderlich sind, um eine brauchbare fotografische Bildauflösung und Bildschärfe zu er-halten«.

Dr. Tiller und Professor Dean sowie überhaupt alle Experi-mentatoren weisen warnend darauf hin, daß Funkengenerato-ren bestimmter Typen Röntgenstrahlen oder andere noch unbe-kannte Strahlen abgeben könnten und daß man sich den Strah-lungen nicht zu lange aussetzen sollte. Andrerseits haben die Kirlians selbst dreißig Jahre oder sogar noch länger auf diese Weise fotografiert und sind bis ins hohe Alter gesund geblieben. Sie hielten ihre Technik außerdem offenbar für sicher genug, um sie in einer Do-it-yourself-Broschüre für junge Leute sowie in einer russischen Fotozeitschrift zu veröffentlichen.

Wenn Sie also die Sicherheitsvorschriften beachten, die dem von Ihnen gekauften Gerät beiliegen, dürfte es keine Probleme geben. In den Anweisungen wird meist vermerkt, daß das Gerät nicht länger als zehn Minuten ununterbrochen betrieben wer-den soll, weil es sonst zu einer Überhitzung kommt. Doch bei einem Foto beträgt die Belichtungszeit gewöhnlich höchstens einige Sekunden. Während der Belichtungszeit kann die Appa-ratur in Radio- oder Fernsehgeräten, die sich im gleichen Raum befinden (nicht aber bei Geräten in anderen Räumen), atmo-sphärische Störungen verursachen, ähnlich wie ein Rasierapparat. Die Störungen fallen jedoch kaum auf, da die Belichtungszeit ja so kurz ist.

Wir empfehlen dringend, alle Experimente in einem gut gelüfteten Raum durchzuführen, weil bei der Belichtung Ozon freigesetzt wird. Berühren Sie die Vorrichtung nicht mit nassen Händen, versuchen Sie auch nicht, Ihr Gerät mit nassen Händen an eine Steckdose anzuschließen, und benutzen Sie es nicht in Verbindung mit Wasser, brennbaren Flüssigkeiten oder alkoholhaltigen Medikamenten. Achten Sie darauf, daß Ihr Körper nicht mit Metall in Berührung kommt – dazu gehören auch Metallmöbel –, während Sie das Gerät benutzen oder bedienen. Ist die Apparatur nicht in Gebrauch, sollten Sie den Stecker unbedingt aus der Steckdose ziehen.

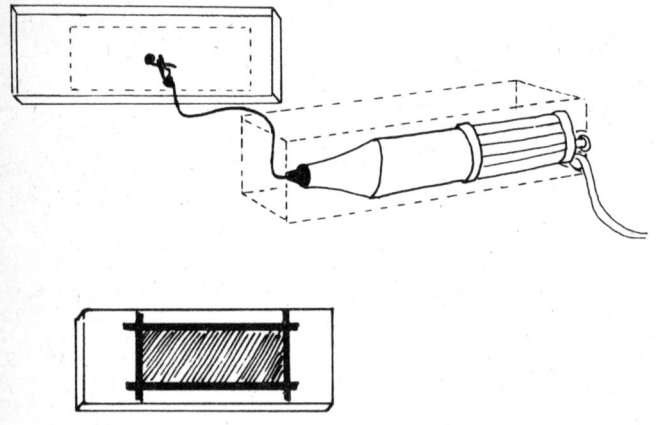

Oben: Schematische Darstellung des Zusammenbaus von Kirlian-Teilen. Siehe Anweisungen auf gegenüberliegender Seite.

Unten: Diese Glaselektrode (General Electrode Nr. 1) wird mit der Hochfrequenzvorrichtung geliefert.

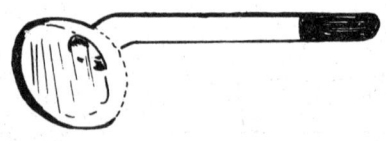

Liste der Teile für eine Kirlian-Vorrichtung

○ Hochfrequenzvorrichtung mit einer Glaselektrode
○ Kupferplattierte Bretter beliebiger Größe
○ Verlängerungskabel mit Ein-Aus-Schalter
○ 2 Meter kunststoffummantelter Kupferdraht
○ 3 oder 4 kleine Krokodilklemmen
○ Isolierband
○ Gummistopfen oder Radiergummi
○ Holzkistchen oder Schachtel

Zusammenfassung der Anweisungen (siehe dazu Abbildungen auf gegenüberliegender Seite)

○ Bohren Sie ein kleines Loch in die Mitte des Schachtel- oder Kistendeckels; bohren Sie in eine Seite der Schachtel oder Kiste knapp über dem Boden 2 große Löcher.
○ Kleben Sie 5 Zentimeter Draht auf die Mitte der mit Kupfer bedeckten Seite des Bretts.
○ Kleben Sie das Brett mit der Kupferseite nach unten auf den Deckel, nachdem Sie den Draht durch das Loch geschoben haben.
○ Zum Anschließen des Generators mit 30 Zentimeter Draht an das Brett: Schieben Sie ein Drahtende durch das Loch im Gummistopfen; befestigen Sie das andere Ende an der Krokodilklemme; schieben Sie den Stopfen in die Buchse der Hochfrequenzvorrichtung, und zwar so, daß der Draht das Metall berührt; klemmen Sie das andere Drahtende mit der Krokodilklemme an die 5 Zentimeter Draht vom Kupferbrett.
○ Legen Sie die Hochfrequenzvorrichtung in die Schachtel oder Kiste. Schieben Sie das Gerätekabel durch eines der beiden Löcher und den Einstellknopf durch das andere; legen Sie den Deckel auf.
○ Stecken Sie die Zuleitung in die Verlängerungsschnur mit dem Ein-Aus-Schalter.
○ Zum Fotografieren eines ungeerdeten Geldstücks oder Blatts verwenden Sie einen Erdleiter: 60 Zentimeter Draht mit einer Krokodilklemme an einem Ende. Klemmen Sie diese an die Schachtel oder Kiste. Kleben Sie das andere Ende des Drahts mit Isolierband auf das Belichtungsbrett, und zwar so, daß es den Gegenstand berührt. Legen Sie auf Blätter, die Sie fotografieren wollen, ein Stück Glas, um sie niederzuhalten.
○ Das Fotografieren: Drehen Sie den Einstellknopf, und prüfen Sie die Stärke der Entladung. Die Einstellung sollte niedrig sein. Legen Sie im Dunkeln einen Film und den aufzunehmenden Gegenstand auf die Belichtungsplatte. Schalten Sie das Gerät eine Sekunde ein, um die Aufnahme zu machen.

Hochfrequenzvorrichtungen erhalten Sie bei Firmen, von denen Kosmetiksalons und Friseurläden beliefert werden.

Wenn Sie sich einen Hochfrequenz-Funkengenerator besorgt haben, werden Sie feststellen, daß er unten einen Einstellknopf hat. Dieser reguliert die Funken- oder Spannungseinstellung. Bei niedriger Einstellung sind die Funken winzig, und der Summton ist kaum zu hören; wenn Sie den Knopf höher drehen (im Uhrzeigersinn), werden die Funken größer, und der Summton wird lauter. Bei Aufnahmen, die Vergleichszwecken dienen sollen, möchten Sie die Einstellung natürlich konstant halten. Kleben oder malen Sie einen Anzeigepfeil auf den Knopf. Zählen Sie, wie oft Sie den Knopf herumdrehen, damit Sie das Gerät später immer wieder so einstellen können. Im allgemeinen läßt sich der Knopf höchstens viermal herumdrehen.

Zum Fotografieren sollte das Hochfrequenzgerät durch ein Kabel mit Ein-Aus-Schalter oder, besser noch, mit Zeitgeber angeschlossen werden. Wenn Sie das Gerät ausschalten, indem Sie den Funken-Einstellknopf auf Null drehen, werden Sie eine Vielfalt von Funkenimpulsen auf dem Bild haben. Manchmal wird auch im Dunkeln fotografiert, und ohne Ein-Aus-Schalter müßten Sie im Finstern nach der Steckdose suchen, um den Stecker herauszuziehen. Im Handel gibt es den Schalter an einem Dreifachverlängerungskabel. Das Kabel hat an einem Ende den Stecker für die Steckdose, am anderen Ende einen handlichen Ein-Aus-Schalter und in der Mitte einen Kupplungsstecker, an den die Hochfrequenzvorrichtung angeschlossen werden kann. Solche Verlängerungskabel werden auch oft für Christbaumdekorationen verkauft. Kleben Sie ein Stückchen Leuchtstreifen auf den Ein-Aus-Schalter, damit Sie ihn im Dunkeln leicht finden.

Als Belichtungsplatte eignet sich nach unserer Ansicht ein kupferplattiertes ungelochtes Schichtholzbrett am besten. Solche Bretter gibt es in jedem Elektronikgeschäft. Im allgemeinen sind sie auf einer Seite mit einer sehr dünnen Kupferschicht überzogen und auf der anderen mit Bakelit. In der Elektronik werden sie zum Befestigen der Transistor-Schaltschemen verwendet; sie sind in zahlreichen Größen erhältlich, von $5 \times 7,5$ bis zu 23×30 Zentimeter.

Diese kupferplattierten Bretter haben viele Vorteile für die Verwendung in der Hochfrequenzfotografie. Die Kupferseite, die als Elektrode dient, wird vollkommen verdeckt, also besteht keine Gefahr, daß eine Pflanze oder ein Finger mit dem Metall in Berührung kommt und einen Stromschlag abkriegt. Die Bakelitseite ergibt eine glatte Fotografierfläche. Außerdem besteht immer ein konstanter Abstand zwischen dem zu fotografierenden Gegenstand und der Kupferelektrode – die Dicke der Bakelitschicht nämlich. (Bei manchen Fotogeräten wird die Metallelektrode mit nicht leitendem, dielektrischem Material bedeckt, das als Abschirmung zwischen Platte und Film dient, doch die Stärke einer solchen Abschirmung kann schwanken, oder ein Stück Metall kann frei bleiben.) Kupferplattierte Bretter sind auch mit einer Epoxyglasrückseite erhältlich. Jede Art Rückseite (oder Abschirmung) verleiht den Bildern einen ganz bestimmten Charakter. Für den Anfang sollten Sie vielleicht ein 11,5 × 15 Zentimeter großes ungelochtes Brett mit Kupferplattierung kaufen, das groß genug ist für einen Plattenfilm von 10 × 12 Zentimeter.

Neben der Belichtungsplatte brauchen Sie etwa zwei Meter kunststoffummantelten Kupferdraht; Isolierband; mehrere sehr kleine Krokodilklemmen; einen kleinen Gummistopfen, etwa 4 × 1 Zentimeter (kann aus einem Radiergummi zurechtgeschnitten werden); ein Holzkistchen oder einen Karton von 33 × 15 Zentimeter, etwa die Größe einer Schuhschachtel. Die Schachtel, in der die Hochfrequenzvorrichtung geliefert wird, eignet sich gut.

Schneiden Sie von dem Kupferdraht 5 Zentimeter ab und entfernen Sie an beiden Enden ein Stückchen der Ummantelung. Kleben Sie ein Ende mit Isolierband fest auf die Mitte der kupferplattierten Seite des Bretts. Bohren Sie genau in der Mitte ein Loch in den Deckel des Kartons. Legen Sie das Brett mit der *Kupferseite nach unten* auf den Deckel, und holen Sie den Draht innen durch das Loch. Kleben Sie die Platte auf dem Schachteldeckel rundum mit Isolierband fest.

Schneiden Sie von dem Draht ein etwa 30 Zentimeter langes Stück ab. Entfernen Sie an jedem Ende die Ummantelung. Befestigen Sie ein Ende an einer Krokodilklemme (wickeln Sie das

Ende um die Schraube an der Klemme). Zur Befestigung des anderen Drahtendes an der Hochfrequenzvorrichtung verwenden Sie den runden Gummistopfen von etwa 4×1 Zentimeter. Bohren Sie mitten durch den Stopfen ein Längsloch, und führen Sie das Drahtende durch, so daß auf der Unterseite etwa 13 Millimeter herausragen. Drücken Sie den Stopfen in die Buchse der Hochfrequenzvorrichtung, und zwar so, daß der Draht mit dem Metall in der Buchse Kontakt hat. (Wenn Sie wollen, können Sie den Draht in der Buchse festschweißen, doch Sie haben dann keine Möglichkeit, die Vorrichtung auch für die Glaselektrode zu verwenden.)

Legen Sie die Hochfrequenzvorrichtung in die Kiste oder Schachtel. Zeichnen Sie an, wo das Kabel und der Knopf die Schmalseite des Kistchens oder Kartons berühren, und schneiden oder bohren Sie für beides Löcher, so daß Sie leicht dran können. Klemmen Sie die im Kupferdraht befestigte Krokodilklemme an das 5 Zentimeter lange Drahtstück, das durch den Deckel ragt. Legen Sie den Deckel auf. Stecken Sie das Kabel des Geräts in den Kupplungsstecker des Verlängerungskabels mit dem Ein-Aus-Schalter. Verschiedentlich wurde statt eines Kistchens oder Kartons ein Aktenkoffer benutzt, doch die Metalldekorationen und -schließen ziehen gern Funken an.

Die Apparatur, die Sie gebaut haben, können Sie zum Fotografieren von Blättern einer Topfpflanze oder des Fingers einer Person verwenden. Wollen Sie ein abgetrenntes Blatt oder einen Gegenstand aufnehmen, der nicht geerdet ist (d. h. sich nicht auf einer Fläche befindet, durch die der Strom zum Boden geleitet wird), brauchen Sie einen Erdleiter. Schneiden Sie ein 60 bis 90 Zentimeter langes Stück Kupferdraht ab, entfernen Sie an jedem Ende die Ummantelung in einer Länge von etwa 2,5 Zentimeter. Befestigen Sie ein Ende an einer Krokodilklemme. Zwikken Sie die Klemme an die Deckelkante. Befestigen Sie das andere Drahtende mit Isolierband an der Belichtungsplatte, und zwar so, daß es den zu fotografierenden Gegenstand (Blatt, Münze) berührt. Der Draht leitet den Strom zur Schachtel, die den zu fotografierenden Gegenstand erdet.

Sie können Filme verschiedener Art benutzen. Dr. Moss sagt, daß fast jede Art Film brauchbare Bilder ergibt. Flache Filmplatten sind am praktischsten und am einfachsten zu verwenden, aber Rollfilme eignen sich auch.

Einige Experimentatoren verwendeten Polykontrastpapier und erzielten gute Ergebnisse.

Die Muster und Farben schwanken je nach Art und Geschwindigkeit des Films. Kodak Ektachrome neigt dazu, leuchtend blaue und violette Farben zu erbringen, wenn man Fingerspitzen fotografiert.

Rollfilm ist schwerer zu verwenden, weil die Metallpatrone mit Isolierband am Karton festgeklebt werden muß und nicht mit der Belichtungsplatte in Berührung kommen darf. Wenn Sie einen 35-Millimeter-Diafilm verwenden, können Sie sich in einem Fotogeschäft eine leere Filmpatrone und ein Aufzugsrad besorgen. Beim Fotografieren können Sie dann den Film von einer Patrone zur anderen transportieren. Einige Umdrehungen am Rad werden den Film etwa um eine Diabreite weitertransportieren. Ein flacher Kartonhalter hilft Ihnen, den Film auf der Belichtungsplatte festzuhalten. Wenn Sie den Film zum Entwickeln geben, sollten Sie ihn mit dem Vermerk versehen: »Nicht rahmen.« Sie erhalten den Film dann ungeschnitten zurück, können die einzelnen Dias von der Filmrolle abschneiden, Diarahmen kaufen und die Aufnahmen selbst rahmen.

Polaroidfilme müssen mit einer Polaroidkamera oder der Entwicklungsvorrichtung einer Polaroidkamera entwickelt werden.

Die Belichtungszeiten können schwanken, sicher finden Sie die beste Zeit selbst heraus. Professor Dean hat als Norm drei Sekunden für Schwarzweiß und acht Sekunden für Farbe genannt. Thelma Moss gab eine Sekunde für beides an. Mankind Research empfiehlt eine Zehntelsekunde bis fünf Sekunden und sagt, eine Belichtungszeit von einem Sekundenbruchteil erbringe die schärfsten Details.

Um die Belichtungszeit genau steuern zu können, wollen Sie in Ihre Apparatur vielleicht einen Zeitgeber oder Timer einbauen. Ein Zeitgeber, der die Belichtung von Sekundenbruchteilen bis zu 60 Sekunden steuert, ist in den meisten Elektronik- oder Fotogeschäften erhältlich. Der Zeitgeber dient auch als Ein-Aus-Schalter.

○ Legen Sie sich alles zurecht, was Sie brauchen: Gegenstände zum Fotografieren, Film und sonstiges. Sie sollten alle diese Dinge im Dunkeln mühelos finden.

○ Arbeiten Sie in einem gut gelüfteten Raum, denn beim Fotografieren wird Ozon frei. Sorgen Sie dafür, daß der Boden trocken ist.

○ Machen Sie zuerst einen Probedurchgang wegen der Einstellung des Knopfs unten am Gerät auf die gewünschte Funkengröße. Es empfiehlt sich, mit einer niedrigen Einstellung zu beginnen.

○ Stellen Sie den Zeitgeber ein, falls Sie einen benützen.

○ Schalten Sie alle Lichter aus; im Raum muß völlige Dunkelheit herrschen.

○ Legen Sie den Film auf die Belichtungsplatte, die Seite mit der Emulsion nach oben.

○ Geben Sie den zu fotografierenden Gegenstand auf den Film. Wenn Sie eine Fingerspitze fotografieren, drücken Sie leicht, nicht fest, auf die Belichtungsplatte.

○ Schalten Sie das Gerät für 1 bis 3 Sekunden ein und dann wieder aus.

○ Benützen Sie die Apparatur nie an Ihrem Kopf.

○ Wenn Sie einen Finger fotografieren, werden im Dunkeln unter dem Finger blaue Flammen zu sehen sein, und Sie werden in der Fingerkuppe ein Kitzeln spüren.

○ Falls Sie Schwarzweißfilm benutzen, haben Sie vielleicht Entwickler-, Wässerungs- und Fixierschalen bereitgestellt, so daß Sie sich die Ergebnisse sofort anschauen können.

○ Ist der zu fotografierende Gegenstand schmutzig oder klebrig, sollten Sie eine dünne transparente Azetatfolie zwischen Gegenstand und Film legen.

○ Aufnahmen bei Tageslicht macht man am besten mit flachen Filmplatten. Jedes Filmstück muß in eine schwarze, vollkommen undurchsichtige Hülle aus nicht leitendem Material – wie Papier – gewickelt werden. Solche Hüllen gibt es in den meisten Fotogeschäften; besorgen Sie sich gleich mehrere. Die Filmplatten müssen Sie in einem völlig dunklen Raum in die Hüllen einlegen. Kennzeichnen Sie, welches die Seite mit der Emulsion ist. Der Film in seiner Hülle kommt wie üblich auf die Belichtungsplatte. Ebenfalls in der üblichen Weise kommt der zu fotografierende Gegenstand auf den Film, und die Aufnahme wird gemacht, wie oben beschrieben. (Wir stellten fest, daß bei Experimenten mit umhülltem Film die Bilder weniger scharf und klar waren als bei Experimenten mit nicht umhülltem Film und Aufnahmen im Dunkeln. Es könnte jedoch sein, daß Sie für Ihren Film eine undurchsichtige Hülle finden, die gleich gute Ergebnisse erbringt.)

○ Bei Tageslicht können Sie auch Kirlian-Bilder machen, wenn Sie mit einer schwarzen Filmwechseltasche arbeiten, wie Fotografen sie benutzen. Die Belichtungsplatte kommt in die Tasche, die zu fotografierenden Gegenstände werden durch den Taschenärmel eingelegt. Eine solche Tasche kann auch für die Verwendung der Kirlian-Apparatur mit einer Polaroidkamera hergerichtet werden.

○ Umhüllter Film wie bei der eben beschriebenen Methode wird verwendet, doch statt der Belichtungsplatte auf der Schachtel nehmen Sie diesmal die Glaselektrode. Ziehen Sie das Gerätekabel aus dem Wandstecker. Entfernen Sie den Gummistopfen aus der Buchse Ihrer Teslaspule, und nehmen Sie die ganze Hochfrequenzvorrichtung aus der Schachtel. Bringen Sie entsprechend den Anweisungen, die mit dem Gerät kamen, die Elektrodenbirne an. Diese Methode ist nützlich zum Fotografieren an verschiedenen Körperstellen.

○ Legen Sie den umhüllten Film an jene Stelle Ihres Körpers, die Sie fotografieren wollen. Sie können ihn mit Gummi befestigen. Wenn Sie einen Gegenstand fotografieren wollen, muß dieser geerdet sein. Berühren Sie dann mit der Glaselektrode einfach den Film 2 oder 3 Sekunden lang bei Schwarzweiß und 4 oder 5 Sekunden lang bei Farbe. Um eine runde Fläche kann der Film herumgewickelt werden, so daß Sie ein vollständigeres Bild erhalten als auf der flachen Belichtungsplatte.

○ Die einfachste Technik zur Herstellung eines Kirlian-Films besteht darin, die Filmspule so zu befestigen, daß der Film über die Kirlian-Belichtungsplatte weg auf eine zweite Spule an der anderen Seite der Platte gespult werden kann. Ein Film von einer Fingerspitze läßt sich herstellen, indem man den Finger auf der Belichtungsplatte leicht auf den Film hält und diesen aufspult. Filmt man einen Gegenstand, zum Beispiel eine Münze, muß man ihn auf der Belichtungsplatte beschweren, so daß er nicht mit dem Film weitergleitet. Der Funkeneinstellknopf sollte auf Minimum stehen. Nachdem Sie die Kirlian-Apparatur bei Dunkelheit eingeschaltet haben, müssen Sie den Film mit gleichmäßiger Geschwindigkeit auf die zweite Spule kurbeln. Diese Filmtechnik ist natürlich sehr simpel. Ohne Linse werden die Flammenmuster nicht sehr scharf. Und die Muster ändern sich so rasch, daß man keine spezifischen ausgestrahlten Farbflammen aufspüren kann und die Bilder manchmal aussehen wie ein Fernsehkanal, auf dem nicht gesendet wird. Aber trotz solcher Unzulänglichkeiten könnte es gelingen, mit dieser Methode massive Gesamtveränderungen der Lumineszenz aufzuzeichnen. Auf einem Film, den wir machten, um die Reaktionen mit und ohne Musik zu prüfen, schienen aus den Flammenmustern des Fingers bei Musik gelegentlich hellrosarote Flammen zu pulsen, während ohne Musik das übliche Blau auftrat. Wir fragen uns, ob dies charakteristisch für Veränderungen ist, die durch Musik verursacht werden, oder ob es sich um einen Zufallstreffer handelte.

○ Kirlian-Filme als Kunstform könnten zusammen mit Musik eine interessante Lichtshow ergeben, besonders wenn der Film die Reaktionen Ihrer Fingerspitzen zeigt und synchron dazu eine Platte oder ein Band mit der Musik abgespielt wird.

○ Falls Sie gern selbst entwickeln, können Sie in den meisten Fotogeschäften ein »Heimlabor« mit allem nötigen Zubehör kaufen. Der Film kann im allgemeinen auf die übliche Weise mittels eines Prozessors entwickelt werden.

Der beschriebene einfache Standardtyp des Kirlian-Apparates wird es Ihnen ermöglichen, sich auf ein faszinierendes neues Gebiet der Fotografie zu begeben und, wenn Sie wollen, diese Art der Fotografie zur Erforschung von Psi-Effekten einzusetzen – vor allem, wenn Sie außerdem den einen oder anderen der *Tips zur Verbesserung der Kirlian-Bilder* berücksichtigen:

o Sollte die Belichtungsplatte irgendwie beschädigt sein oder Kratzer bekommen haben, empfiehlt es sich, sie durch eine neue zu ersetzen. Jede Unebenheit in der Oberfläche führt zu einer ungleichmäßigen Leitung des Hochfrequenzstroms. Ein uns bekannter Forscher glaubte, er habe einen erstaunlichen Effekt auf Kirlian-Fotos festgehalten, mußte aber dann feststellen, daß es nur Beulen in der Platte waren.

o Wenn Sie Vergleichsfotos machen, sollten Sie alle Gegenstände, die Sie vergleichen wollen, immer genau auf dieselbe Stelle Ihrer Belichtungsplatte legen. Bei dieser einfachen Apparatur haben Sie keine Kontrolle darüber, ob der Strom gleichmäßig über die ganze Belichtungsplatte verteilt ist oder nicht. Würden Sie eine Aufnahme auf einer Ecke der Filmplatte mit einer Aufnahme auf einer anderen Ecke vergleichen und bestünde ein Unterschied, so könnte der Effekt auf weniger Strom in der einen Ecke zurückzuführen sein. Um eine Vergeudung von Filmmaterial zu vermeiden und doch die Aufnahmen auf ein und derselben Stelle machen zu können, empfiehlt es sich, die großen Filmplatten in kleine Quadrate zu zerschneiden.

o Wenn Sie Vergleichsbilder von einem Tag zum nächsten machen, müssen Sie bedenken, daß das elektrische Erdfeld tagsüber anders ist als nachts und daß die Objekte auf den Fotos je nach der Zeit heller oder schwächer leuchten (18 Uhr MEZ Maximum und 3 Uhr MEZ Minimum).

o Überbelichtung erzeugt einen großen weißen Kreis um einen Finger oder Gegenstand und löscht einige der Lichtstreifen aus.

o Bei ernsthafter Forschung müssen natürlich vor dem Versuch alle Variablen – wie Temperatur, Luftfeuchtigkeit usw. – kontrolliert werden.

Nachdem Sie Ihre Hochfrequenz-Fotoapparatur aufgestellt haben, wollen Sie vermutlich als erstes eine Vorstellung davon gewinnen, welche Art Bilder mit dem Gerät überhaupt möglich sind. Sie möchten vielleicht Bilder von Pflanzenblättern, Münzen, Edelsteinen, Keimlingen, Insekten, Fingerspitzen usw. machen, vor allem wegen der phantastischen Schönheit dieser Motive. Forscher beschreiben die Fotografien als «spektakuläres Panorama von Farben«, »leuchtende Labyrinthe«, »Feuerwelt«. Fingerkuppen scheinen dabei die interessantesten Bilder zu ergeben, denn das vom Körper ausgehende Flammenspiel ist dort offenbar am lebhaftesten.

Ein einfaches Pflanzenblatt sieht wie ein geschmückter Christbaum aus. Und nicht nur Farb-, sondern auch Schwarzweißbilder sind von einer ganz besonderen Transparenz. Anorganisches Material, beispielsweise eine Münze, hat eine gleichmäßige Korona, doch bei organischen Dingen wie Blättern verändern sich die Muster ständig.

Sie können auch Tiefenbilder machen. Legen Sie mehrere Stücke eines Plattenfilms unter und über ein Blatt oder Geldstück, so daß ein »Sandwich« entsteht. Auf den einzelnen Filmstücken werden verschiedene Bilder erscheinen.

Echte Genrebilder erhalten Sie, wenn Sie Ihre besten Kirlian-Fotografien zu Postern vergrößern lassen. Kirlian-Poster von Pflanzenblättern oder Fingerkuppen sind ein großartiger Wandschmuck.

Wenn Sie Blätter fotografieren, die noch an der Pflanze sind, sollte die Pflanze auf einer nicht metallischen Fläche stehen. Stellen Sie die Kirlian-Apparatur daneben, und heben oder senken Sie sie, damit Sie das für die Aufnahme vorgesehene Blatt erreichen. Wenn die Pflanze geerdet ist, brauchen Sie keine zusätzliche Erdleitung. Wenn Sie ein losgetrenntes Blatt fotografieren, muß ein Ende der Erdleitung mit Isolierband an die Unterseite des Blattes geklebt werden. Außerdem sollten Sie ein Stück Glas auf das Blatt legen, so daß es flach auf den Film gedrückt wird.

Mehrere, zeitlich einige Stunden auseinanderliegende Aufnahmen von Pflanzenblättern zeigen das faszinierende Phänomen des Verschwindens der Korona. Beginnen Sie mit frisch abgerissenen Blättern. Fotografieren Sie die gleichen Blätter 8 Stunden später, dann weitere 8 Stunden später und noch einmal 8 Stunden später. Sie werden feststellen, daß die Lumineszenz der Blätter abnimmt, als gingen die Lichter einer Stadt aus, bis schließlich völlige Dunkelheit herrscht. Sogar ein Befeuchten der Blätter bringt die Helligkeit nicht wieder zurück.

Oft hat es den Anschein, als würden beim Erlöschen der Lumineszenz Blitze und Kügelchen ausgesandt. Es ist ein interessanter Versuch, diesen Vorgang mit der gerade erwähnten Tiefenmethode zu fotografieren und zu prüfen, welche Richtung die Kügelchen nehmen, wenn sie aus dem Blatt austreten. Die Sowjets haben Fliederknospen in deren Normalzustand fotografiert, dann die Knospen Stück für Stück weggeschnitten. Der Stiel glühte oben wie eine Leuchtkugelröhre.

Fotografieren Sie zunächst zwei Blätter vom gleichen Baum oder von der gleichen Pflanze im Normalzustand. Schlagen oder schneiden Sie dann ein Loch in eines der Blätter, und fotografieren Sie wieder beide. Das Kirlian-Bild des verletzten Blattes sollte rote Flecke oder Streifen zeigen und blasenähnliche Flammen ausstrahlen, auch wenn mit bloßem Auge auf dem Blatt weder das Rot noch die Blasen zu sehen sind. Versuchen Sie, die Blätter im Backrohr zu erwärmen oder im Eisschrank zu kühlen. Notieren Sie etwaige Veränderungen auf den Fotos.

Kirlian-Bilder zeigen auch ein ganz bestimmtes Muster, wenn eine Pflanze krank ist. Besorgen Sie sich Blätter von kranken Pflanzen, fotografieren Sie sie, und prüfen Sie, ob Sie die Muster finden, aus denen die Krankheit einer Pflanze ersichtlich wird.

Fotografieren Sie drei Blätter gleicher Größe und Art in intaktem Zustand. Beschädigen Sie als nächstes zwei der Blätter und fotografieren Sie alle drei wieder. Wählen Sie eines der beschädigten Blätter aus und verwenden Sie einige Zeit auf den Versuch, das Blatt geistig zu heilen. Sehen Sie vor Ihrem inneren Auge, wie das Blatt sich wieder aufbaut und sich von der Verletzung erholt. Halten Sie das Blatt in den Händen, und versuchen Sie, ihm Energie zu übermitteln. Fotografieren Sie danach die drei Blätter erneut. Wenn Ihre Gedanken stark genug sind, werden Sie in der Strahlung des Blattes, an das Sie dachten, eine Veränderung gegenüber der Strahlung des anderen beschädigten Blattes feststellen. Dieses Experiment sollten Sie natürlich oft wiederholen, um sich zu überzeugen, daß der Effekt echt ist.

Thelma Moss führte mit der Heilerin Olga Worrall eine ganze Reihe solcher Blatt-Experimente durch. Bei jedem Versuch hielt Mrs. Worrall eines der Blätter in den Händen und ließ ihm eine

»Heilbehandlung« angedeihen. Wurde das »behandelte« Blatt danach von neuem im Hochfrequenzfeld fotografiert, leuchtete es heller als auf der zuvor gemachten Aufnahme, und die Verletzung war auf dem Bild nicht mehr zu sehen, während man sie auf dem physischen Blatt nach wie vor sah. Mrs. Worrall meint dazu: »Die Kirlian-Fotografie registriert irgendeine Art Energie, die auf Pflanzen zu wirken scheint. Vielleicht ist es die gleiche Energie, die beim Auflegen der Hände auf Menschen wirksam wird . . . Ich spüre aus meinen Händen die Energie zu der Person strömen, die ich heile, und genauso war es bei den Blättern.«

Ein anderes Experiment mit Pflanzen und gedanklicher Beeinflussung läßt sich mit Keimlingen durchführen. Bohnen, wie sie in jedem Geschäft erhältlich sind, können zum Keimen gebracht werden. Stellen Sie zwei Schalen auf, eine als Kontrolle und die andere für den Gedankentest. Fotografieren Sie mehrere Keimlinge aus jeder Schale. Strahlen Sie auf die Keimlinge einer Schale positive Gedanken aus, um sie zu noch rascherem Wachstum zu bewegen. Fotografieren Sie jeden Tag einige Keimlinge aus beiden Schalen, und prüfen Sie, welche Wirkung Ihre Gedanken haben (siehe dazu auch Kap. 2 und 3).

Fotografieren Sie mehrere Blätter im Normalzustand. Legen Sie sie neben einen Plattenspieler oder eine Stereobox, und spielen Sie eine Platte oder musizieren Sie auf einem Instrument für die Blätter. Fotografieren Sie sie erneut. Wir haben festgestellt, daß Musik die Lumineszenzmuster lebender Dinge zu verändern scheint, sie konzentrierter macht und manchmal helle Kügelchen auftauchen läßt. Die Effekte änderten sich mit der Art der gespielten Musik. Besonders interessante Ergebnisse erzielten wir, wenn wir eine Schallplatte mit Glasharfenmusik abspielten. Diese Musik bringt man hervor, indem man mit den Fingern um die Ränder von Kristallgläsern fährt. In früheren Zeiten schrieb man der Glasharfenmusik hypnotische Kräfte zu. Fotografien, die wir nach Abspielen von Glasharfenmusik machten, ließen verblüffende Veränderungen in der Lumineszenz von Blättern und Fingerkuppen erkennen.

Mit folgendem Experiment soll der Versuch gemacht werden, ob Sie mittels der Kirlian-Fotografie nachweisen können, an welches von mehreren lebenden Blättern eine andere Person gedacht hat. Nehmen Sie 3 gleiche Blätter, und numerieren Sie sie. Fotografieren Sie alle 3 im Normalzustand. Zeigen Sie dann die 3 Blätter einer anderen Person, und bitten Sie sie, ein Blatt auszuwählen und ihm besondere Aufmerksamkeit zu schenken, während Sie aus dem Zimmer gegangen sind. Die Person muß sich bemühen, dem Blatt in irgendeiner Weise Energie zu übermitteln: intensiv an es denken, sich neben ihm stehend in den Finger stechen, ihm gedanklich Energie senden. Sie sollte dafür 10 bis 15 Minuten Zeit haben. Kehren Sie nach Ablauf dieser Frist in das Zimmer zurück, und fotografieren Sie mit Ihrem Kirlian-Apparat die 3 Blätter. Vielleicht gelingt es Ihnen, das Blatt zu ermitteln, an das die andere Person dachte.

Sie können auch versuchen, den »Phantom-Effekt« bei einem Blatt zu erzielen. Dazu sollten Sie eine lebende Pflanze verwenden. Fotografieren Sie ein Blatt der Pflanze in seinem normalen Zustand, schneiden Sie dann vom Rand einen Millimeterstreifen ab, und fotografieren Sie das Blatt erneut. Prüfen Sie, ob das Abbild des fehlenden Teils auf dem Foto ist. Schneiden Sie nun ein bißchen mehr ab. Manche Forscher sagen, man könne etwa 10 Prozent des Blattes wegschneiden, und immer noch erscheine auf dem Foto das Bild des ganzen Blattes.

Semjon und Walentina Kirlian berichteten, daß die Hochfrequenzfotografie auch Gegenstände sichtbar machen könne, die in Paraffin verborgen seien. Die beiden empfahlen ein Standardexperiment, das Sie weiterführen können. Nehmen Sie eine kleine Schachtel und geben Sie mehrere Gegenstände wie eine Porzellanscherbe, ein Stück Metall, eine Münze usw. hinein. Schmelzen Sie Paraffin, und gießen Sie die Schachtel damit voll, so daß die Gegenstände ganz darin verschwinden. Machen Sie, nachdem das Paraffin hart geworden ist, eine Elektrofotografie davon. Vielleicht wollen Sie eine zweite, an die Erdleitung angeschlossene Belichtungsplatte auf die Schachtel legen, also ein »Sandwich« herstellen. Die Kirlians haben festgestellt, daß Elektrofotografien – im Unterschied zum schattigen Bild der Röntgenaufnahme – die Strukturen der versenkten Gegenstände je nach der elektrischen Leitfähigkeit jedes einzelnen von ihnen in verschiedenen Helligkeitsgraden zeigen.

Falls Sie autogenes Training beherrschen oder irgendeine

Technik des Biofeedback wie die Kontrolle der Temperatur Ihrer Hände gelernt haben, also eine Hand warm und die andere kalt werden lassen können, sollten Sie entsprechende Aufnahmen machen und prüfen, ob sich nennenswerte Unterschiede zeigen. Sie können auch Stimmungsumschwünge und die Wechselbeziehungen zwischen anderen Menschen beobachten, letztere mittels zweier nebeneinander fotografierter Finger der betreffenden Personen.

Halten Sie die Hand etwa 10 Minuten lang in farbiges Licht, und fotografieren Sie dann eine Fingerkuppe. Vergleichen Sie diese Aufnahme mit einer der Fingerkuppen im Normalzustand. Probieren Sie alle Farben im Spektrum einzeln durch, und prüfen Sie, ob Variationen in der Reaktion auf die verschiedenen Farben auftreten. Vergleichen Sie Ihre Ergebnisse mit den Theorien über Farbtherapie und über die Wirkung jeder Farbe auf den Körper. Die Kirlian-Fotografie könnte einen Weg zur Überwachung der Farbtherapie eröffnen.

Kirlian-Fotos zeigen Veränderungen in lebenden Dingen während magnetischer Stürme, die durch Sonneneruptionen verursacht werden. Besorgen Sie sich von einem Observatorium in Ihrer Nähe Angaben über magnetische Stürme, und versuchen Sie, an den entscheidenden Tagen Aufnahmen zu machen. Dr. Anatoli Podschibjakin aus Kiew entdeckte, daß sich beim Auftreten einer Sonneneruption die Körperenergien sofort verlagern. Japanische Forscher fanden heraus, daß Sonnenflecken das Blut beeinflussen. Dies wäre ein weiteres wichtiges Forschungsgebiet.

Auch Menschen mit PK-Fähigkeiten wurden nach der Kirlian-Methode fotografiert. In dem Augenblick, wo sie bereit waren, einen Gegenstand zu bewegen, zeigte das Bild ihrer Fingerkuppen scharfe, gezackte Flammen und eine konzentriertere Korona als normalerweise.

Kirlian-Fotografie und Akupunktur

Sowjetischen Forschern ist es gelungen, die Akupunkturpunkte am menschlichen Körper mittels der Kirlian-Technik zu fotografieren. Diese etwa 700 Punkte erscheinen auf Fotos als Stellen mit größerer Helligkeit und strahlen in Kirlian-Filmen helle Flammen aus.

Es ist bekannt, daß Akupunkturpunkte eine höhere elektrische Leitfähigkeit besitzen als die Haut in ihrer Umgebung. Die Sowjets entwickelten eine kleine federförmige Vorrichtung, Tobiskop genannt, um die Akupunkturpunkte präzise lokalisieren zu können. Dr. Viktor Adamenko aus Moskau entwickelte eine Variation des Tobiskops, das Biometer. Auch deutsche, italienische, japanische, englische und andere Firmen bringen Geräte unterschiedlichster Konstruktion zum Orten der Akupunkturpunkte auf den Markt.

Der koreanische Akupunkturforscher Kim Bong Han injizierte bei einem Versuch radioaktiven Phosphor in einen Akupunkturpunkt und erbrachte so den Nachweis, daß der radioaktive Stoff an dem entsprechenden Meridian oder Kanal entlangfließt und an anderen Akupunkturpunkten des gleichen Meridians registriert werden kann. Wird der radioaktive Stoff in eine Stelle injiziert, die kein Akupunkturpunkt ist, läßt er sich an anderen Akupunkturpunkten nicht aufspüren. Professor Kim Bong Han demonstrierte auch, daß die Akupunkturpunkte und Meridiane eine physiologische Basis haben.

Vor kurzem gelang ein weiterer Durchbruch in der Registrierung des Energiekreislaufsystems, auf das die Akupunkturpunkte und Meridiane hinweisen. Dr. Viktor Injuschin aus Alma-Ata berichtete von einer neuen Anwendungsweise der Kirlian-Methode zum Aufzeigen einer Verbindung zwischen den Akupunkturpunkten auf der Haut und den verschiedenen Körperorganen. Bei seiner ersten Versuchsreihe mit 15 Probanden benutzte er das optische System und die photoelektrische Apparatur der Kirlians so, daß er einen numerischen Wert der Lumineszenzmenge erhielt, die aus bestimmten Punkten auf der Haut austrat.

Er kontrollierte zuerst die Intensität der Lumineszenz an Stellen ohne Akupunktur und an sieben Akupunkturpunkten auf verschiedenen Hautbereichen, die laut der chinesischen Theorie mit den Zähnen und der Mundhöhle in Verbindung stehen. Dann reizte er die Mundhöhlen der Versuchspersonen mit Gaslaser und maß die Lumineszenz erneut. Die Lumineszenz der Akupunkturpunkte auf der Haut über dem Meridian, der Verbindung zum Mund hat, stieg nach der Reizung des Mundes um das Ein- bis Zweifache. Die Kontrollpunkte blieben gleich. Das Licht aus dem Mund wurde also zu fernen Punkten auf der Haut geleitet! Injuschin wiederholte dieses Experiment viele Male mit ähnlichen Ergebnissen. Er erklärt: »Die objektive Kontrolle des elektrischen Zustands des menschlichen Körpers ist durch Nutzung der Akupunkturpunkte und leitfähigen Kanäle erreichbar und vollkommen realistisch.«

Vielleicht wollen Sie versuchen, Akupunkturpunkte auf der Haut mit der Kirlian-Apparatur zu fotografieren. Sie brauchen dazu Akupunkturkarten, aus denen Sie die Lage der Akupunkturpunkte und der zwölf verschiedenen Meridiane ersehen (s. S. 265 ff.). Gemäß der Akupunkturtheorie sind Hände und Füße jene Bereiche, wo der durch den Körper fließende Energiestrom die Polarität ändert; diese Punkte dürften am leichtesten zu fotografieren sein.

Sie könnten den Versuch machen, Veränderungen in der Helligkeit von Akupunkturpunkten zu fotografieren. Wählen Sie beispielsweise einen Meridian, der von den Füßen zu den Händen verläuft, und machen Sie eine *Davor*-Aufnahme von den Händen. Richten Sie dann für mehrere Minuten eine Höhensonne auf jenen Bereich der Füße, in dem sich auf diesem Meridian die meisten Punkte befinden. Fotografieren Sie dann die Akupunkturpunkte dieses Meridians auf den Händen erneut, und prüfen Sie, ob ein Unterschied zu der davor gemachten Aufnahme besteht.

Zur Stimulierung bestimmter Punkte und zur Linderung von Schmerzen kann auch Akupressur angewandt werden. Möglicherweise lassen sich die dabei stattfindenden Veränderungen auf Kirlian-Fotos veranschaulichen.

Hat Akupunktur auch etwas mit Psi zu tun? Sehr viel sogar, wenn die Hypothese einiger Psi-Wissenschaftler stimmt, die der Ansicht sind, daß die Akupunkturtheorien, die eine Art Energiekreislauf im Körper postulieren, bei der Erklärung vieler Energieeffekte hilfreich sein könnten, wie man sie in Psi-Phänomenen beobachtet, beispielsweise Geistheilen oder PK.

Forscher in Japan und der UdSSR benutzten Akupunktur-kontrollvorrichtungen zur Untersuchung des Energieaustauschs, der bei geistigen Heilbehandlungen stattfindet. Sie überprüften Heiler und Patient vor dem Handauflegen. Das Energiemuster des Heilers war vor der Behandlung normal, jenes des Patienten jedoch unausgeglichen. Nach der Behandlung zeigten die Akupunkturpunkte des Heilers eine leichte Unausgeglichenheit, wogegen das Muster des Patienten ausgeglichener war. Es sah so aus, als habe der Heiler eine gewisse Menge seiner Energie abgegeben, während der Patient Energie hinzugewann.

Die Russen Adamenko und Raikow untersuchten mit dem Tobiskop verschiedene Bewußtseinszustände, beispielsweise den normalen Wachzustand im Vergleich zu verschiedenen Hypnosezuständen. Sie sagen, durch Messungen an mehreren Akupunkturpunkten sei es möglich, Veränderungen der Bioplasmaenergie des Körpers objektiv zu messen. Adamenko und Raikow fanden mit dieser Technik heraus, daß der Strom bioplasmatischer Energie zwischen den Akupunkturpunkten direkt den Befehlen des Hypnotiseurs entspricht. In anderen Experimenten stellten die Forscher fest, daß das Bioplasma stark reagierte, wenn der Versuchsperson eine telepathische Botschaft gesandt wurde.

Die an Akupunkturpunkten aufgezeichneten Energiemuster scheinen auch mit dem Universum mitzuschwingen. Am Institut für Klinische Physiologie in Kiew machte Dr. Anatoli Podschibjakin eine verblüffende Entdeckung: Durch Messungen an den Akupunkturpunkten stellte er fest, daß sich das Bioplasma des Menschen auf Veränderungen an der Sonnenoberfläche einzustimmen scheint. Sonneneruptionen erfolgen, und das elektrische Potential der Akupunkturpunkte auf der Haut verändert sich. Graphische Darstellungen der Aktivität von Sonnenflecken und der Veränderungen in den elektrischen Hautrhythmen scheinen einander stark zu entsprechen. Finden auf der Sonne Eruptionen statt, reagieren die Energien des menschlichen Körpers, obwohl die von der Sonne ausgeschleuderten Teilchen die Erde frühestens zwei Tage später erreichen können.

Osteuropäische Forscher glauben, daß die durch den Körper strömenden Energien, die von der Akupunkturtheorie postuliert werden, auch bei der Entstehung menschlichen Lebens eine Rolle spielen. Es wurde demonstriert, daß Sonne und Mond diese vitalen Energien manipulieren – folglich wirkt der Einfluß von Sonne und Mond vielleicht auch bei der menschlichen Fruchtbarkeit bzw. Unfruchtbarkeit sowie bei der Bestimmung des Geschlechts mit.

Es könnte sein, daß die aufgezeigte Verbindung zwischen den bioplasmatischen Energien des Körpers und Energien im Universum uns hilft, Erklärungen für Feststellungen zu finden wie:

○ Telepathie in Träumen tritt bei Vollmond stärker auf (Maimonides Dream Lab);
○ ASW-Versuche erbringen bei Vollmond bessere Ergebnisse (Institut für Suggestologie, Bulgarien);
○ PK läßt sich am leichtesten während magnetischer Stürme demonstrieren, die durch Sonnenflecken verursacht werden (Sergejew, Leningrad).

Die Verknüpfungen zwischen Akupunktur und Psi dürften ein sehr wichtiges Forschungsgebiet sein. Akupunktur-Diagnosegeräte und/oder die Kirlian-Fotografie ließen sich zur Überwachung von Psi-Prozessen verwenden, zum Beispiel dem Geistheilen, dem Fühlen von Farbe mit der Haut, Telepathie, PK, Wünschelrutengehen usw.; man könnte so die Zuverlässigkeit dieser Psi-Funktionen nach und nach steigern, sie wiederholbar und verläßlicher machen.

7 Voltmeter und »Auradetektor« vermessen unsere Lebensfelder

Dr. Harold Saxton Burr, ein international anerkannter Professor der Neuroanatomie an der Yale-Universität, machte vor mehr als 40 Jahren eine überaus wichtige Entdeckung: Alle Lebewesen, vom Menschen bis zur Maus und vom Baum bis zum Samen, werden von »elektrodynamischen Feldern«, die man mit einem normalen Voltmeter registrieren und messen kann, umgeben und kontrolliert. Er betrachtete diese Lebensfelder oder »L-Felder« als grundlegende Pläne jedweden Lebens. Durch die Messung der L-Felder mit Voltmetern entdeckte er, daß Krankheiten wie Krebs lange vor Entwicklung der üblichen Symptome diagnostiziert werden können; daß das Heilen von inneren und äußeren Wunden ständig aus einiger Entfernung überwacht werden kann; daß innere Prozesse wie die Ovulation anhand der Veränderungen in den elektrodynamischen Feldern des Fingers einer Frau genau registriert werden können.

Wie die Kirlian-Forscher und vor diesen Alexander Gurwitsch, so gelangte auch Burr zu dem Schluß, daß die Energie-Matrix die lebende Materie formt. Burr maß die Spannungen der elektrischen Felder um Froschlaich. Der Bereich, in dem die höchste Spannung herrschte, entwickelte sich immer zum Nervensystem des Froschs! Burr fand heraus, daß es ein charakteristisches Muster der Energien gibt, die später aus dem Protoplasmakügelchen die einzelnen Bestandteile des physischen Körpers formen. Eine Umordnung des Protoplasmas hatte keinen zerstörerischen Einfluß auf die endgültige Form. Die L-Felder strahlen sogar in einiger Entfernung vom Embryo, wie Burr feststellte.

Gleich dem Ehepaar Kirlian untersuchten Burr und seine

Mitarbeiter auch die Kraftfelder von Pflanzen. Und gleich den Kirlians fand Burr heraus, daß die Kraftfelder von Bäumen und Pflanzen sich nicht nur bei Sonnenlicht und Dunkelheit ändern, sondern auch entsprechend den Phasen des Mondes und der Sonnenflecken sowie bei magnetischen Stürmen. Aus den L-Feldern ließ sich außerdem die Vitalität von Samen ablesen. Mit Hilfe des Voltmeters konnte Burr jene Samen aussondern, die größere Wachstumskraft besaßen.

Burrs Schüler Dr. Leonard Ravitz machte die dramatische Entdeckung, daß die L-Felder auch die Geistesverfassung des Menschen widerspiegeln. Wie die Kirlian-Fotografie, so enthüllte auch die Burr-Methode veränderte Bewußtseinszustände, unterschiedliche Tiefen der Hypnose, Gefühlswechsel usw. Ravitz fand heraus, daß sogar die Erinnerung an ein Gefühl – etwa Trauer – eine Energieveränderung von mehreren Millivolt bewirkte, die das Voltmeter registrierte. »Emotionen können mit Energie gleichgesetzt werden«, erklärte er. Ravitz konnte auch die Feststellung der sowjetischen Akupunkturforscher bestätigen, daß Sonne und Mond (Sonnenflecken, Mondphasen) die elektrodynamischen Felder des Körpers beeinflussen.

Nach jahrelanger Untersuchung der Hypnose mit dem Voltmeter behauptet Ravitz, daß man die Tiefe der Hypnose elektrometrisch definieren kann; er meint zudem, daß man die Hypnose als Kraftfeldeffekt betrachten müsse.

Burr glaubte, daß unsere Körper und Gehirne von permanenten elektromagnetischen Feldern erhalten werden, die das sich ständig verändernde Zellenmaterial formen, und er war überzeugt, daß diese Felder wiederum von größeren Feldern des Universums beeinflußt werden, daß der Mensch ein integraler Bestandteil des Universums ist und Teil hat an dessen Zweck und Schicksal. Dank der Entwicklung neuer elektronischer Instrumente und Techniken wurde laut Burr »eine völlig neue Betrachtungsweise der Natur des Menschen und seines Platzes im Universum möglich«.

Burrs Erkenntnisse bilden ein umfassendes, eindrucksvolles Werk, an dem wir die Daten messen müssen, die jetzt mit Hilfe der Kirlian-Fotografie sichtbar werden – und mit Hilfe eines gar nicht mehr so jungen, nämlich bereits im 19. Jahrhundert in

Deutschland entwickelten Verfahrens: der sogenannten »Schlierenfotografie«, die eigentlich zum Aufspüren von Inhomogenitäten oder Fehlern im Glas entwickelt wurde.

Die Schilderungen von Menschen mit der Fähigkeit des Aurasehens stimmen nämlich in geradezu verblüffender Weise mit den Beobachtungen überein, die zeitgenössische Wissenschaftler bei der Untersuchung der Wärmekonvektionsströmungen um den menschlichen Körper machen. Die normale Körperwärme verursacht Strömungen, die eine etwa 2,5 bis 7,5 Zentimeter starke pulsierende Hülle aus warmer Luft um den Körper bilden. Diese thermische Hülle ist wärmer als die übrige Umgebung; und obwohl sie für die meisten von uns unsichtbar ist, wird sie auf fotografischen Platten sichtbar, wenn man die Schlierenoptik anwendet. Mit anderen Worten: Wenn die Konvektionsströmungen mit Hilfe des Schlierengeräts oder -systems sichtbar gemacht werden, erscheint die thermische Hülle um den Körper laut David Heiserman vom *Science Digest* als »schimmernde, regenbogenfarbene Aura«.

Ein Ärzteteam der Londoner City-Universität, geleitet von Dr. Harold E. Lewis, fand heraus, daß diese »Wärme-Aura« mit Bakterien, Teilchen anorganischen Materials und mikroskopisch kleinen Epidermisstückchen angefüllt ist. Dieses »Halo« enthält bis zu 400 Prozent mehr Mikroorganismen als die unmittelbare Umgebung und könnte laut Dr. Lewis früher unerklärbare Mengen eingeatmeter, aus der Luft stammender Bakterien erklären. Andere Wissenschaftler stellten die Theorie auf, daß einige Krankheiten deshalb lange nicht abflauen, weil die thermische Hülle als Bakterienfalle wirkt und eine Brutstätte für Bakterien darstellt.

Entspricht diese thermische Hülle um den Körper dem Feld, das Sensitive wahrnehmen? Oder könnte ihr Aktionsmuster diesem ähnlich sein?

Die Schlierenfotografie, mit der man auch Luftströmungen in Überschall-Windkanälen untersucht, enthüllt nun einige faszinierende Dinge über den pulsierenden warmen Luftstrom um den menschlichen Körper. Genau wie ein Prisma das Licht in ein Farbenband auflöst, so können die Konvektionsströmungen in der Luft das Licht in Farbmuster auflösen. Jede Luftschicht in der thermischen Hülle des Menschen hat ihre eigene Farbe, die von ihrer Dichte und Temperatur abhängt. Die Schlierenoptik macht diese Farbmuster auf einer Blende sichtbar.

Ein amerikanischer Psychiater mit medialen Fähigkeiten, Dr. John Pierrakos, Leiter des Institute of Bioenergetic Analysis in New York, untersucht die Kraftfelder des Körpers seit vielen Jahren – parallel zu seiner ärztlichen Praxis. Er glaubt, daß diese Kraftfelder, die er medial wahrzunehmen vermag, mit dem Stoffwechsel, der Körpertemperatur, den Emotionen, der Atemgeschwindigkeit sowie der Luftfeuchtigkeit, atmosphärischen Bedingungen und anderen Faktoren zusammenhängen.

Dr. Pierrakos nimmt medial eine Art »korpuskularhafter Bewegung« von Partikelchen in der 10 Zentimeter starken inneren Aura wahr. Im Rahmen einer umfassenden, detaillierten Beschreibung dieses pulsierenden, sich verlagernden Feldes um eine menschliche Versuchsperson bemerkte er: »Das Feld bewegt sich vom Boden an der Innenseite der Beine und Oberschenkel, am Rumpf und der Außenseite von Händen, Unter- und Oberarmen aufwärts. Die beiden Hauptströme treffen zusammen und bewegen sich nach oben zum Hals und über den Kopf. Gleichzeitig erfolgt an der Innenseite der unteren und oberen Extremitäten eine Bewegung zum Boden.«

Forscher der Londoner City-Universität benutzten die Schlierenoptik zur Erforschung und zum Fotografieren der Konvektionsströmungen um den menschlichen Körper; sie beschrieben das Geschehen folgendermaßen: »An den Fußsohlen beginnend, bewegt sich die Luftschicht langsam aufwärts über den Körper. An der Leiste und unter den Armhöhlen kehrt sich ihre Richtung kurz um. An den Schultern schießt sie nach oben und löst sich etwa 12 Zentimeter über dem Kopf in fedrigen Dunst auf.« Nicht nur Sensitive, sondern auch Wissenschaftler behaupten also jetzt, daß der Mensch einen Nimbus hat! Klassische Beschreibungen der Auren von Händen besagen, daß zwischen den Fingern Energiestreifen auftreten und aus jedem Finger Energiestrahlen austreten. Schlierenfotografien zeigen ein ähnliches Muster – vielleicht enthüllen auch sie einen Aspekt der Aura oder etwas Entsprechendes.

Könnten diese Warmluftkonvektionsströmungen eine Rolle

bei dem spielen, was manche Menschen als innere Aura sehen? Könnte diese strömende Wärmehülle ähnlich funktionieren wie die tatsächliche Aura, also den Strömungsmustern der aurischen Kraftfelder folgen? Natürlich könnte es sich bei der Umrandung aus farbiger Energie um den Körper, die vom Schlierengerät sichtbar gemacht wird, nur um *einen Teil* dessen handeln, was Sensitive sehen, trotzdem bestehen einige Ähnlichkeiten. Möglicherweise würde die Koordinierung dessen, was Sensitive sehen, mit dem, was das Schlierengerät enthüllt, mehr Hinweise für die Auradiagnose liefern – es könnte in der thermischen Aura bestimmte Muster geben, denen Anomalien in der psychischen Aura entsprechen. Und so wie der »Lügendetektor« dem Innenleben der Pflanzen auf die Spur kam, könnte sich die Schlierenapparatur vielleicht als »Auradetektor« erweisen.

Neben dem grundlegenden Strömungsmuster der aurischen Energie von den Füßen aufwärts zum Kopf und wieder abwärts, beobachtete Pierrakos auch, daß auf jeder Körperseite eine wechselweise Aufwärts- und Abwärtsbewegung der Aura stattfindet: »Das Feld pulsiert vom Mittelschnitt des Körpers sowohl vorn als auch hinten und an den Körperseiten gleichzeitig zu Kopf und Füßen.«

Die Gesamtbewegung der Aura-Energie, die er sieht, läßt sich – wie auch der Seher Cayce es schon tat – ungefähr durch eine Acht darstellen, deren Schnittpunkt über dem Solarplexus liegt. Pierrakos sagt, daß bei jedem Menschen die Energie eine andere Tönung, Farbe und Vibration sowie einen anderen Rhythmus besitzt. Die leuchtenden Kräfte um den Körper »brausen« und »beben« ihm zufolge bei starken Emotionen. Ärger und Wut lassen sie allem Anschein nach kaskadenartig herabstürzen wie eine Lawine. Will Dr. Pierrakos anhand der Kraftfelder eine Diagnose stellen, hält er Ausschau nach Blockierungen, Energieablenkungen, Veränderungen des Strömungsmusters, matter Farbe, Verlangsamung der Vibrationsbewegungen.

Wie Dr. Shafica Karagulla berichtet, ist es gar nicht ungewöhnlich, daß Ärzte die aurischen Kraftfelder sehen und daraus Diagnosen ableiten. Viele Kollegen vertrauten ihr an, daß sie die »geheime« Fähigkeit besäßen, über den Bereich des Normalen hinaus bestimmte Phänomene wahrzunehmen.

Zahlreiche Mediziner sehen die Kraftfelder von Patienten sofort bei deren Eintritt und können sie auf Krankheitsanzeichen hin prüfen; doch um ihr ärztliches Renommee zu wahren, sagen sie nichts und schleusen die Patienten durch die routinemäßigen Labortests. Dr. Karagulla begegnete in ganz Amerika Ärzten und Sensitiven, die wie Dr. Pierrakos ein lebendes, sich bewegendes Netz von Energiefrequenzen wahrnehmen, das mit dem Körper verknüpft ist. Einige sehen auch Energiewirbel an bestimmten Punkten des Rückgrats, die mit dem endokrinen System in Verbindung stehen. Dr. Shafica Karagulla sagt: »Man macht sich schließlich ein anderes Bild vom Menschen, sieht ihn nicht mehr nur als dichte physische Form, sondern auch als ein Wesen, das aus mehreren Arten von Energie besteht; und die solide Gestalt ist eher ein Nebenprodukt – die endgültige Kondensation – als der primäre Faktor.«

Möglicherweise könnten wissenschaftliche Instrumente wie das Schlierengerät die *Auswirkungen* der aurischen Energie auf die thermische Hülle um den Körper aufzeigen. Ärzte, die mit dem Schlierengerät forschen, stellten nämlich fest, daß sie – genau wie Seher und Medien anhand der Aura-Energiemuster – anhand der Körper-Energiemuster bei bestimmten Krankheitsbildern Diagnosen stellen können.

Sie stießen in der Wärmeumrandung auf verblüffende Farbänderungen, die mit einer gesteigerten Bakterienzahl als Folge einer Infektion zusammenfielen, und im Strömungsmuster auf ungewöhnliche Veränderungen, die entzündeten Stellen entsprachen. Durch Beobachtung des Strömungsmusters der thermischen Aura entdeckten sie auch, daß die mit Bakterien angefüllte warme Luft zur Nase strömte, wo sie eingeatmet wurde – was ihrer Ansicht nach vielleicht bestimmte Bakterien- und Virusinfektionen erklärte, so die Asthma-Anfälle, die bei Kindern nach Ekzemen auftreten. Krankheiten, wie beispielsweise Arthritis, bei denen sich Gelenke entzünden, verursachen ein Ansteigen der Wärme in gewissen Körperbereichen sowie Veränderungen im Fluß der Konvektionsströmungen. Es ist den Ärzten bereits gelungen, Körpertemperaturen mit einem Wärmedetektor, einem sogenannten Thermographen, kartographisch darzustellen. Auf diese Weise wurde ein System zur Früherkennung von Arthrosis deformans in einem Stadium geschaffen, wo Mißbildungen noch am ehesten verhindert werden können.

Dr. Glen W. McDonald vom US Department of Health sagt, daß jeder menschliche Körper infrarote Strahlen aussendet. »Wären unsere Augen so strukturiert, daß wir diese Strahlung sehen könnten«, meint er, »würde jeden von uns ein leuchtendes Glühen umgeben.« Der Thermograph kann dieses Glühen »sehen«. Und weil entzündete Bereiche mehr Wärme ausstrahlen als andere Zonen, unterscheidet sich das Glühen entzündeter Gelenke vom normalen Glühen.

Obwohl die Wissenschaft bis jetzt nur einen Teil jenes Meeres von Energien sichtbar gemacht hat, das Sensitive um uns herum sehen, hat diese – partielle – Erweiterung unserer Wahrnehmung bereits reiche Früchte getragen. Könnte die Kombination von Daten aus thermographischen Karten und aus Schlierenbildern uns eine Vorstellung davon vermitteln, was und wie Medien oder Seher anhand der Aura diagnostizieren?

Entspräche die Beschreibung, die ein Sensitiver von seiner Wahrnehmung der inneren Aura einer Versuchsperson gibt, den schimmernden Strömungen, wie sie das Schlierengerät sichtbar macht? Einen Patienten, der an einer Entzündung wie Arthritis leidet, könnten sich erst Sensitive ansehen, um die Auswirkungen der Entzündung auf den Energiestrom seiner inneren Aura zu ermitteln, danach sollte er nach der Schlierenmethode untersucht werden.

Vielleicht vermag das Schlierensystem außerdem dazu beizutragen, Veränderungen sichtbar zu machen, die während verschiedener Arten von Psi-Phänomenen erfolgen. Auch die menschlichen Beziehungen sind ein faszinierendes Gebiet, das daraufhin untersucht werden könnte, ob Sensitive das sehen, was die Schlierenoptik vergrößert zeigt. Pierrakos erklärt: »Wenn Sie dieses lichtvolle, farbige Phänomen um den Körper und zwischen Menschen sehen könnten, hätten Sie zweifellos das Gefühl, daß die Menschen in einem Meer aus leuchtenden Farben schwimmen, die sich ständig verändern und vibrieren.« Es wäre sehr interessant, die mittels des Schlierengeräts erlangten Erkenntnisse über die Aura mit anderen Auraforschungen zu vergleichen – es ist gar nicht so schwer, sich eines zu bauen:

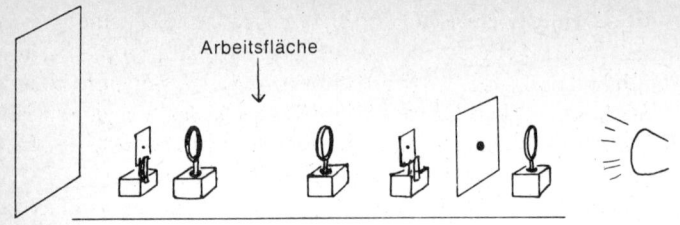

Leinwand Folie Lupe   Lupe   Folie Blende Lupe Lichtquelle

Aufbau eines einfachen Schlierengeräts, das die thermische Aura von Fingern, einer Hand oder einer brennenden Kerze in Farbe sichtbar macht.

○ Das Standard-Schlierengerät besteht aus einer Lichtquelle, mehreren Lupen, Blenden mit kleinen Löchern und einer Leinwand (siehe Abb.). Licht trifft den zu beobachtenden Gegenstand (beispielsweise eine Hand oder eine Kerzenflamme), und die Wärmeströmungen bewirken, daß sich das Licht in Farbstreifen auflöst, die von den Lupen vergrößert und auf die Leinwand geworfen werden.

○ Sie brauchen drei normale Lupen, große runde mit Griff, wie man sie in den meisten Schreibwarengeschäften bekommt, dazu etwas Alufolie, Wäscheklammern, Karton und mehrere kleine Flaschen mit engem Hals.

○ Als Lichtquelle können Sie einen Diaprojektor, einen starken Fotoscheinwerfer, unter Umständen eine Höhensonne oder eine flexible Schlauchleuchte mit heller Birne verwenden. Das Licht muß für dieses Experiment sehr stark sein.

○ Besitzen Sie einen Projektor mit Leinwand, können Sie letztere zum Betrachten des Schlierenbildes nehmen; sie eignet sich ideal dazu. Haben Sie keine, tut es auch ein Stück weißer Karton.

○ Schneiden Sie aus Alufolie zwei Quadrate von 5 × 5 Zentimeter zu. Bohren Sie genau in die Mitte jedes Quadrats ein kleines Loch. Für jedes Folienquadrat benötigen Sie einen Ständer. Eine mit Klebestreifen an einer Schachtel oder kleinen Flasche befestigte Wäscheklammer gibt einen guten Halter ab.

○ Auch für die Lupen brauchen Sie Ständer. Enghalsige kleine

Flaschen, die etwa die Größe des Griffs haben, eignen sich gut. Der Lupengriff wird in die Flasche gesteckt, und die Lupe ruht auf dem Hals. Eine Schachtel erfüllt den gleichen Zweck. Sie können auch aus anderem Material, das Sie gerade zur Hand haben, einen Halter improvisieren. Die Griffe der Lupen müssen allerdings genau senkrecht stehen.

○ Als Streulichtblende kann ein Kartonquadrat von etwa 21,5 Zentimeter Seitenlänge dienen. Schneiden Sie genau in die Mitte ein rundes Loch mit 2,5 Zentimeter Durchmesser. Befestigen Sie den unteren Rand des Kartons mit Klebestreifen an einer Flasche oder Schachtel, so daß der Karton steht.

○ Die Bestandteile der Schlierenoptik geben Sie am besten auf einen Tisch, ein Spieltischchen, oder auf ein 1,20 Meter langes Holzbrett.

○ Stellen Sie Ihre Projektionsleinwand auf, oder befestigen Sie den weißen Karton an der Wand. Er sollte etwa auf gleicher Höhe sein wie der Tisch. Rücken Sie den Tisch rund 15 Zentimeter von der Leinwand oder dem Karton weg. Stellen Sie den Diaprojektor oder die Lampe in einer Entfernung von 1 Meter bis 1,20 Meter vom anderen Tischende auf. Richten Sie den Lichtstrahl auf die Mitte der Leinwand oder des Kartons (siehe Abb.). Stellen Sie eine der Lupen auf die Tischseite, wo sich die Lichtquelle befindet. Die Blende wird etwa 7,5 bis 10 Zentimeter vor Lupe Nr. 1 gestellt. Bewegen Sie die Blende, bis das Licht scharf durch Lupe und Loch fällt. Stellen Sie als nächstes ein Folienquadrat 2,5 bis 5 Zentimeter vor die Blende, wiederum so, daß das Licht scharf durch das Loch fällt. Nun kommt Lupe Nr. 2 vor das Loch und wird so ausgerichtet, daß ein Bild des Lochs auf der Leinwand oder dem Karton erscheint. Lupe Nr. 3 wird 21,5 Zentimeter vor Lupe Nr. 2 gestellt. Der Raum zwischen den beiden Lupen ist die Fläche, auf die Sie jene Gegenstände plazieren, die Sie beobachten wollen. Stellen Sie das zweite Folienquadrat so vor Lupe Nr. 3, daß das Licht auf der Leinwand oder dem Karton konzentriert wird.

○ Nun geben Sie den Gegenstand, den Sie auf der Leinwand oder dem Karton betrachten wollen, zwischen Lupe 2 und Lupe 3. Eine kleine brennende Kerze ist sehr interessant zu beobachten. Richten Sie die Teile der Schlierenoptik so lange aus, bis Sie das bestmögliche Bild erhalten. Farben von der Flammenwärme werden auf der Leinwand zu tanzen beginnen. Blasen Sie leicht auf die Flamme, und prüfen Sie, ob irgendein Teil nicht richtig ausgerichtet ist und eine Verzerrung des Bildes verursacht. Um klar zu sehen, werden Sie vermutlich die meisten Lichter im Raum auslöschen müssen.

○ Ein zwischen Lupe 2 und Lupe 3 plazierter heißer Gegenstand wird dramatische Regenbogeneffekte erzeugen. Erfahrung können Sie mit Gegenständen sammeln, die Sie im Backrohr angewärmt haben. Nachdem Sie mit heißen Gegenständen »geübt« haben, sollten Sie versuchen, die von Ihrer Hand ausgehenden thermischen Konvektionsströmungen zu beobachten. Eine noch genauere Ausrichtung der Teile des Geräts könnte erforderlich sein, damit die Farben klar zu sehen sind.

○ Wenn Ihr Gerät gut arbeitet, können Sie nach den sich vermischenden Mustern Ausschau halten, die entstehen, wenn zwei Hände zusammengebracht werden. Prüfen Sie, was geschieht, wenn die Hände mehrerer Menschen zusammen betrachtet werden. Versuchen Sie es mit einer Hundepfote, sofern Ihnen ein willfähriges Tier zur Verfügung steht.

○ Gelingt es Ihnen schließlich, das Feld um Ihre Hand zu beobachten, probieren Sie, ob Sie bewußte Kontrolle über die Menge der ausgestrahlten Wärme erlangen können. Versuchen Sie, Wärme und Energie von einer Seite der Hand auf die andere zu verlagern.

○ Sie können Zeichnungen der Schlieren-Auren anfertigen, die Sie auf der Leinwand sehen. Falls Sie eine Leinwand für Durchlichtprojektion benutzen, können Sie das Bild von der Rückseite Ihrer Leinwand fotografieren.

8 Teleblinker weckt außersinnliche Potenz

Sind Sie telepathisch begabt – oder könnten Sie es sein? Viele Forscher und die meisten Sensitiven erklären übereinstimmend, daß jedermann eine potentielle Psi-Fähigkeit besitzt. Die berühmtesten Psi-Praktiker versichern nachdrücklich, daß sie selbst ihre Fähigkeiten trainiert haben. Allem Anschein nach kann man ASW schulen und genauso lernen wie Golf oder Tennis, Singen oder eine Fremdsprache. Voraussetzungen für Erfolg bei all diesen Dingen sind unter anderem: Training, Freude an der Sache und ständige Praxis, damit die erworbene Fertigkeit nicht einrostet. Die gleichen Voraussetzungen dürften für das Erlernen der Telepathie gelten. Aber wie übt man sie? Und wie erhält man dann seine telepathische Form?

Am besten »spielend«. Speziell aufgebaute Spiele sind unserer Ansicht nach das geeignetste ASW-Training. Sie können auf diese Weise sowohl eine grundlegende Psi-Fähigkeit entwickeln, wie auch weiter vervollkommnen.

Uns fiel auf, daß die meisten Menschen ASW nur als außersinnliche *Wahrnehmung* betrachten. Was ist mit der Kehrseite der Medaille, der außersinnlichen *Projektion*?

Bei den üblichen Telepathie-Demonstrationen tritt der Psi-Star als *Empfänger* auf, und irgendein anonymer Zuhörer fungiert als *Sender*. Doch berühmte Sensitive weisen immer wieder darauf hin, daß der Empfänger, wenn der Sender nicht ein klares Bild oder einen klaren Gedanken formt, große Empfangsschwierigkeiten hat. Wolf Messing und Michail Kuni, die beiden bekanntesten sowjetischen Sensitiven, behaupten, Taubstumme gäben die besten telepathischen Sender ab, da sie als eine Art Ausgleich für ihr Handicap gelernt hätten, sich Dinge großartig vorzustellen und deutlich zu vergegenwärtigen. Bis vor kurzem war der Sender eigentlich die vergessene Seite der telepathischen Verbindung, nicht nur bei öffentlichen Demonstrationen, sondern auch bei der Laborforschung über ASW, wo man offenbar meinte, jeder gerade Verfügbare könne diese Funktion erfüllen.

Bei spontaner Krisentelepathie ist jedoch mit Sicherheit der Sender die Schlüsselfigur. Der Mensch, der in eine Notlage gerät, schickt das mentale SOS aus. Ist das Signal in einer solchen Situation stark genug, kann es bei einer anderen Person »ankommen«. Psi-Projektion ist vermutlich auch in dem flüchtigen, aber sehr wirklichen Etwas, das man bei Politikern oder Größen der Unterhaltungsbranche als Charisma oder Starqualität bezeichnet, ein bestimmendes Element.

Sowjetische ASW-Forscher haben der Projektion längst ihre Aufmerksamkeit zugewandt. Sie halten nicht nur den Empfänger, sondern auch den Sender für sensitiv. Die Russen probierten eine Vielzahl von Methoden zur Stimulierung ihrer telepathischen Sender aus, vom Vorstellungstraining bis zur Anwendung elektromagnetischer Felder. Das alles ließ uns über Hilfen zur Psi-Entwicklung und Psi-Anwendung nachdenken, die das Vorstellungsvermögen steigern und die Konzentration erleichtern könnten.

Spieltheorie, telepathischer Sender und mechanische Trainingshilfen – diese drei wichtigen Faktoren beschäftigten uns über einen längeren Zeitraum hinweg, und plötzlich ging uns ein Licht auf, genauer gesagt, ein Blinklicht: Wir schufen einen Blinklichtkasten oder -schirm, auf den man Symbole, Bilder, Farben, Namen, Spielkarten legt, die telepathisch übermittelt werden sollen.

Auf den Gedanken, eine einfache Vorrichtung zur Stimulierung von Telepathie zu bauen, kam ursprünglich der sowjetische Ingenieur Wladimir Fidelman, ein Psi-Forscher der Abteilung Bioinformation des Moskauer Popow-Instituts. Ende der sechziger Jahre wurde Fidelman »elektrisch«, weil er sich nicht länger auf die Fähigkeit telepathischer Sender verlassen wollte, Gedanken klar zu formen und zu senden. Er legte eine Zahl, beispielsweise die 8, auf eine Lichtquelle und blinkte den telepathischen Sender rhythmisch damit an. »Singen Sie«, befahl er, »singen Sie 8, 8, 8 im Rhythmus mit dem Licht.« Er wies den Sender an, sich in die 8 zu versenken, bis er nichts als die 8 voll lebendiger Klarheit auf einem imaginären Bildschirm in seinem Geist sah. Fidelman berichtete, daß seine Sender nach dem Training mit dieser Technik einem mehr als 1,5 Kilometer entfernten Empfänger 100 von 134 Zahlen erfolgreich übermittelten. Zweifellos halfen Fidelmans Blinklichter den Sendern, sich besser zu konzentrieren und auf diese Weise präziser zu denken.

Um gegen verschwommenes Senden anzugehen, bastelten wir also zusammen mit drei Freunden den Teleblinker – eine Art Telepathiewecker. Jeder kann eine solche Vorrichtung herstellen. Um die Übungsmöglichkeiten mit dem Teleblinker zu vergrößern, dachten wir uns Spiele aus. Diese Kombination erwies sich bei mehreren aus unserer Gruppe als sehr wirksam.

Unsere Gefährten bei dem Projekt besaßen großes Psi-Wissen. Ein »Mitspieler« arbeitete mit einem parapsychologischen Fachverband zusammen, zu seinen Aufgaben gehörte die Untersuchung von Sensitiven. Zwei waren vor mehr als einem Jahrzehnt Versuchspersonen in einigen der ersten amerikanischen Forschungsreihen über physiologische Telepathie gewesen und hatten an zahlreichen Werkstatt- und Psi-Entwicklungsprogrammen teilgenommen. Außerdem hatten sie bei einer umfassenden Untersuchung über Telepathie zwischen Eltern und Kindern als Versuchspersonen gedient. Diese drei Freunde halfen uns, mehrere Teleblinker-Prototypen zu bauen und neue Spiele zu ersinnen. Sie meinten, daß der Rhythmus, die verstärkte Konzentration und die vom Teleblinker gefunkte bildliche Vergegenwärtigung ihre Telepathie mehr steigerte als viele andere Techniken, die sie bereits ausprobiert hatten. Auch bei uns beiden funktionierte dank des Blinkers die Telepathie besser als je zuvor, und wir mußten uns geradezu zurückhalten, um nicht ständig zu üben, das heißt zu »spielen«, soviel Spaß machte uns das Ganze.

Um die Gewähr zu haben, daß wir nicht ein Verein von Ausnahme-Telepathen waren, veranstalteten unsere Freunde Blinkerspiele mit verschiedenen Personen. Alle schienen an der Sache Gefallen zu finden. Einige empfanden den Blinker sogar als ausgesprochen entspannend. Ein sehr skeptischer Arzt, der gemeint hatte, ASW sei bestenfalls etwas für komische Vögel, war einigermaßen verblüfft, als er bei einer Achterserie acht Treffer erzielte; er meinte hinterher, daß an der Telepathie vielleicht doch was dran sei, man sie auf alle Fälle jedoch näher untersuchen sollte.

Daß wir mit unserem »Licht-Spiel« auf dem richtigen Weg waren, zeigte uns auch ein bemerkenswertes Psi-Forschungsprojekt der Toronto Society for Psychical Research. Diese gründliche Untersuchung gibt ein Beispiel für die Verwendung eingeführter Techniken und Gegenstände zur Erschließung neuer Möglichkeiten, hier zur Erforschung von Psi.

Die Ärzte beschallten im Labor eine Person mit einem rhythmischen kurzen Ton, und jedesmal, wenn dieser Ton erklang, leuchtete ein Licht auf, das anzeigte, daß die Signale von einem die Hirntätigkeit der Person messenden EEG-Gerät einem Instrument eingegeben wurden, dem sogenannten CAT (*Computer of average transients,* d. i. ein Computer für Hirnstromerfassung). Dieses Instrument produzierte eine Diagramm-Aufzeichnung, die ein im Gehirn durch den Ton hervorgerufenes Wellenmuster zeigte; man bezeichnet dieses seit langem bekannte Phänomen als durchschnittliche ausgelöste Reaktion.

Als nächstes machten die Ärzte jedoch etwas höchst Erstaunliches: Sie schalteten den Tongenerator aus und ersetzten ihn durch einen telepathischen Sender. Jedesmal, wenn der Lichtblitz anzeigte, daß CAT die Hirnwellen analysierte, versuchte der Sender, der Versuchsperson ein telepathisches Bild zu übermitteln: eine Tasse Kaffee, eine Tasse Kaffee, eine Tasse Kaffee. Zwischen den einzelnen Signalen verging jeweils eine Sekunde.

Die Ärzte stellten fest, daß die auf die Versuchsperson gerichteten, rhythmisch gepulsten telepathischen Gedanken »im EEG-Gerät Reaktionen auslösten, die in Form und Größe Ähnlichkeit haben mit den Reaktionen auf physische Stimuli wie Töne«. Anders ausgedrückt: Sie fanden heraus, daß im Gehirn des Empfängers etwas vorging, das ein sehr ähnliches Wellenmuster produzierte wie zuvor der Ton. Allem Anschein nach – und dies ist für die Forschung von höchster Bedeutung – kann das Senden eines telepathischen Bildes mit einem klar beobachtbaren Ereignis im Gehirn des Empfängers korelliert werden.

Hier haben wir neues, erstrangiges Tatsachenmaterial, das beweist, daß eine Psi-Kommunikation möglich ist und auch stattfindet, daß etwas durchkommt. Und vielleicht das Beachtlichste von alledem: Die Versuchsperson merkte es gar nicht, wenn ihr ein Gedanke gesendet wurde; sie wußte nicht, was da in ihrem Kopf vorging. Ohne hier auf die weitreichenden wissenschaftlichen Konsequenzen dieser Versuchsergebnisse weiter eingehen zu können, muß doch eine Frage gestellt werden: Zum Gehirn des Empfängers dringt also etwas durch – könnte ein geschulter Telepath es ins Bewußtsein holen?

Dr. Owen, Genetiker und Direktor der Toronto Society, sagt über die kanadische Entdeckung: »Sie eröffnet eine solche Vielzahl aufregender Möglichkeiten für die verschiedenartigsten Untersuchungen auf objektiver Basis, daß man darin mit Recht den Beginn einer neuen Ära der psychischen Forschung sehen darf, die vermutlich Auswirkungen auf die Verhaltens- und andere Wissenschaften haben wird.«

Natürlich gehören ein fundiertes medizinisches Experiment und die Spiele mit dem Teleblinker nicht in die gleiche Kategorie. Doch bleibt festzuhalten, daß dabei ein in stetem Rhythmus gesendetes telepathisches Bild zum Empfänger durchkam. Und wenn man lange und intensiv genug geübt hat – und einige von uns haben das getan –, entwickelt man im Laufe der Zeit eine gute telepathische Technik und braucht schließlich den Blinker nicht mehr.

Einige unserer Spiele sind für die ernsthafte Entwicklung von Psi gedacht, andere dagegen, wie etwa paranormales Roulette, Bingo und Blink-Poker, sind reine Gesellschaftsspiele – mit einem kleinen Hintersinn. Für solche Spiele können Sie auch Menschen gewinnen, die nicht bei einem Psi-Schulungskurs gesehen werden wollen, die »nicht glauben, daß an Psi was dran ist«, oder die sagen, »mir würde so was nie passieren«. Doch Sie spielen ja nur ein Spiel, und dagegen kann niemand etwas haben. Möglicherweise aber wird der eine oder andere Ihrer Freunde nachdenklich, wenn er telepathisch Treffer erzielt. Sogar mit einem in der Wolle gefärbten Skeptiker können Sie

Spiele machen – während er die Wahrscheinlichkeitsgesetze anwendet, versuchen Sie es mit einem außersinnlichen Zuspiel.

Die Anwendung von Spielen als Forschungstechnik hat noch einen weiteren Vorteil: Sie vermeiden Begriffe wie Experiment oder Test, die oft Verkrampfungen zur Folge haben. ASW-Kartenversuche haben in der Forschung natürlich ihren Platz, aber als Schulungstechnik eignen sie sich kaum. Wenn Sie kein außergewöhnliches Naturell besitzen, wird schon bald lähmende Langeweile Sie erfassen. Abgesehen davon würden Sie keinem Menschen eine Klavierprüfung zumuten, bevor er überhaupt Klavierunterricht gehabt hat; so etwas hätte bestimmt keine positiven Auswirkungen auf seine Fähigkeit oder seinen Wunsch, überhaupt Klavierspielen zu lernen, von seinem Selbstvertrauen gar nicht zu reden. Sie sollten also Ihre Telepathie-Fähigkeit erst testen, *nachdem* Sie sie entwickelt haben.

Allerdings kann Ihnen niemand garantieren, daß Sie wirklich telepathische Fähigkeiten zutage fördern. Zum Teil liegt dies bei Ihnen selbst: Wie intensiv wollen Sie daran arbeiten? Und natürlich schwankt die Psi-Begabung gleich allen Talenten von einem Menschen zum anderen. Sehr wenige von uns werden Opernstars, aber die meisten können wenigstens lernen, ein bißchen zu summen. Und wer bei der Telepathie über das Summstadium hinauskommt, für den stehen die Chancen nicht schlecht, ein Psi-Star zu werden.

Die Anfertigung Ihres Spielsortiments

Das Material, das Sie für Spiele zur Psi-Schulung oder für reines Psi-Vergnügen brauchen, finden Sie mühelos in Ihrem Haushalt. Fertigen Sie als grundlegendes Sendematerial einige Teleserien an. Es sind jeweils Fünferserien: fünf Buchstaben, Zahlen, Symbole, Farben. Wir haben unzählige Kombinationen durchprobiert; die hier angeführten Musterserien schienen uns am besten zu funktionieren und am wenigsten Verwirrung durch Verwechselbarkeit oder Ähnlichkeit der Formen auszulösen. Bei den Zahlen sollten Sie es mit 4, 5, 6, 7, 8 versuchen, bei den Buchstaben mit B, A, Z, O, W. Die Symbole sind Regen, Klee-

Die Tele-Symbolserie. Zeichnen Sie jede Figur auf ein Blatt Papier.
Für die Tele-Zahlenserie nehmen Sie: *4, 5, 6, 7, 8.*
Für die Tele-Buchstabenserie nehmen Sie: *B, A, Z, O, W.*
Für die Tele-Farbenserie nehmen Sie: *Rot, Gelb, Grün, Blau, Violett.*

blatt, Fisch, Baum und Halbmond (siehe Abb.). An Farben verwendeten wir Rot, Gelb, Blau, Grün und Violett.

Zeichnen Sie die einzelnen Bilder mit einem Filzschreiber auf getrennte Papierbogen. Sie können die Bilder aber auch aus schwarzem Papier ausschneiden. Die auf den Bildschirm des Teleblinkers gelegten dunklen Formen werden von dem pulsierenden Licht stark hervorgehoben. Wenn es Ihnen lieber ist, können Sie genausogut die Umrisse der Bilder auf weiße Blätter zeichnen und den Rest der Blätter schwärzen. In diesem Fall werden helle Formen auf dunklem Grund Sie anblinken.

Es gibt verschiedene Möglichkeiten, Ihren Blinker farbig zu machen. Verwenden Sie dünnes farbiges Papier oder Seidenpapier, oder versuchen Sie es mit farbigen Stoffstücken. Wenn Sie farbigen Kunststoff, farbiges Zelluloid oder Glas im Haus haben, nehmen Sie das. Schneiden Sie Kreise oder Quadrate aus, und legen Sie sie in die Mitte Ihres Blinkers, so daß das Licht rundherum blinkt. Sie können auch weißes Papier anmalen. Grün erhalten Sie, wenn Sie Transparentfarben verwenden, durch Mischen von Gelb und Blau, Violett bekommen Sie durch Mischen von Rot und Blau.

Benutzen Sie immer nur eine Teleserie – Zahlen, Buchstaben, Farben oder Symbole –, und legen Sie fest, wie Sie das Zielobjekt bestimmen wollen. Um beispielsweise einen Buchstaben auszuwählen, können Sie würfeln, nachdem Sie jedem Buchstaben eine Zahl zugeteilt haben. Schreiben Sie auf eine neben Ihrem Blinker liegende Liste, welche Würfelzahl in jeder der Teleserien was bedeutet. Ein auf Dauer vielleicht einfacheres Wählgerät läßt sich durch Umwandlung einer Drehscheibe aus einem alten Spiel herstellen. Die Figuren der Teleserien werden in konzentrischen Kreisen auf die Scheibe gezeichnet (siehe Abb.).

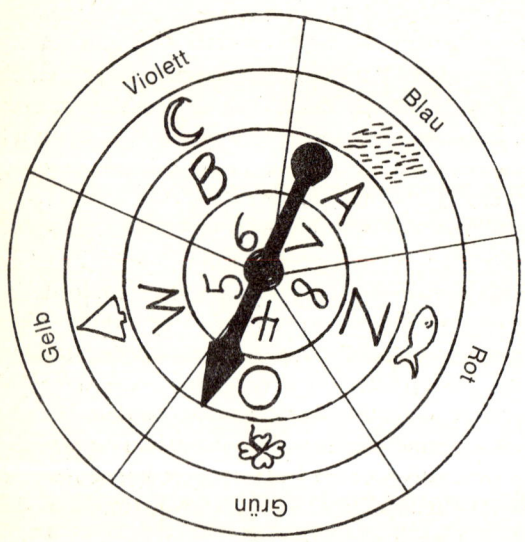

Muster einer beim Teleblinken verwendeten Drehscheibe. Zeichnen Sie die Scheibe ab, schneiden Sie sie aus, und geben Sie sie auf eine alte Drehscheibe. Oder fertigen Sie selbst eine Scheibe mit drehbarem Zeiger an.

Teleserien und Würfel oder Drehscheibe gehören zur grundlegenden Spielausrüstung, ob Sie einen Blinker verwenden oder
nicht.

Die Herstellung eines Teleblinkers

Ein Teleblinker ist im Grunde ein Schaukasten mit einem
Blinklicht im Innern. Sie können ihn in drei verschiedenen For-
maten herstellen:
    1. Sollten Sie ein Sichtgerät bzw. einen Folien- oder Dia-
betrachter haben, können Sie diesen mühelos in einen Teleblinker verwandeln, indem Sie sich einfach ein Blinkerrelais besorgen. Solche Relais gibt es in den meisten Eisenwarengeschäften.
Der Diabetrachter wird an das Blinkerrelais angeschlossen und
dieses an die Wandsteckdose. Solche Relais werden in vielen
Schaufenstern verwendet.
    Idealerweise sollte die Blinkgeschwindigkeit ungefähr mit Ih-
rem Puls übereinstimmen – also bei etwa 72 Impulsen in der Minute liegen. Viele Menschen bevorzugen jedoch einen etwas
langsameren Rhythmus, den sie als entspannender empfinden
und der bei ihnen angeblich leichter zu Telepathie führt. Sie
können ja mal beide Geschwindigkeiten ausprobieren, um herauszufinden, welche bei Ihnen besser wirkt.
    Wenn Sie einen Diabetrachter zum Teleblinker umwandeln,
müssen Sie die Glühbirne durch eine 15-Watt-Birne ersetzen,
die für Ihre Augen wesentlich angenehmer sein dürfte.
    Einige Modelle bestehen aus spezialbehandeltem, hitzefestem
Karton und einer transparenten Plastikscheibe, andere haben
praktische aufklappbare Metallgehäuse. Jedes dieser Modelle
läßt sich leicht zu einem Teleblinker umwandeln.
    2. Auch aus einer Kunststoff-Frischhaltedose oder irgendei-
ner anderen Plastik- oder Polyäthylendose können Sie einen Teleblinker anfertigen. Die Dose darf rund, quadratisch oder recht-
eckig sein und muß eine glatte, durchscheinende Oberseite haben, die Sie als Bildschirm nehmen. Schneiden Sie in eine Seite
der Dose ein Loch, das groß genug für eine Glühbirnenfassung
ist. Schlagen Sie überall in die Boden- und Seitenflächen

der Dose Löcher. Bringen Sie eine Glühbirnenfassung an, und schrauben Sie eine 15-Watt-Birne ein. Wie oben beschrieben, kann ein Blinkerrelais an den Stecker des Kabels der Glühbirnenfassung angeschlossen werden.

3. Ein tragbarer Teleblinker läßt sich aus einer batteriebetriebenen Blinklaterne, einer Taschenlampe mit Blinkschalter oder einer Auto-Warnblinkleuchte basteln. Solche Leuchten bekommt man in den meisten Autozubehörhandlungen. Die rote oder orangefarbene Scheibe über dem Blinker entfernen Sie und geben den Blinker in eine durchscheinende Kunststoffdose, die groß genug dafür ist. Schlagen Sie Löcher in die Unterseite der Dose, damit die Wärme abziehen kann.

Die Spiel-Anordnung

Wenn Sie noch nie versucht haben, mit Telepathie zu experimentieren, ist es ratsam, vor den eigentlichen Spielen einige Aufwärmrunden mit dem Material zu machen, das in den meisten der nachfolgend beschriebenen Spiele benützt wird.

Vermutlich fällt es Ihnen anfangs leichter, mit nur einer oder zwei Personen zu spielen, zu denen Sie ein gutes Verhältnis haben. Stellen Sie den Teleblinker auf einen Tisch oder anderswohin, wo der Sender ihn bequem im Blickfeld hat und der Empfänger den Bildschirm nicht sieht. Schalten Sie, wenn Sie wollen, einige Lichter aus, damit Sie eine schummrige Beleuchtung haben. Wenn der Sender eine Brille trägt, sollten Sie darauf achten, daß die Spiegelbilder auf den Gläsern von den Empfängern nicht gesehen werden können.

Wie Sie einen Gedanken telepathisch senden

Das Senden selbst könnte gar nicht einfacher sein. Legen Sie ein Bild auf den Teleblinker, und senden Sie die Bezeichnung dieses Bildes im Rhythmus mit dem Blinklicht. Für kraftvolles Senden gibt es noch einige Techniken, die Sie berücksichtigen sollten:

Entspannen Sie sich körperlich und geistig. Seien Sie vom Erfolg überzeugt.

Konzentrieren Sie sich auf das Zielobjekt, und füllen Sie sich ganz damit aus. (Der Blinker hilft Ihnen, Ihr Denken konstant auf das Zielobjekt zu richten, denn er blinkt rhythmisch ein helles, lebendiges Bild davon.)

Singen Sie stumm für sich die Bezeichnung des Zielobjekts. (Auch hier hilft der Blinker Ihnen, im Rhythmus zu bleiben.)

Senden Sie pulsierende Bilder an den Bestimmungsort, zum Geist Ihres Empfängers. Geben Sie jedes Bild frei, senden Sie ein Bild nach dem anderen auf mentalen Wellen aus. Tun Sie dies bis zu zwei Minuten lang, oder bis der Empfänger die telepathische Botschaft erhält.

Wie Sie einen Gedanken telepathisch empfangen

Entspannen Sie sich. Nehmen Sie eine bequeme liegende Stellung ein, wenn dies möglich ist. Schließen Sie die Augen. Und strengen Sie sich nicht zu sehr an. Vergegenwärtigen Sie sich im Geiste einen leeren Bildschirm. Halten Sie Ausschau nach einem Bild, das darauf erscheinen kann wie das Kanalzeichen einer Fernsehstation. Einige Empfänger stellen sich lieber Energiefunken, einen Teich oder einen langen Gang vor, worin das Bild Gestalt annimmt. Finden Sie heraus, was bei Ihnen am besten wirkt. Befehlen Sie Ihrem Unterbewußtsein: »Gib mir jetzt die Antwort.« Eine Haltung gleichmütiger Wachheit führt erfahrungsgemäß am ehesten zum Erfolg.

Warten Sie darauf, daß ein Bild entsteht. Raten Sie nicht. Manchmal tritt das richtige Bild unversehens vor Ihr inneres Auge. Dann wieder kann es bis zu zwei Minuten dauern, bevor das richtige Bild eine klare Form annimmt.

Differenzieren Sie, versuchen Sie auf Hinweise zu achten, anhand derer Sie den Unterschied zwischen dem richtigen und dem falschen Bild erkennen. Falsche Bilder flimmern oft und lösen sich auf.

Wählen Sie eine Teleserie aus, die Ihnen zusagt. Überzeugen Sie sich, daß Ihr Empfänger weiß, welche Bilder zu der Serie gehören. Angenommen, Sie entscheiden sich für die Zahlen, bestimmen Sie mit der Drehscheibe das Zielobjekt und senden es dann. Wenn Ihr Empfänger eine Zahl nennt, sagen Sie ihm sofort, ob er recht hat oder nicht. Dies wird ihm erkennen helfen, welche Anzeichen auf das richtige Bild hinweisen. Bei falschen Zahlen sagen Sie einfach nein und senden weiter, bis das Bild durchkommt.

Manchmal nimmt der Empfänger zwei Zahlen wahr und weiß nicht, welche die richtige ist. Er sollte sagen: »Es ist eine 5 oder eine 8« (oder was immer er sieht). Stimmt keine, sagt der Sender einfach nein und sendet weiter. Ist eine der Zahlen richtig, konzentriert sich der Sender auf jene Stellen, an denen sich die Zahl von der anderen unterscheidet.

Wenn Ihr Empfänger die richtige Zahl genannt hat, wählen Sie eine neue. Kommt auf der Drehscheibe die gleiche Zahl wieder, senden Sie sie erneut. Notieren Sie, die wievielte Aussage des Empfängers (die erste, zweite, dritte, vierte oder fünfte) richtig war. Einige Empfänger haben meist bei der zweiten Aussage recht. In diesem Fall sollten sie warten, bis sich das Bild stabilisiert, bevor sie ihre Aussage machen.

Der Empfänger sollte nie versuchen, den Würfel oder die Drehscheibe »auszurechnen«. Man kann auf logischem Weg nicht ermitteln, welche Zahl als nächste kommen wird. Wenn Sie als Empfänger den Gedanken haben: »Eine 4 ist es wohl nicht, weil die gerade eben dran war«, vergessen Sie ihn sofort! Der Versuch, mit rationalen Tricks ans Ziel zu gelangen, hemmt die Telepathie nur. Das richtige Bild können Sie nicht ermitteln – nur paranormal wahrnehmen.

Manche Sender finden es hilfreich, mit dem Finger die Form der Zahl oder eines anderen Bildes zu zeichnen (natürlich außer Sichtweite des Empfängers), um ihrem Senden kinetische Unterstützung zu geben.

Gemäß den Wahrscheinlichkeitsgesetzen wird der Empfänger eine von fünf Zahlen durch Zufall bei der ersten Aussage richtig benennen. Was darüber hinausgeht, kann bedeuten, daß Telepathie mitspielt. Senden Sie jedoch nicht speziell in Fünfereinheiten, und testen Sie sich anfangs nicht im Hinblick auf die Zufallsgesetze. Das Wichtigste ist zunächst, daß Sie ein Gefühl für die Sache kriegen und die geeignete Stimmung erspüren.

Tauschen Sie nach einiger Zeit die Rollen, lassen Sie den Empfänger senden, und versuchen Sie sich selbst als Empfänger. Sollten Sie jedoch festgestellt haben, daß die Kommunikation im Laufe des Spiels besser wurde, wollen Sie vielleicht die alte Anordnung beibehalten. Vertrauen Sie Ihrer Intuition. Die beiden berühmten sowjetischen Telepathen Karl Nikolajew und Juri Kamenskij berichteten, daß ihre telepathische Schaltung ein Einwegsystem zu sein schien: Sie hatten nur Erfolg, wenn die Information von Juri zu Karl ging (in umgekehrter Richtung funktionierte die Verbindung nicht). Einige der Personen, die mit dem Teleblinker experimentiert haben, bestätigen ebenfalls diesen Einweg-Informationsstrom.

Senden Sie nicht zu lange mit der gleichen Teleserie, wechseln Sie von den Zahlen zu den Buchstaben oder Symbolen über. Auf diese Weise verschwimmen dem Empfänger nicht die fünf Bilder im Kopf, und beim Sender kommt keine Langeweile auf, weil er nicht immer die gleichen Bilder anschauen muß.

Versuchen Sie es mit der Tele-Buchstabenserie B, A, Z, O, W. Machen Sie wieder Notizen über die richtigen Aussagen. Wenn Sie ein wenig Erfahrung gesammelt haben, sollten Sie irgendeine beliebige Zahl oder einen beliebigen Buchstaben senden. Vielleicht werden Sie feststellen, daß Ihr Empfänger ein Bild verwechselt, daß beispielsweise »M« als »W« ankommt und »3« als »8«. Versuchen Sie, Differenzierungsmöglichkeiten zu finden.

Regen, Kleeblatt, Fisch, Baum und Halbmond scheinen gut durchzukommen, denn sie unterscheiden sich in Form und Bedeutung hinlänglich. Ist Regen das Zielobjekt, sollten Sie versuchen, etwas von der Bewegung, ein Gefühl »schräger Getriebenheit« in die übermittelte Information zu bringen. Wenn die Verbindung zwischen Ihnen und Ihrem Empfänger einmal steht, können Sie eigene Symbole nehmen. Wählen Sie bekannte Symbole, besonders solche, die Ihnen etwas bedeuten.

Die Übermittlung einer Farbe ist mit einem anderen Gefühl verbunden als die Übermittlung von Symbolen, und manche Menschen finden sie einfacher. Während die Farbe blinkt, sollten Sie sich vorstellen, daß Sie ganz davon umgeben sind, ganz darin versinken. Dann senden Sie. Singen Sie geistig im Rhythmus mit dem Blinker den Namen der Farbe. Sehen Sie nichts als Farbe, Farbe, Farbe.

Tele-Uhr

Weil wir von frühester Kindheit an darauf trainiert sind, uns ein Zifferblatt zu vergegenwärtigen, können viele Menschen es vermutlich am leichtesten telepathisch senden und empfangen. Sollten Sie den Eindruck haben, mit anderen Bildern nur langsam Fortschritte zu machen, probieren Sie es doch einmal mit der Uhr. Fertigen sie ein Blinkerbild an: Zeichnen Sie mit einem Filzschreiber ein rundes Zifferblatt auf einen Bogen weißes Papier, und setzen Sie die Zahlen 1 bis 12 entsprechend ein. Schneiden Sie aus schwarzem Papier zwei Streifen aus, einen kurzen für den Stundenzeiger und einen langen für den Minutenzeiger. Stecken Sie die Zeiger, wenn Sie wollen, in der Mitte des Zifferblatts fest. Nun brauchen Sie nur etwas, womit Sie aus den Zahlen 1 bis 12 eine zufällige Auswahl treffen können. Vielleicht möchten Sie auch hier wieder mit der Drehscheibe arbeiten. Sie können aber auch Karten von 1 bis 12 durchnumerieren, mischen und dann ziehen; oder Sie numerieren Zettel, Chips, Flaschenkapseln bzw. Kronenkorken, geben sie in einen Beutel und schütteln ihn. (Würfel eignen sich nicht, weil die Zahl eins die gleiche Chance haben muß wie die anderen Zahlen, als Zielobjekt zu erscheinen.)

Nachdem Sie die Zielobjekts-Stunde bestimmt haben, beispielsweise 3 Uhr, legen Sie das Zifferblatt auf den Teleblinker und stellen die Zeiger. Beim Senden sollten Sie sich stark auf den *Winkel* der Zeiger konzentrieren und ihn wiederholt mit den Augen nachzeichnen. Singen Sie stumm, im Rhythmus mit dem Blinker: »3 Uhr« (oder was immer Ihr Zielobjekt ist). Der Empfänger bekommt manchmal als erstes die Impression, daß die gesuchte Zeit auf der rechten oder linken Seite des Zifferblatts liegt; in diesem Fall sollte er »linke Seite« oder »rechte Seite« sagen und dann weitermachen, bis er die genaue Stunde nennen kann.

Auf Zufallsbasis würde man mit der Tele-Uhr von zwölf Aussagen nur eine richtige erhalten. Doch die Uhr scheint bei vielen Menschen Telepathie auszulösen, sie können die paranormale Zeit sehr oft nennen. Haben Sie mit der Tele-Uhr etwas Erfahrung gesammelt, verwenden Sie zusätzlich zum Stundenzeiger auch den Minutenzeiger und übermitteln Ihrem Empfänger genaue Zeiten: 12 Uhr 15; 2 Uhr 30; 9 Uhr 45 usw. Falls Sie selbst Spiele oder Experimente ersinnen, können Sie das Zifferblatt beispielsweise als Kompaß benutzen.

An manchen Tagen funktioniert bei Ihnen und Ihrem Partner Psi vielleicht besser als an anderen. Müdigkeit, Krankheit und innere Unruhe beeinträchtigen gewöhnlich die ASW. Aber auch andere Faktoren, über die bis jetzt wenig bekannt ist, darunter das Wetter, scheinen die telepathischen Kräfte zu beeinflussen. Sowjetische und bulgarische Wissenschaftler stellten fest, ebenso wie Dr. Puharich und Dr. Krippner in den USA, daß Telepathie in ihren Laboratorien bei Vollmond und Neumond stärker war. Erproben Sie Ihre telepathischen Kräfte bei Vollmond oder während eines Gewitters. Merken Sie einen Unterschied?

Eine der größten Sensitiven unseres Jahrhunderts, Eileen Garrett, war überzeugt, daß die außersinnliche Wahrnehmung besser funktioniert, wenn unsere »normalen« Sinne stimuliert werden. Manche Menschen hüllen sich deshalb gern in Parfümduft oder verbrennen Räucherkerzen. Versuchen Sie es.

Laut der Yoga-Wissenschaft ist Rhythmus der Schlüssel zur Steigerung telepathischer Kräfte. Ein telepathisch gesendeter Gedanke wird stärker, sagen Yogis, wenn man zuvor rhythmisch atmet. Ihnen zufolge ist der beste Rhythmus für ASW-Atemübungen der Herzrhythmus. Durch Einstimmung des Atmens auf den Pulsschlag empfängt angeblich der gesamte Körper die Schwingungen und gelangt in Einklang mit dem Willen. Durch Harmonisierung der Körpervibrationen kann ein Mensch seine Gedanken leichter anderen vermitteln und die Gedanken von

Menschen anziehen, deren Vibration mit der seinen überein-
stimmt. Vielleicht wollen Sie und Ihr Empfänger diesen Behauptungen mal auf den Grund gehen.

Um die Atemübungen vor dem Telepathie-Versuch machen
zu können, müssen Sie sich Ihres Pulsschlags bewußt werden –
er sollte ziemlich genau den Impulsen des Blinkers entsprechen.
Atmen Sie sechs Pulsschläge lang ein. Halten Sie drei Pulsschläge lang die Luft an. Atmen Sie sechs Pulsschläge lang aus.
Zählen Sie zwischen den Atemzügen drei Pulsschläge. Wiederholen Sie die Übung mehrmals, bis Sie sich Ihres Körperrhyth-
mus ganz bewußt sind. Bringen Sie dann das Bild, das Sie senden wollen, ins gleiche rhythmische Impulsmuster.

Telepathische Bilder

Versuchen Sie, Ihren Teleblinker als mentalen Diaprojektor zu
verwenden und Bilder oder Szenen durch ASW zu übermitteln.
Wählen Sie irgendein interessantes Bild aus, Wahrzeichen von
Städten, berühmte Gemälde, eine bekannte Landschaft, gängige
Werbeanzeigen. Letztere sind besonders geeignet, weil die Assoziationen mit dem betreffenden Artikel sich uns meist tief einge-
prägt haben und ständig wieder intensiviert werden. Natürlich
können Sie auch Ansichtskarten, Ihre eigenen Dias oder Bilder
aus Zeitschriften und Kalendern nehmen. Wählen Sie aber unbedingt Bilder mit kräftigen Formen, bzw. klaren Umrissen.

Die Übermittlung von Bildern, die der Empfänger nicht
kennt, ist selbstredend schwieriger als die Übermittlung eines
von fünf bekannten Bildern. Der Empfänger wird das Bild vermutlich nicht als Ganzes empfangen, sondern schrittweise wahrnehmen. Während sich der Sender auf das Bild konzentriert,
nennt der Empfänger die Impressionen, wie sie ihm kommen.
Nehmen wir an, Sie senden das Bild eines schön geschwungenen
Küstenstreifens. Der Empfänger könnte sagen: »Ich sehe eine
weite Kurve.« Antworten Sie, daß er recht hat, und fragen Sie,
ob er Näheres darüber sagen kann. Lassen Sie ihm Zeit. Treiben
Sie ihn während der Impressionen nicht an. Führen Sie den
Empfänger auf das Zielobjekt zu, wie der Fluglotse einen Pilo-

ten »herunterholt«, der im Blindflug landet. Sagen Sie ihm, er solle sich auf die rechte Seite, die Oberseite oder eine andere Stelle konzentrieren, wo sich ein besonders markantes Merkmal befindet. Herrscht eine Farbe vor, bitten Sie Ihren Empfänger, sich darauf einzustimmen.

Meist nehmen die Empfänger Bilder eher symbolisch als konkret wahr. So sagte eine Empfängerin, die ein Bild mit einem Dollarzeichen als markantem Merkmal wahrzunehmen versuchte: »Ich sehe einen Schwan; er ist sehr gerundet, wie ein großes S. Der Schwan scheint etwas wie einen geraden Schnorchel über dem Kopf zu haben.« Die Empfängerin hatte eine Impression der richtigen Form aufgefangen, ahnte jedoch nicht im geringsten, daß sie ein Dollarzeichen aufspüren sollte. Wenn der Empfänger die Form symbolisch richtig wahrnimmt oder eine richtige Gefühlsimpression empfängt (z. B. »kalt« oder »öde« für eine Winterszene), sagen Sie ihm, daß er symbolisch recht hat. Fragen Sie ihn nach weiteren Eindrücken, die ihm das fragliche Bild erhellen. Lassen Sie sich jedoch unter keinen Umständen auf Ratespiele ein.

Die telepathische Übermittlung von Bildern kann Ihnen faszinierende Einblicke in die Wirkungsweise des Geistes gewähren und Ihnen zeigen, wie wir symbolisch interpretieren oder wie eine Assoziation zur nächsten führt. Je länger Sie experimentieren, desto mehr dürften Sie über die normalen Gedankenpfade und Kommunikationswege sowie über den paranormalen Weg der Telepathie lernen.

Wenn Sie Bilder von Menschen senden, bringen Sie ein neues psychologisches Element ins Spiel. Beginnen Sie mit den Fotos von fünf Menschen, die Ihr Partner und Sie gut kennen. Oder nehmen Sie Bilder von fünf bekannten Persönlichkeiten, für die Sie starke Gefühle in dieser oder jener Richtung haben. Versuchen Sie, sich in die betreffende Person zu versetzen – nicht nur ins Äußere, sondern auch in die Persönlichkeit. Versuchen Sie, die Person durch die Augen Ihres Empfängers zu sehen. Wiederholen Sie im Geist unaufhörlich den Namen der Person.

Wissenschaftliche Untersuchungen mit Sendern, die bei den Experimenten dramatische Ereignisse in Form von Filmausschnitten sahen, haben erbracht, daß Ereignisse leichter zu übermitteln sind als statische Bilder. Vielleicht wollen Sie mit einem Heimkino experimentieren. Wenn das zu kompliziert ist, empfehlen wir Cartoon-Streifen, die ideales Sendematerial ergeben. Nehmen Sie einen Streifen mit mehreren Bildern, die bekannte Figuren darstellen und eine klare Geschichte erzählen. Der Sender sollte einige Sekunden auf das Senden jedes Bildes der Cartoon-Geschichte verwenden, dann das Gesamtthema und den Ablauf der Ereignisse geistig durchgehen.

Ein anderes interessantes Psi-Experiment beinhaltet das Senden von Ereignissen mit Hilfe Ihres Fernsehgeräts. Vor Beginn einer Werbesendung muß der Empfänger in einen anderen Raum gehen, außer Hörweite des Geräts. Der Sender wählt eine Anzeige aus und versucht, dem Empfänger Inhalt und Thema des Werbespots zu übermitteln. Im allgemeinen sind kurze Werbespots gutes Ereignismaterial, weil sie darauf abzielen, eine klar gefaßte dramatische Botschaft mittels lebhafter visueller und akustischer Effekte in sehr kurzer Zeit zu vermitteln. Der Empfänger erzielt einen Treffer, wenn er ein herausragendes Element des Werbespots oder des Produkts richtig beschreiben kann.

Distanztelepathie

Entfernung scheint die telepathische Kraft nicht zu beeinträchtigen, was allerdings noch strittig ist. Wenn Sie und Ihr Partner in verschiedenen Häusern wohnen, sollten Sie versuchen, einander Botschaften zu senden. Macht einer von Ihnen eine Reise, haben Sie die einmalige Chance zu prüfen, wie weit Ihre mentale Verbindung reicht.

Stellen Sie die Uhren gleich. Vereinbaren Sie einen genauen Zeitpunkt, an dem die Übermittlung beginnt, sagen wir, 8 Uhr abends. Senden Sie 2 Minuten lang das erste Bild. Ruhen Sie sich 2 Minuten aus, und senden Sie dann das nächste Bild. Legen Sie zuvor fest, wie viele Bilder gesendet werden sollen. Jeder von Ihnen schreibt auf, in welcher Reihenfolge er welche Bilder sendete bzw. empfing. Nach dem Ende Ihrer Psi-Sitzung vergleichen Sie (telefonisch) Ihre Aufzeichnungen.

Ersinnen Sie eigene Kodes für die Übermittlung von Botschaften, und experimentieren Sie damit. Das könnte sogar recht praktisch sein, wenn Sie und Ihr Partner in verschiedenen Häusern wohnen; und es könnte Ihnen Wege ersparen, wenn Sie vergessen haben, Brot zum Abendessen oder etwas anderes zu besorgen. Benutzen Sie die Zahlen- und Buchstabenserien ungefähr folgendermaßen als Schlüssel:

4 = Ruf mich nach dem Ende der Sitzung an.
5 = Sei vorsichtig.
6 = Ich werde mich verspäten.
7 = Bring Milch mit.
8 = Triff mich morgen an der vereinbarten Stelle.
B = SOS!
A = Schreib mir.
Z = Komm nach Hause.
O = Ich liebe dich.
W = Mir geht es gut.

Senden Sie anfangs die Kodes zu vorher vereinbarten Zeiten. Blinken Sie das Kodesymbol auf dem Teleblinker 30 Sekunden lang, ruhen Sie sich 30 Sekunden aus, und blinken Sie das gleiche Signal erneut. Setzen Sie sich anschließend mit Ihrem Empfänger in Verbindung (telefonisch oder persönlich), und prüfen Sie, ob er die richtige Botschaft erhalten hat. Üben Sie regelmäßig. Gelingt Ihnen die Übermittlung, sollten Sie probieren, ohne vorherige Ankündigung zu Ihrem Empfänger durchzudringen. Senden Sie beispielsweise voll Intensität eine 8 (»Triff mich morgen an der vereinbarten Stelle«), gehen Sie am nächsten Tag zu dem Rendezvous-Ort, und schauen Sie, ob Ihr Empfänger erscheint.

Fortgeschrittene Telepathen können es mit komplizierteren Kodes probieren. Wählen Sie irgendein Buch oder eine Zeitschrift aus, und stellen Sie sicher, daß Ihr Partner ein genau gleiches Exemplar davon besitzt; ein Sprachführer für Touristen mit einfachen Wendungen und Sätzen eignet sich ideal.

Teilen Sie den Seiten, die Sie ausgewählt haben, die Ziffern 4, 5, 6, 7 und 8 zu. Wenn Sie wollen, können Sie weitere fünf Ziffern anfügen. Ordnen Sie dann den ersten fünf bzw. zehn Sätzen auf jeder dieser Seiten einen Telebuchstaben zu. Wenn Sie eine Botschaft senden wollen, schlagen Sie die Seite mit dem entsprechenden Satz auf und notieren die Seitenziffer sowie den Satzbuchstaben.

Sie brauchen telepathisch lediglich zwei Bilder durchzugeben, beispielsweise 5 Z, um einen ganzen Satz oder Absatz zu übermitteln. Mit Hilfe eines Kode-Buches können Sie fünfzig bis hundert Mitteilungen durchgeben. Senden Sie die gesamten Bilder mindestens dreimal.

Testen Sie Ihre Hellseh-Fähigkeit

Dazu können Sie Ihren Teleblinker benutzen und allein oder mit einem Partner arbeiten. Beginnen Sie mit einem einfachen Experiment. Wählen Sie eine Ihrer Teleserien aus, sagen wir die Buchstaben. Stecken Sie die fünf Zettel mit den Buchstaben in fünf undurchsichtige Umschläge; geben Sie notfalls dickes Papier oder Karton dazu, damit die Buchstaben nicht durchscheinen. Mischen Sie die Umschläge gründlich, so daß Sie nicht mehr wissen, welcher Buchstabe in welchem Umschlag steckt. Numerieren Sie dann die Umschläge von eins bis fünf durch. Legen Sie einen der Umschläge auf der Zimmerseite gegenüber dem Teleblinker auf einen Tisch.

Geben Sie nun die Farbe Blau auf den Teleblinker. Betrachten Sie die blinkende Farbe, und lassen Sie sich vom Rhythmus erfassen. Warten Sie, ob das Bild des Buchstabens, der drüben auf dem Tisch in dem Umschlag steckt, auf Ihrem geistigen Bildschirm erscheint. Wenn Sie meinen, ein Bild empfangen zu haben, notieren Sie den Buchstaben. Holen Sie den Umschlag, und vermerken Sie neben dem aufgeschriebenen Buchstaben die Zahl, die der Umschlag trägt. Wiederholen Sie das Verfahren mit den anderen vier Umschlägen. Öffnen Sie die Umschläge erst nach Beendigung des Experiments. Vergleichen Sie den Inhalt der Umschläge mit Ihrer Liste, und prüfen Sie, wie viele Buchstaben Sie richtig gesehen haben. Machen Sie das Experiment auch mit der Zahlenserie und der Symbolserie. Ist es Ihnen schließlich gelungen, Ihre Hellseh-Fähigkeit zu wecken, können Sie versuchen, Ihren Geist nach außen zu projizieren. Setzen Sie sich dazu ruhig vor den Teleblinker, aufgeschlossen und für alles offen. Probieren Sie mehrere Farben aus, denn die einzelnen Farben wirken bei verschiedenen Leuten unterschiedlich stark.

Erhalten Sie, während die Farbe blinkt, eine Impression von einer sich irgendwo abspielenden Szene, die später verifiziert werden kann?

Wenn Sie Ihre Telepathie-Fähigkeit aktiviert haben, beginnen Sie mit Experimenten und erfinden eigene Spiele. Es wird Ihnen Spaß machen, Ihre Inspiration auf die Probe zu stellen und herauszufinden, was Ihre Psi-Kräfte vermögen.

Die telepathische Übermittlung von Geschmacksempfindungen zum Beispiel ist wissenschaftlich nachgewiesen. Beginnen Sie mit grundlegenden Empfindungen wie süß, sauer, salzig, bitter. Geben Sie dem Sender Zucker, Zitrone, Salz oder lösliche Kaffeekörnchen zu kosten. Bekommen Ihre Empfänger den entsprechenden wässerigen oder zusammengezogenen Mund? Können Sie daraus ein Spiel entwickeln? Wenn Sie und Ihre Mitspieler Psi-Gourmets sind, versuchen Sie doch, Genüsse wie Wein, Schlagsahne, Hasenpfeffer oder etwas anderes zu übermitteln. Nach dem Ende des Experiments können Sie, wenn nichts sonst, Ihr Spielmaterial verzehren.

Eine gute Übung ist auch die Ausarbeitung von Psi-Spielen für Kinder, ganz zu schweigen von den aufschlußreichen Erfahrungen, die man bei solchen Spielen machen kann. Kinder entwickeln nämlich ganz von selbst Psi, vor allem wenn sie nicht wissen, daß so etwas möglich ist. Es ist wissenschaftlich belegt, daß zwischen Eltern und Kindern und zwischen Geschwistern oft ein besonderer telepathischer Rapport besteht.

Für Kinder, besonders für kleinere, sollten die Spiele kurz, einfach und flott sein. Setzen Sie Preise aus, oder geben Sie

Punkte. Versuchen Sie, eine Handlung oder etwas Spaßiges in das Spiel einzubauen. Ein Beispiel für ein kindgerechtes Spiel ist die telepathische Tiersuche. Schneiden Sie als Sendematerial einen Hund, eine Kuh, einen Esel, eine Ente und eine Schlange aus, oder zeichnen Sie diese Tiere. Wählen Sie aufs Geratewohl eines aus, geben Sie es auf den Blinker, und »singen« Sie während des Sendens geistig den Laut, den das Tier macht: Wauwau, muh, iaah, quak, tsss. Etwa zehn Sekunden, bevor Sie zu senden aufhören, lassen Sie die Empfänger damit beginnen, die Laute des Tiers nachzuahmen, das nach ihrem Eindruck gesucht ist. Senden Sie weiter; wenn ein quakendes Kind merkt, daß die meisten der Gruppe muhen, kann es seine Meinung ändern. Doch weisen Sie die Kinder nachdrücklich darauf hin, daß oft der erste Eindruck richtig ist und daß der Quaker vielleicht bei seiner Wahl bleiben sollte. Rufen Sie schließlich Halt, und lassen Sie den richtigen Tierschrei ertönen.

Gelingt es Ihnen, Ihren Hund mental zu sich zu rufen und zu erreichen, daß er sich setzt oder legt oder Ihnen sein Lieblingsspielzeug bringt? Versuchen Sie es, während Sie mit geschlossenen Augen dasitzen – oder zumindest nicht die übliche Haltung haben, in der Sie dem Tier sonst Befehle erteilen. Sie können den Hund auch mental zu einem von zwei oder drei Bällen, Knochen oder Freßnäpfen lenken. Wenn es Ihnen gelingt, machen Sie weiter, vielleicht wird ein vierbeiniger Telepathie-Star geboren. Denken Sie jedoch daran, daß ein Hund sehr scharf beobachtet und mühelos winzige sensorische Hinweise aufnimmt, die Sie vielleicht unbewußt geben. Wenn Forscher solche Dinge untersuchen, schirmen sie oft die menschliche Hälfte des Telepathie-Teams ab, so daß sie sich für den vierbeinigen Empfänger außer Sicht- und Hörweite befindet.

Telepathie-Test

Sie können Ihre Telepathie-Fähigkeiten auf zweierlei Weise prüfen.

Die erste Möglichkeit ist der statistische Weg. Die Teleserien setzen sich aus Fünfergruppen zusammen, und das Wahrscheinlichkeitsgesetz besagt, daß Sie bei einem Versuch mit einer Fünfergruppe per Zufall einen Treffer erzielen. Wählen Sie die Serie, die Ihnen am besten gefällt. Nehmen Sie 25 Karteikarten, schreiben oder zeichnen Sie jedes der fünf Bilder der Serie auf jeweils fünf Karten, mischen Sie die Karten *sehr gut,* und legen Sie den Packen mit der Bildseite nach unten auf den Tisch. Drehen Sie die oberste Karte um, und legen Sie das darauf vermerkte Bild auf den Blinker. Senden Sie in dieser Weise alle Karten. Die Zufallserwartung beträgt fünf Treffer. Parapsychologen haben herausgefunden, daß die meisten richtigen Aussagen am Anfang und am Ende einer Serie gemacht werden; es scheint, als enthalte der Versuch einen eingebauten Telepathie-Dämpfeffekt. Können Sie ihn überwinden?

Für einen ordnungsgemäßen statistischen Versuch sollten Sie die 25 Karten mindestens viermal senden und die Ergebnisse zusammenzählen. Die Zufallserwartung beträgt natürlich zwanzig von hundert. Liegen Ihre Treffer beträchtlich *unter* der Zufallserwartung, erfahren Sie immerhin einiges über die Wirksamkeit Ihrer Telepathie-Leitung. Die Parapsychologen sprechen in einem solchen Fall von »Psi missing«, womit gemeint ist, daß Sie Psi in negativer Weise einsetzen, also die Telepathie zur *Vermeidung* von Treffern nutzen. Das Entscheidende ist nämlich, wie nahe Ihre Trefferzahl bei der Zufallserwartung liegt. Übersteigen oder unterschreiten Ihre Treffer die Zufallserwartung weit, so ist etwas anderes als Zufall am Werk.

Der zweite Weg zum Testen Ihrer Fähigkeit ist weniger präzise, aber variabler: Stellen Sie Ihre Telepathie in verschiedenen Situationen auf die Probe. Die meisten berühmten Telepathen haben ihre Kraft durch *Übung* entwickelt. Probieren Sie aus, wie viele Symbole Sie *nacheinander* richtig übermitteln können. Versuchen Sie, Kodes und Bilder zu senden, sich auf die Gedanken anderer Menschen einzustimmen, unbekannte Bilder und Szenen zu »funken«. Kommen die Informationen durch, dürfte Telepathie im Spiel sein. Niemand kann berechnen, welche Chance bestünde, durch Zufall eine Information über ein bestimmtes Bild unter Millionen Bildern auf der Welt zu erhalten. Bei der Berechnung der Antizufallswahrscheinlichkeit käme ein astronomischer Wert heraus.

Wenn es Ihnen mit der Entwicklung Ihrer Telepathie-Fähigkeit ernst ist und Sie mehr damit bezwecken, als Spielchen zu spielen, ist für Sie das Entspannungstraining wichtig. Im allgemeinen betonen Menschen, die Psi ausüben, daß die Entspannung des Bewußtseins eine entscheidende Voraussetzung für Erfolg bei ASW ist; doch es genügt nicht, daß Sie sich sagen: »Entspanne dich«, wenn Sie nicht wissen, wie man das macht. Sie müssen methodisch vorgehen. In einer Serie verschiedener Telepathie-Versuche nach einem Entspannungstraining erzielten die Versuchspersonen Trefferwerte von 86 bis 100 Prozent.

Die meisten Sensitiven sind sich darin einig, daß ein Zustand entspannter Wachheit oder scheinbarer Passivität zur Steigerung der *Psi-Wahrnehmung* beiträgt. Im allgemeinen richtet sich unsere Wahrnehmung auf unsere unmittelbare Umwelt; und wenn Sie sich aus dieser Haltung nicht lösen können, wird Ihre intensivierte Konzentration nur *normale* Wahrnehmungen schärfer machen. Unterdessen empfängt Ihr Unterbewußtsein vielleicht Informationen, die nur Eingang in Ihre Wahrnehmung finden könnten, wenn Ihr Bewußtsein sich nicht einschaltete. Der Schlüssel zur erfolgreichen außersinnlichen Wahrnehmung liegt laut vielen Sensitiven darin, daß man gezielt trainiert, die bewußten Prozesse zu zügeln, während man den tieferen unbewußten Prozessen das Startsignal gibt.

Viele Menschen betrachten die grundlegenden Entspannungsübungen des Raja-Yoga als hilfreich für die Entspannung des Bewußtseins und die Weckung des Unbewußten. Der Yoga-Lehre zufolge bilden Geist und Körper eine Einheit, und was dem einen geschieht, wirkt auf den anderen. Körperliche Spannung findet man kaum, ohne daß auch geistige Angespanntheit herrscht. Die geistige Angespanntheit tritt vielmehr immer zuerst auf und ist die Ursache körperlicher Spannung. Die Savasana-Übung des Raja-Yoga lehrt den Menschen, den physischen Körper zu entspannen und damit auch das Bewußtsein.

Der erste Schritt besteht darin, den Körper als Ganzes zu entspannen. Bei dieser Lockerung der Körperspannungen leistet die Schwerkraft die Hauptarbeit. Legen Sie sich für die Entspannungsübung rücklings auf den Boden, in einen bequemen Lehnstuhl oder auf eine Liege. Spreizen Sie die Füße etwa einen halben Meter, und strecken Sie die Arme mit den Handflächen nach oben etwa 25 Zentimeter neben dem Rumpf aus. Achten Sie darauf, daß Ihre Schultern flach aufliegen und Ihr Kopf sich in einer bequemen Stellung befindet. Versuchen Sie zu spüren, wie Ihre Arme und Beine bei jedem Atemzug schwerer werden. Stellen Sie sich vor, daß Sie in den Boden hineinsinken. Lassen Sie sich von der Schwerkraft nach unten ziehen.

Die Yogis glauben, daß sechzehn Körperbereiche die Entspannung kontrollieren: 1 Füße, 2 Schienbeine, 3 Kniescheiben, 4 Oberschenkel, 5 Bauch, 6 Solarplexus, 7 oberer Brustbereich, 8 Rückgrat, 9 Hände, 10 Stirn, 11 Oberarme, 12 Kehle, 13 Hinterkopf, 14 Kinn, 15 Augen, 16 Kopfhaut.

Fünf der sechzehn Zonen gehören zum Kopf.

Jeder Bereich muß gesondert entspannt werden, beginnend bei den Füßen.

Machen Sie sich zuerst ein geistiges Bild des betreffenden Bereichs. Versuchen Sie dann, geistig Knochen, Muskeln, Gewebe und Blut in dem Bereich zu spüren. Nachdem Sie sich des Bereichs wirklich bewußt geworden sind, verfügen Sie mental, daß dort ein Zustand der Entspannung und Schwere eintritt. Machen Sie dies nacheinander bei allen sechzehn Zonen, und nehmen Sie sich für jede Zone mindestens 30 Sekunden Zeit. Anschließend untersuchen Sie Ihren Körper mental von außen. Sollte eine Zone noch nicht ganz entspannt sein, vergegenwärtigen Sie sich diese Zone erneut und spüren, wie sie schwerer und locker wird.

Psi-Experten empfehlen, die Entspannungsübungen jeden Tag zu einer festgesetzten Zeit zu machen, wenn man seine Psi-Wahrnehmungsfähigkeit ernsthaft entwickeln will. Geduld und Beharrlichkeit sind entscheidende Faktoren dabei.

Nach der Entspannung besteht der nächste Schritt darin, in seinem Geist das Bild eines leeren Fernsehbildschirms oder einer leeren Filmleinwand hervorzurufen. In dem Augenblick, wo der Sender ein Bild zu übermitteln versucht, sollte der Empfänger unter möglichst geringer geistiger Anstrengung stumm zu seinem Unterbewußtsein sagen: »Ich möchte das Bild in meinem Bewußtsein auftauchen sehen. Was für ein Bild ist es? Liefere mir jetzt das Bild. Gib mir jetzt die Antwort.« Stellen Sie sich vor, daß sie den geistigen Fernseher einschalten und das richtige Bild sehen.

Die Fähigkeit, sich zu entspannen, ist eine wichtige Voraussetzung für das Anzapfen eines jeden Psi-Kanals.

9 Paranormales Roulette und andere Para-Spiele

Was immer die Telepathie sonst noch sein mag, fest steht, daß sie eine Verbindung zwischen dem Geist zweier – oder mehrerer – Menschen ist. Es kann also auch durchaus lohnend sein, telepathische *Gruppen*spiele zu veranstalten. Nehmen Sie in Ihre Gruppe nur Personen auf, die miteinander harmonieren und sich gut vertragen. Kommen Sie nach Möglichkeit regelmäßig zusammen, und denken Sie daran, daß Sie immer besser werden dürften, je länger Sie gemeinsam üben. In Ihrer Gruppe sollten tunlichst ein oder zwei Leute sein, die bereits irgendein Psi-Talent demonstriert haben. Sorgen Sie für eine freundliche, ungezwungene Atmosphäre – schließlich wollen Sie keinen Wettkampf und auch kein chemisches Experiment durchführen. Sie gehen sozusagen auf Forschungsreise, und jede Reise bringt neue Erfahrungen, manchmal neue Erkenntnisse und zuweilen eine Entdeckung. Bei einem Gruppenausflug ins Reich der Telepathie werden Sie etwas über sich selbst entdecken – über uns alle.

Bei einigen dieser formlosen Psi-Gruppenexperimente und Psi-Entwicklungstechniken können Sie den Teleblinker verwenden, aber er ist nicht unbedingt nötig. Machen Sie Ihre Gruppe eingangs mit den Grundlagen des telepathischen Sendens und Empfangens vertraut. Ziehen Sie einige der Teleserien durch, um den Mitspielern ein Gefühl für das Verfahren zu vermitteln. Lassen Sie jeden in der Gruppe ein paar Sendeversuche unternehmen. Sind die Grundlagen allen geläufig, beginnen Sie mit Experimenten, die eigens für Gruppen ausgearbeitet wurden.

In einem dieser Experimente agieren leblose Gegenstände als eine Art Verbindung zum Geist des Senders; sie erleichtern die

Einstimmung auf seine bewußten Erinnerungen. Der Sender legt einen kleinen Gegenstand, der ihm gehört – einen Ring, eine Uhr, eine Krawattennadel, einen Füller –, auf den Teleblinker oder hält ihn einfach in der Hand. Stellen Sie jedoch sicher, daß keiner aus der Gruppe diesen Gegenstand sehen kann. Beginnen Sie zu senden. Konzentrieren Sie sich auf den Gegenstand, füllen Sie Ihr ganzes Bewußtsein damit aus, versenken Sie sich in seine Form und in die Assoziationen, die Ihnen dazu kommen.

Die Gruppenmitglieder versuchen, den Gegenstand zu erkennen und einige der damit assoziierten Impressionen aufzufangen. Steht beispielsweise ein Ehering im Brennpunkt der Aufmerksamkeit, können die Empfänger Bilder einer Kirche, einer Jahreszeit, einer Zeremonie oder Festlichkeit sehen.

Jeder Empfänger kann die Eindrücke aufschreiben, die er hat, und am Schluß der Sitzung vorlesen. Viele Psi-Entwicklungsgruppen finden es jedoch hilfreicher, wenn jeder einfach die Impressionen, die er empfängt, laut verkündet.

Drängen Sie die Empfänger nicht. Lassen Sie die Gruppe weitermachen, solange sie das Gefühl hat, daß etwas Interessantes geschieht. Der gesuchte Gegenstand muß nicht unbedingt beim richtigen Namen genannt werden – oft sind die geäußerten Assoziationen viel bedeutsamer und aufschlußreicher als das tatsächliche Aufspüren von *Ring* oder *Krawattennadel.*

Manchmal kommen einem Empfänger verblüffende Dinge plötzlich in den Sinn – mit dem Gegenstand verknüpfte Ereignisse oder Emotionen, an die der Sender gar nicht bewußt denkt –, Informationen, die in der Erinnerung des Senders gespeichert sind. Wird ein Erbstück verwendet, können die Empfänger sogar Informationen erhalten, die mit früheren Besitzern zusammenhängen. Bei seltenen Gelegenheiten kommen sogar Impressionen über Menschen und Orte durch, die dem Sender unbekannt sind. Erscheint ein besonders lebendiges, beharrliches Bild, das dem Sender nichts sagt, sollte er später nachprüfen, ob es ein wichtiges Geschehnis im Leben des früheren Besitzers schildert.

Stellen Sie zur Abwechslung einmal den Blinker mitten in die Runde, und legen Sie die blaue Farbe auf. Lassen Sie das Erinnerungsstück rundum gehen. Bei diesem Experiment kennen natürlich alle den Gegenstand; Ihre Bekannten sollen jetzt Assoziationen zu empfangen versuchen, die mit dem Gegenstand verbunden sind. Einer nach dem anderen hält den Gegenstand in der Hand und wartet, während er in das blinkende Licht schaut, auf Impressionen. Diese Art des außersinnlichen Erfassens eines Objekts durch einen Sensitiven bezeichnet man als Psychometrie. Das Objekt selbst scheint die Informationen registriert zu haben, und sie können offenbar unter gewissen Umständen vom menschlichen Geist aktiviert und zurückgespult werden. Es ist, als würden dem Gegenstand Gedanken anhaften. Aber niemand weiß, wie solche Informationen gespeichert und reaktiviert werden. Vielleicht vermag Ihre Gruppe etwas Licht in dieses Dunkel zu bringen.

Telepathische Aufspürung

Der Sender konzentriert sich auf eine Person, die er kennt, die aber der Gruppe unbekannt ist. Der Sender schreibt den Namen der Person mit schwarzem Filzstift auf ein Blatt Papier und legt es auf den Teleblinker. Auch eine Fotografie der Person oder ein ihr gehörender Gegenstand eignen sich.

Da die Empfänger die Person nicht kennen, kann man nicht erwarten, daß sie den Namen herausfinden. Doch wie genau beschreiben sie die Persönlichkeit, den Charakter und den Lebenslauf der unbekannten Person? Ebenso wie beim vorhergegangenen Experiment können die Empfänger auch hier gelegentlich sehr starke Bilder wahrnehmen, die für den Sender nichts bedeuten. Versuchen Sie, ihnen auf die Spur zu kommen und zu prüfen, ob sie einen realen Hintergrund haben.

Die Empfänger sollten alle Eindrücke schildern, so lächerlich oder abwegig sie dem logischen Geist auch erscheinen mögen. Ein Empfänger »sah« ständig eine Frau mit einem Löwen einen Weg entlanggehen. Er fand die Vorstellung zu absurd, um sie zu erwähnen. Später stellte sich heraus, daß die Frau seit fünfunddreißig Jahren mit einem Mann namens Leo verheiratet war.

Die Impressionen sollen ebenfalls wieder laut ausgesprochen

oder aufgeschrieben und am Ende verlesen werden. Machen Sie weiter, solange die Mehrheit sich aktiv engagiert.

Gedankenverbindung

Esoterische und okkulte Kreise behaupten seit jeher, daß paranormale Kräfte in einer Gruppe beträchtlich verstärkt werden können, daß eine Gruppe genau wie gekoppelte Batterien mehr Kraft erzeugt als ein einzelner. Angeblich läßt sich eine Art paranormaler Stromkreis herstellen, wenn die Beteiligten seelisch-geistig miteinander harmonieren.

Um mit Ihrer Gruppe dieser Behauptung auf den Grund zu gehen, stellen Sie den Teleblinker in die Mitte des Zimmers und lassen von der ganzen Gruppe das gleiche Bild rhythmisch an einen einzigen Empfänger senden, der sich in einem anderen Zimmer aufhält. Beginnen Sie mit einer Zahl oder einem anderen klaren Bild, um sicherzustellen, daß jeder sich das gleiche vergegenwärtigt. Herrscht in Ihrer Gruppe ein Gefühl der Harmonie, senden Sie beliebige Bilder, Wörter oder Szenen. Legen Sie ein entsprechendes Bild oder Objekt auf den Blinker. Oder decken Sie ihn einfach mit farbigem Papier ab – Blau ist eine der geeignetsten Farben –, und benutzen Sie ihn als Brennpunkt, der allen Mitspielern hilft, die Gedanken im Rhythmus mit den anderen auszusenden.

Wenn die Gruppe ein Bild oder die Reproduktion eines Gemäldes telepathisch übermitteln will, machen Sie daraus eine lebendige Szene mit herausragenden Details und starkem emotionalen Akzent. Gefühl verleiht jeder telepathischen Botschaft zusätzliche Kraft.

Nachdem die Gruppe dem Empfänger ein Bild etwa 60 Sekunden lang im Rhythmus mit dem Teleblinker gesendet hat, mischen Sie das Zielobjekt mit zwei anderen, sehr verschiedenen Bildern. Rufen Sie den Empfänger ins Zimmer. Zeigen Sie ihm die drei Bilder, und fordern Sie ihn auf, dasjenige auszuwählen, das seinen telepathischen Impressionen am deutlichsten entspricht.

Wählt der Empfänger sofort das richtige Bild, geht von Ihrer

Gruppe ein guter Psi-Strom aus. Wählt der Empfänger ein falsches Bild, sollten Sie aus seinen telepathischen Impressionen herauszufinden versuchen, welche Einzelheiten beim Senden unklar waren. Korrigieren Sie diese Dinge, wenn Sie das gleiche Bild wieder senden.

Versuchen Sie bei der Erforschung des Gruppengeistes herauszufinden, wer von Ihnen der beste Empfänger ist und welche Mitglieder die Sendekraft der Gruppe am stärksten fördern. Wer fehlt, wenn die Kraft nachläßt? Wer ist da, wenn die Botschaften klar durchkommen? Lassen Sie die Sender und die Empfänger in Ihrer Gruppe üben, was sie am besten können; auf diese Weise gelingt Ihnen vielleicht die Entwicklung eines sehr wirksamen Gruppen-Kommunikationssystems.

Unterteilen Sie als Variation Ihre Gruppe in Paare von jeweils einem Sender und einem Empfänger. Geben Sie tunlichst solche Menschen zusammen, die guten gegenseitigen Rapport demonstriert haben. Jeder Sender übermittelt seinem Empfängerpartner ein *anderes* Bild. Jeder Empfänger versucht eine Impression dessen zu erhalten, was ihm gesendet wird. Interessant ist, daß bei einer Vielzahl gleichzeitig gesendeter Bilder der Empfänger im allgemeinen das für ihn gedachte Bild auffängt und nicht eines der an andere Empfänger gerichteten Bilder.

Diese Art des Experimentierens veranschaulicht, daß die Telepathie selektiv sein kann. Ein menschlicher Empfänger läßt sich genau wie ein Rundfunkempfänger auf verschiedene Kanäle einstellen. Möglicherweise sind Sie bei früheren Experimenten schon auf ein Problem gestoßen, das ähnlich ist wie der Nebenleiteffekt beim Rundfunkempfang, wenn man auf dem gewünschten Band noch andere Stationen auffängt. Vielleicht stellen Sie fest, daß Sie ständig Impressionen oder Bilder wahrnehmen, an die ein anderer Empfänger denkt. Sie empfangen seine Gedanken statt jene des Senders. Verschiedentlich wird behauptet, daß es hilft, einen imaginären Kreis um sich zu ziehen und zu erklären, daß nur die Gedanken des Senders durch diesen Kreis dringen. Sollte Ihnen dies mit dem gleichen Empfänger öfters gelingen, haben Sie vielleicht einen telepathischen Zwilling aufgespürt, eine Person, zu der Sie in natürlichem Psi-Rapport stehen.

Können Sie telepathisch die Bewegungen einer anderen Person kontrollieren? Wissenschaftliche Tests haben gezeigt, daß manche Menschen dazu fähig sind. Bei einem in den Niederlanden durchgeführten Experiment ließen Wissenschaftler einen Sensitiven erfolgreich telepathisch beeinflussen, so daß er Schachfiguren auf ganz bestimmte Felder des Bretts setzte.

Ihre Gruppe kann sich mit einfachen Spielen in kinetischer Telepathie schulen. Numerieren Sie die Seiten eines Bridgetischs mit 1, 2, 3 und 4. Versuchen Sie, einem Empfänger, der um den Tisch herumgeht, telepathisch zu befehlen, auf einer bestimmten Seite stehenzubleiben. Legen Sie die Tischseite fest, während der Empfänger das Zimmer verlassen hat. Verbinden Sie ihm nach seiner Rückkehr die Augen, oder fordern Sie ihn einfach auf, die Augen geschlossen zu halten, und drehen Sie ihn zwei- oder dreimal herum. Führen Sie ihn zu Seite 1 des Tischs, und lassen Sie ihn losgehen. Der Empfänger sollte zuerst eine Proberunde um den Tisch machen und dabei notfalls die Tischkante berühren, um nicht in die Irre zu gehen. Kommt er wieder auf Seite 1 an, beginnen Sie mental Ihre kinetischen Befehle rhythmisch zu senden. Die Gruppe blickt auf den Empfänger und fordert ihn mental eindringlich auf: »Weiter, weiter«, oder »Halt, halt!«. Alle Sender sollten versuchen, die Vorwärtsbewegung oder das Stoppen in ihren eigenen Muskeln zu spüren, während sie senden. Kinetische Telepathie erfordert eine gewisse Übung. Doch manche Menschen, die telepathische Bilder nur mühsam empfangen, scheinen sich relativ leicht auf den kinetischen Impuls einstimmen zu können.

Gelingt Ihnen das Tisch-Experiment, dann versuchen Sie, Bewegungen generell zu steuern. Befehlen Sie einem Empfänger mental, aus dem Stand nach rechts zu gehen, nach links, vor oder zurück. Lassen Sie ihn umhergehen, und befehlen Sie ihm dann, sich nach links zu wenden, nach rechts, einen Arm zu heben, sich niederzukauern, nach oben zu greifen. Versuchen Sie als Sendegruppe, einen Empfänger zu einer bestimmten Stelle im Zimmer zu lenken. Lassen Sie ihm Zeit. Bemühen Sie sich, falsche Bewegungen des Empfängers zu korrigieren. Wenn er das Gefühl hat, an der vereinbarten Stelle angelangt zu sein, soll er es sagen. Sie könnten auch versuchen, ihn zu einem versteckten Aschenbecher oder einem anderen Gegenstand hinzuführen. (Ist das Ganze als Spiel gedacht, sollte der gefundene Gegenstand dem Empfänger als Preis gehören.)

Ist Ihre Gruppe mit der kinetischen Telepathie gründlich vertraut, beginnen Sie, *Aktionsbilder* zu senden.

Der Sender wählt eine Aktion aus wie Schwimmen, das Erklettern einer Wand, Tanzen, Galoppieren, Werfen eines Balls. Wenn er will, kann er ein Bild benützen; er vergegenwärtigt sich seine Aktion und sendet sie rhythmisch. Die Aktion sollte er im ganzen Körper spüren, als führe er sie selbst aus.

Bei einem solchen Gruppenversuch stellte sich eine Frau vor, sie laufe Schlittschuh, die Hände hinterm Rücken verschränkt. Ein Empfänger sagte, er habe das Gefühl, von einer Seite zur anderen zu schwanken, ein zweiter neigte sich nach rechts, dann nach links, ein dritter »sah« eine leuchtende, farbige, bewegte Eislaufszene von oben. Es ist faszinierend zu beobachten, in welch unterschiedlichen Formen eine Vorstellung bei verschiedenen Menschen ankommt.

Fotoblinken

Manche Sensitive behaupten, zwischen einer Person und ihrem Foto bestehe eine Art Psi-Verbindung. Eine Gruppe englischer Wissenschaftler hat angeblich herausgefunden, daß ein Mensch, auf dessen Fotografie blinkendes Licht fällt und dem eine Gruppe dies über eine Entfernung von mehreren tausend Kilometern telepathisch zu übermitteln versucht, auf Überwachungsgeräten eine starke physiologische Veränderung erkennen läßt – genau zu der Zeit, während der seine Fotografie dem Blinklicht ausgesetzt ist.

Spüren Sie es, wenn jemand über Sie nachdenkt, kraftvolle Gedanken an Sie richtet?

Machen Sie mit Ihrer Gruppe die Probe. Einer aus der Runde verläßt das Zimmer und legt sich irgendwo anders bequem nieder. Er sollte eine Uhr sowie Papier und Bleistift bei sich haben. Legen Sie das Foto dieser Person auf den ausgeschalteten Teleblinker. Während einer achtminütigen Periode schalten Sie den Teleblinker in zufällig gewählten Momenten ein, und alle konzentrieren sich 1 bis 2 Minuten auf das beblinkte Foto. Notieren Sie die Blinkzeiten genau. Prüfen Sie anschließend, ob der Empfänger sagen kann, in welchen Minuten seine Fotografie dem Licht ausgesetzt war und die Gruppe an ihn dachte.

Telepathisches Fernsehen

Dies ist ein klassisches Telepathie-Experiment. Sie können es mit zwei Menschen versuchen – oder mit zwei Millionen. Sagen Sie Ihren Gruppenmitgliedern, Sie würden ihnen an den nächsten drei Abenden Punkt 21 Uhr ein geistiges Bild übermitteln, Sie würden genau 5 Minuten mit dem Teleblinker senden. Auf diese Weise möchten Sie prüfen, wie viele der Gruppe Ihre Gedanken geistig erfassen könnten. Anfangs wollen Sie und Ihre Freunde vielleicht eine Teleserie dabei verwenden: Zahlen, Buchstaben oder Bilder. Bestimmen Sie das Zielobjekt durch ein Zufallsverfahren.

Wenn Sie wieder zusammenkommen, bringt jeder aus der Gruppe einen Zettel mit, auf dem er die an jedem der drei Abende empfangenen Bilder notiert hat. Kontrollieren Sie alle Zettel. Möglicherweise stellen Sie fest, daß einige Gruppenmitglieder präkognitiv veranlagt sind und am Montag bereits das Bild empfingen, das Sie erst am Dienstag sendeten. Dies geschah bei einem klassischen Telepathie-Versuch in London. Beobachten Sie deshalb alle Impressionen Ihrer Gruppenmitglieder über einen längeren Zeitraum. (Vielleicht stoßen Sie auch auf jemanden mit Retrokognition, d. i. telepathisches Wahrnehmen der Vergangenheit, wobei erst am Dienstag das bereits am Montag gesendete Bild empfangen wird.)

Versuchen Sie später, das Bild eines Gegenstands oder einer Szene zu übermitteln, und prüfen Sie dann, was Ihre Empfangsstationen von den mentalen Sendewellen auffingen. Wenn Sie Ihre mentale Sendestärke in wissenschaftlicher Weise kontrollieren wollen, beauftragen Sie die Empfänger, das wahrgenommene Bild oder die empfangenen Impressionen auf einer Postkarte zu beschreiben und die Karte möglichst schnell an Sie abzuschicken. Gleich nach dem Senden schicken Sie an sich selbst oder an ein Gruppenmitglied eine Karte, auf der Sie das gesendete Bild vermerkt haben. Der Poststempel ist ein Datumsbeweis, der nicht nachträglich geändert werden kann. (Schicken Sie keinen Brief, denn da wäre der Stempel auf dem Umschlag und nicht auf dem Blatt mit Ihrer Aussage.)

Dies sind nur einige Ideen für formlose, spielerische Experimente zum Einstieg in die Gruppenforschung. Sind Ihre Freunde und Sie erst einmal richtig in Schwung, werden Ihnen bestimmt eigene »Versuchsanordnungen« einfallen, mit deren Hilfe Sie im Reich des Geistes diese oder jene Spur verfolgen können.

Die Spiele, mit denen wir uns jetzt beschäftigen wollen, kann jeder spielen – der Neuling auf dem Gebiet der Telepathie ebenso wie der Psi-Erfahrene. Man braucht keine telepathische Begabung zu besitzen, um zu punkten. Doch die Spiele sind so angelegt, daß ein guter telepathischer Sender und ein guter telepathischer Empfänger besonders belohnt werden. Beide können ihre paranormale Fähigkeit einsetzen, um die Wahrscheinlichkeitsgesetze zu überwinden, die Bank zu sprengen oder den Jackpot zu gewinnen.

Wir haben die Spiele so angelegt, daß sie mit dem Teleblinker gespielt werden können und damit die telepathische Übermittlung gefördert wird. Selbstverständlich können Sie aber auch ohne Blinklicht spielen, wenn die Sender nicht das Gefühl haben, daß sie eine Konzentrationshilfe und ein Mittel zur Stärkung ihrer Gedanken brauchen. Für manche Spiele benötigen Sie Spielkarten oder Poker-Spielmarken und Notizblöcke. Alle anderen Spielutensilien – Blinker, Symbole, Drehscheibe, Würfel – sind die gleichen wie in den bereits beschriebenen Experimenten.

Beim paranormalen Roulette entsprechen Ihre Einsätze am besten der Stärke Ihres Gefühls, vom Sender eine telepathische Impression empfangen zu haben. (Bei allen Spielen mit Wetteinsatz können Sie um kleine Geldbeträge oder auch nur um Punkte spielen.)

Spielregeln

1. Die Spieler verwenden getrennte Notizblöcke, um ihre Einsätze aufzuschreiben. Bereiten Sie Poker-Chips vor (oder nehmen Sie statt dessen Münzen).

2. Beim paranormalen Roulette haben die Chips folgende Werte:

Rote Chips	=	25 Pfennig
Blaue Chips	=	5 Pfennig
Gelbe Chips	=	2 Pfennig
Weiße Chips	=	1 Pfennig

3. Jeder Spieler erhält oder – wenn Sie um Geld spielen – kauft von der Bank:

2 rote Chips	=	50 Pfennig
7 blaue Chips	=	35 Pfennig
5 gelbe Chips	=	10 Pfennig
5 weiße Chips	=	5 Pfennig

—————

1,00 DM

4. Die Spieler wechseln als Sender ab, jeder sendet dreimal.

5. Spielen Sie mit einer Teleserie, beispielsweise den Buchstaben. Der Sender benutzt Würfel oder die Drehscheibe, um einen Buchstaben *und* die Farbe Blau oder Gelb zu wählen. Nehmen wir an, der Pfeil bleibt beim Buchstaben B und der Farbe Blau stehen: Legen Sie blaues Papier und das B auf den Teleblinker.

6. Der Sender übermittelt ein paar Sekunden lang die Farbe, dann den Buchstaben. Er hat den starken Wunsch, zu den Empfängern durchzukommen, denn für jeden richtigen Einsatz der Empfänger wird er belohnt.

7. Beginnen Sie langsam. Doch um das Spiel in Fluß zu halten, sollten Sie so bald wie möglich die Sendezeit auf höchstens 20 bis 25 Sekunden beschränken.

Einsätze

1. Jeder Spieler teilt sein Notizblatt durch einen Längsstrich in zwei Hälften, schreibt oben auf die eine Seite »Farbe« und auf die andere »Bild«. Nach jedem Sendevorgang entscheidet er sich für eine Farbe und ein Bild, notiert beides auf seinem Zettel und deckt es mit seinen Einsätzen zu. Die anderen Spieler sollen nicht sehen, wofür er sich entschieden hat.

2. Jeder Spieler muß mindestens 2 Pfennig auf eine Farbe und 2 Pfennig auf ein Bild setzen. Hat ein Empfänger das Gefühl, eine klare, deutliche telepathische Information erhalten zu haben, kann er seinen Einsatz beliebig erhöhen. Er kann auch auf mehrere Bilder gleichzeitig setzen.

Gewinne

1. Erfolgreiche Empfänger behalten immer ihre Einsätze. Für die richtige Farbe bekommen sie außerdem von der Bank eine Summe, die dem Einsatz entspricht.

2. Für das richtige Bild bezahlt die Bank den Empfängern das Vierfache des Einsatzes.

3. Alle Einsätze, die auf die falsche Farbe und ein falsches Bild gesetzt wurden, gehen an die Bank.

4. Der Sender erhält von der Bank 1 Pfennig (oder Punkt) für jeden Spieler, der die richtige Farbe empfangen hat, und 5 Pfennig (oder Punkte) für jeden Spieler, bei dem das richtige Bild angekommen ist.

Tele-Jackpot

Wie viele Spiele, so beginnt auch dieses damit, daß die Spieler ihren Einsatz machen. Jeder ist am Spiel beteiligt, aber nur mit außersinnlicher Kraft werden Sie auf das richtige Bild und die richtige Farbe setzen und den Tele-Jackpot gewinnen.

BAZOW BINGO

B	8	7	4	5
5	A	7	8	5
7	4	Z	5	7
8	8	4	O	8
4	5	7	4	W

BAZOW BINGO

B	7	7	4	8
5	A	8	5	4
4	4	Z	7	8
8	4	5	O	7
7	5	8	5	W

BAZOW BINGO

B	4	5	7	5
8	A	4	5	7
7	5	Z	7	4
5	8	8	O	8
4	4	7	8	W

BAZOW BINGO

B	7	5	5	4
8	A	7	5	7
8	4	Z	4	5
8	4	7	O	8
4	5	8	7	W

BAZOW BINGO

B	4	7	7	8
8	A	4	5	5
5	6	Z	4	7
7	4	7	O	8
5	8	8	4	W

BAZOW BINGO

B	5	4	7	7
4	A	7	8	5
8	7	Z	5	8
5	8	4	O	4
4	7	5	8	W

BAZOW BINGO

B	7	8	8	5
4	A	5	4	7
4	7	Z	5	4
7	8	4	O	5
8	7	5	8	W

Musterkarten mit zufällig verteilten Zahlen für telepathisches Bingo.

Spielregeln

1. Unterteilen Sie ein großes Blatt Papier durch ein aufgezeichnetes Kreuz in vier Quadrate. Geben Sie den vier Quadraten jeweils eine der folgenden Benennungen: *Gelb, Blau, Bild, Sender-Pot.* Legen Sie das Blatt in die Mitte der Spielrunde.

2. Verwenden Sie neben den Farben Blau und Gelb eine der Teleserien – entweder Zahlen, Buchstaben oder Symbole. Wechseln Sie sich als Sender ab, jeder sendet dreimal.

3. Die Spieler erhalten (oder kaufen) von der Bank Chips im Wert von 1 Mark (Werte siehe bei »Paranormales Roulette«).

4. Der Sender wählt Gewinnfarbe und -bild, gibt beides auf den Teleblinker und sendet 20 bis 25 Sekunden.

Einsätze

1. Vor Beginn des Sendens setzt jeder Spieler: einen weißen Chip (1 Pfennig) auf Gelb, einen weißen (1 Pfennig) auf Blau und zwei weiße (2 Pfennig) auf Sender-Pot. Einen blauen Chip (5 Pfennig) setzt er auf das Bildquadrat.

2. Nach dem Sendevorgang notiert jeder Spieler auf einem

Blatt, welche Farbe und welches Bild er empfangen hat. Anschließend gibt der Sender Gewinnfarbe und -bild bekannt.

Gewinne

1. Die Spieler mit der richtigen Farbe teilen die Chips in dem entsprechenden Quadrat unter sich auf.

2. Die Spieler mit dem richtigen Bild teilen die Chips im Bildquadrat unter sich auf. Jeder Spieler, der das richtige Bild empfangen hat, muß mindestens vier blaue Chips (20 Pfennig) gewinnen. Liegen nicht genügend Chips in dem Quadrat, bezahlt die Bank den Differenzbetrag.

3. Der Sender bekommt aus dem Sender-Pot einen weißen Chip (1 Pfennig) für jeden Spieler, der die richtige Farbe empfangen hat, und drei weiße Chips (3 Pfennig) für jeden Spieler, bei dem das Bild richtig angekommen ist.

4. Der Sender erhält alle Chips im Sender-Pot, wenn zwei oder mehr Spieler das richtige Bild empfangen haben, oder wenn alle Spieler die richtige Farbe empfangen haben.

5. Die restlichen Chips auf dem Blatt bleiben für das nächste Spiel liegen.

Bazow-Bingo

Spielstrategie und telepathisches Können machen Bazow-Bingo zu einem flotten Gruppenspiel – mit Psi-Anstrich. Das Wort »Bazow« entstand aus einer Kombination der in unserer Teleserie verwendeten Buchstaben.

Spielregeln

1. Machen Sie aus Papier oder Karton Bingo-Karten entsprechend den Mustern auf der Abbildung S. 140.

2. Jeder Spieler erhält oder kauft von der Bank eine Bazow-Bingo-Karte. Das an die Bank gezahlte Geld ist der Gewinnpot.

3. Vor Spielbeginn legt jeder Spieler 1 Pfennig als Markierzeichen zurecht.

4. Jeder Spieler legt Chips auf die Buchstaben BAZOW auf seiner Karte. Dies sind freie Kästchen.

5. Eine Person fungiert während des ganzen Spiels als Sender.

6. Der Sender würfelt, um die erste Zahl zu erhalten, entweder 4 oder 5 oder 6 oder 7 oder 8. (Wird nur ein Würfel verwendet, steht eins für die Telezahl 4, zwei für die Telezahl 5, drei für 7 und vier für 8. Kommt eine Fünf oder Sechs, würfelt der Sender erneut.) Der Sender legt die richtige Zahl auf den Teleblinker und sendet sie etwa 15 Sekunden lang. Spielen Sie dieses Spiel flott durch.

7. Nach dem Sendevorgang legt jeder Spieler sein Markierzeichen (den Pfennig) auf die Zahl, die er empfangen zu haben glaubt. Anschließend gibt der Sender die richtige Zahl bekannt.

8. Hat ein Spieler falsch getippt, nimmt er sein Markierzeichen weg.

9. Spieler, die richtig getippt haben, nehmen ihr Markierzeichen weg und legen Chips auf zwei der Kästchen, in denen die richtige Zahl steht. Dabei haben sie die freie Wahl unter den Kästchen mit der richtigen Zahl. (Bei großen Gruppen oder erfahrenen Spielern sollte pro Durchgang immer nur eine Zahl auf der Karte abgedeckt werden.)

10. Hat ein Spieler fünf Chips in einer Reihe liegen (senkrecht, waagrecht oder auf einer Zahlendiagonale), dann hat er ein BAZOW-Bingo.

Gewinne

Der Sender erhält ein Viertel des Pots (sofern es einen gibt). Ist es ihm gelungen, ein BAZOW-Bingo in fünf oder weniger Durchgängen zu senden, bekommt er ein Drittel. Der Rest geht an den Empfänger, der das BAZOW-Bingo geschafft hat.

Tele-Bingo

Hier eine schwierigere Variante: Es gibt keine freien Kästchen. Der Sender sendet zuerst telepathisch eine der vier Zahlen, dann einen der fünf Buchstaben (BAZOW), er wechselt während des ganzen Spiels Zahlen und Buchstaben ab.

Wenn Sie eine Gruppe telepathischer Meisterkönner haben, spielen Sie um ein Full house, das heißt alle Kästchen auf der Karte müssen mit Chips bedeckt werden.

Blink-Rommé

Eine Art paranormales Rommé, bei dem es darum geht, alle Karten abzulegen.

Spielregeln

1. Jeder Spieler erhält aus einem Pack regulärer Spielkarten fünf Karten.

2. Eine Person bleibt während des ganzen Spiels der Sender. Sie würfelt. Ungerade Zahlen bedeuten das Karo-As, gerade Zahlen das Treff-As. Der Sender legt die entsprechende Karte auf den Teleblinker – er nimmt sie aus einem anderen Pack oder benutzt gezeichnete Karten – und sendet etwa 20 Sekunden lang.

3. Hat ein Empfänger das Gefühl, daß das schwarze Treff-As gesendet wird, legt er eine schwarze Karte verdeckt ab. Wird nach seinem Eindruck das rote Karo-As gesendet, legt er eine rote Karte ab.

4. Der Sender gibt die richtige Farbe bekannt, und alle Spieler drehen ihre abgelegten Karten um. Jene Karten, die mit der telepathisch gesendeten Farbe übereinstimmen, bleiben auf dem Tisch. Die falschen Karten werden von ihren Spielern wieder aufgenommen.

5. Machen Sie weiter, bis ein Spieler alle Karten abgelegt hat. Dieser Spieler ist der Gewinner.

Paranormale Finesse

Können Sie Ihrem Partner stumm, mental das Bild einer bestimmten Spielkarte übermitteln? Wenn Sie das lernen, dürften

Ihnen in naher Zukunft einige interessante Bridgespiele gelingen.

Spielregeln

1. Zum Spielen brauchen Sie einen Pack von 52 Karten, Papier und Bleistifte.

2. Das Spiel kann von vier, sechs oder acht Personen gespielt werden.

3. Die Spieler bilden Paare. Nehmen Sie 8 Karten aus einem Kartenpack: As, König, Dame und Bube in den Farben Treff und Karo.

4. Die Sender – jeweils einer aus einem Paar – mischen die 8 Karten und legen die oberste auf den Teleblinker. Alle vier Sender versuchen gleichzeitig, ihre als Empfänger fungierenden Partner mental über die Karte zu informieren.

5. Die Sender absolvieren eine Runde von fünf Übermittlungen, sie senden jede Karte 15 bis 20 Sekunden lang.

6. Nach jeder Übermittlung mit dem Teleblinker müssen die Karten wieder gemischt werden.

7. Die Empfänger sagen nach jeder Übermittlung, welche Karte ihrem Eindruck zufolge gesendet wurde. (Notieren Sie die Karten, oder legen Sie Extrakarten bereit,die Sie herzeigen können.)

Wertung

1. Richtige Farbe   2 Punkte
   Richtiges Bild   4 Punkte
   Richtige Farbe und richtiges Bild   6 Punkte
2. Nach einer Runde von fünf Tele-Übermittlungen werden die vier Empfänger für fünf weitere telepathische Versuche zu Sendern. Das Paar mit der höchsten Punktzahl gewinnt.

Telepathisches Bridge

Bei dieser Art von Bridge sind jene Spieler im Vorteil, zwischen denen ein telepathischer Rapport besteht. Wenn es beim Bridge Momente gibt, wo ein Spieler gern die Unterstützung seines Partners hätte, dann natürlich beim ersten Anbieten. Und genau das ermöglicht telepathisches Bridge.

Spielregeln

1. Gespielt wird mit 52 Karten.
   2. Teilen Sie an die vier Spieler je 13 Karten aus. Bieten Sie gemäß der üblichen Bridgeregeln an.
   3. Wenn die Angebote gezeigt haben, welches Paar sich in der Defensive befindet, verläßt jener Partner des Defensivpaares, der nicht das erste Angebot gemacht hat, den Tisch und wird Sender am Teleblinker. (Stellen Sie den Blinker so, daß keiner der anderen sieht, welches Bild geblinkt wird.)
   4. Der Sender versucht, seinem Partner telepathisch eines von fünf Dingen zu signalisieren: Treff, Karo, Herz oder Pik anzu- bieten oder seine längste und stärkste Farbe.
   5. Als Teleblink-Material benutzt der Sender: Treff-Vier; Karo-Fünf; Herz-Sieben; Pik-Acht für die Farbe; und den Pik- König für seine längste und stärkste Farbe.
   6. Nach einer Telesendezeit von etwa 15 Sekunden wird das normale Spiel wieder aufgenommen.
   7. Hat der Empfänger keine Karten in der telepathisch über- mittelten Farbe, bietet er nach eigenem Urteil.

Blink-Poker

Die Karten werden bei diesem Spiel vom Sender telepathisch an alle Empfänger verteilt. Der Spieler, der paranormal die höchste ausgeteilte Karte empfängt, und zwar in der richtigen Reihen- folge der Übermittlung, hat die größte Chance, alle Einsätze zu gewinnen. Doch weil die Standardregeln des Setzens auch beim Fünf-Karten-Poker Anwendung finden, wird das verwirrende Element des Bluffens beibehalten.

Spielregeln

1. In diesem Spiel wählen Sie die Zahlen 1 bis 12 nach einem Zufallsverfahren. Wandeln Sie für den Zweck Ihre Drehscheibe um, oder numerieren Sie Karten, und mischen Sie sie, oder aber numerieren Sie Zettel, Chips oder Kronenkorken, die Sie in einem Sack schütteln. (Würfel eignen sich nicht, weil die Zahl eins die gleiche Chance haben muß, gewählt zu werden, wie die anderen Zahlen.)

2. Bestimmen Sie in einer beliebigen Weise, welcher Spieler der erste Sender ist und welcher als erster setzt. Die beiden Funktionen gehen dann im Uhrzeigersinn an die nächsten Spieler weiter.

3. Bestimmen Sie mit Hilfe der nachstehenden Tabelle, welche Zahlen jeweils für welche Kartenkombination gelten. Die empfohlenen Kombinationen unterscheiden sich deutlich voneinander. Stellen Sie die vier Kombinationen aus einem Kartenpack zusammen, und geben Sie sie dem Sender.

Drehscheibenzahl	Rang und Bezeichnung der Kartenkombinationen	Wahrscheinliche Häufigkeit der Kombination	Empfohlene Karten in den Kombinationen
12	Four of a kind	1	Viermal 4 und eine 7.
10 oder 11	Full house	2	Dreimal 8 und zweimal 3.
7, 8, 9	Flush	3	As, König, Bube, 5 und 2 von Herz oder Karo.
1, 2, 3, 4, 5, 6	Straight	6	10, 9, 8 von Pik, 7, 6 von Treff.

4. Der Sender bestimmt durch das Zufallsverfahren, welche Kartenkombination aus der obigen Tabelle zuerst gesendet

wird. Er legt die vorher zusammengestellten Karten auf den Blinker und sendet sie etwa 30 Sekunden lang rhythmisch. Er sollte sich auf die Kombination als Ganzes und auch auf die einzelnen Karten konzentrieren.

5. Jeder Empfänger schreibt die Bezeichnung der Kombination auf, die er telepathisch empfängt. Kein Spieler sollte den anderen verraten, was er empfangen und notiert hat.

6. Der Sender nimmt die erste Kombination vom Teleblinker. Er wiederholt das ganze Verfahren zweimal, macht also insgesamt eine Runde von drei telepathisch ausgeteilten Kartenkombinationen. (Natürlich kann bei dieser Dreierrunde die gleiche Kombination mehr als einmal an die Reihe kommen.) Der Sender schreibt die Bezeichnung der Kombinationen in der Reihenfolge des Telesendens auf, und jeder Empfänger notiert sie in der Reihenfolge, wie er sie telepathisch empfängt.

Einsätze

1. Jeder Spieler erhält oder kauft von der Bank Chips im Wert von 1 Mark.

2. Das Setzen beginnt, nachdem alle drei Kombinationen gesendet wurden.

3. Jeder Spieler setzt auf die höchste Kombination, die nach seiner Meinung verteilt wurde, ohne sich um die Reihenfolge des Empfangs zu kümmern. Er kreist diese Kombination auf seiner Dreierliste ein.

4. Das Setzen geht nach den normalen Pokerregeln weiter. Der erste Ansager beginnt beispielsweise, indem er 3 Pfennig setzt. Er kann natürlich passen (wenn sein Empfang schwach war). Der nächste Spieler hat drei Möglichkeiten: 1. Er hält entweder (d. h. er geht bei allen Steigerungen mit, die nach seinem vorausgegangenen Einsatz erfolgen), oder 2. er sagt an und steigert dann den Einsatz des vorigen Spielers, oder 3. er gibt auf. In dieser Weise wird weitergespielt, bis keiner mehr mitgeht und nicht mehr gesteigert wird. Wie beim regulären Poker ist es völlig legitim zu bluffen.

Gewinne

1. Wenn niemand mehr steigert, gibt der Sender die höchste Kombination (entsprechend vorstehender Tabelle, wo der Rang in absteigender Reihenfolge aufgeführt ist) bekannt, die er gesendet hat.

2. Hatte nur ein einziger Spieler die richtige, gewinnt er alle Einsätze, vorausgesetzt er war noch aktiv, das heißt, er hatte noch nicht aufgegeben.

3. Empfingen mehrere aktive Spieler die richtige Kombination, ist jener Gewinner, der sie in der richtigen Sendereihenfolge empfing (vergleichen Sie die Aufzeichnung des Empfängers mit jener des Senders).

4. Haben Sie noch immer ein „Unentschieden", teilen Sie die Einsätze gleichmäßig auf.

5. Empfing kein aktiver Spieler die höchste Kombination richtig, gehen die gesamten Einsätze an die Bank.

6. Gelang es einem Spieler, alle anderen Spieler auszubluffen, muß er natürlich seine Notizen nicht vorzeigen und gewinnt die gesamten Einsätze, ob er die Kartenkombinationen richtig empfangen hat oder nicht.

7. Der Sender erhält von der Bank 2 Chips für jeden Spieler, der eine Kombination in der richtigen Reihenfolge empfing, ob dieser Spieler noch aktiv war oder nicht. Als zusätzlichen Bonus bekommt er von der Bank 10 Chips für erfolgreiches telepathisches Senden von Four of a kind und 5 Chips für ein Full house, das jemand in der richtigen Reihenfolge empfing.

Paranormales Pferderennen

Spielregeln

1. Das Spiel wird mit einem Zifferblatt gespielt.

2. Jeder Spieler erhält oder kauft von der Bank Chips für 1 Mark.

3. Die Spieler wechseln als Sender ab, jeder führt ein Rennen durch.

4. Der Sender wählt nach dem Zufallsverfahren aus 12 Zahlen

die Nummer des Siegerpferdes. Er stellt den Stundenzeiger der Tele-Uhr auf die gewählte Nummer (der Minutenzeiger bleibt immer auf der 12 stehen), übermittelt die Nummer und *den Winkel der Zeiger* etwa 30 Sekunden lang.

5. Jeder Empfänger notiert die Nummer, die nach seinem Eindruck das Siegerpferd hat. (Unterteilen Sie ein Blatt Papier in drei Spalten: Sieg, Zweiter, Dritter.)

6. Der Sender wählt und sendet als nächstes die Nummer des zweitplazierten Pferdes, anschließend die des drittplazierten. Erhält er die gleiche Zahl mehr als einmal, versucht er es erneut, um verschiedene Pferde als Sieger und Plazierte zu bekommen.

7. Die Spieler können auf eines oder auf alle drei Pferde wetten, indem sie Chips auf die entsprechenden Spalten legen. Und sie können in jeder Kategorie (Spalte) auf mehr als ein Pferd wetten.

8. Nachdem alle Spieler gewettet haben, nennt der Sender die Nummern des Siegers, des Zweit- und des Drittplazierten.

Gewinne

1. Hat ein Spieler die Nummer des Siegerpferdes richtig empfangen, bezahlt ihm die Bank das Zehnfache seines Einsatzes.

2. Hat ein Spieler auf ein zweitplaziertes Pferd gesetzt und dieses siegt oder wird zweiter, bezahlt die Bank das Fünffache des Einsatzes.

3. Für den Einsatz auf ein drittplaziertes Pferd, das als erstes, zweites oder drittes einläuft, erhält der Spieler von der Bank das Dreifache der gesetzten Summe.

4. Alle falschen Einsätze gehen an die Bank.

5. Der Sender erhält von der Bank 4 Chips für jeden Empfänger mit der richtigen Siegernummer, 2 Chips für jeden Empfänger mit der richtigen Nummer des zweitplazierten Pferdes und 1 Chip für jeden Empfänger mit der richtigen Nummer des drittplazierten Pferdes.

Anmerkung: Paranormales Pferderennen kann auch mit einem Feld von 6 statt 12 Pferden gespielt werden. Benutzen Sie dann nur die rechte Seite des Zifferblatts der Tele-Uhr. Der Sender würfelt, um eine Zahl von 1 bis 6 zu bestimmen. Die Bank bezahlt die Hälfte des obigen Betrages, aber nicht weniger als einen Chip.

Wetten nach Ahnung

Übung im Vorhersagen der Sieger bei Pferderennen könnte Ihnen helfen, Ihre Gewinne auf der Rennbahn zu steigern. Das Spiel wird genauso gespielt wie das vorhergehende – nur daß es keinen Sender gibt. Hier ist Präkognition erforderlich, ähnlich wie bei der Vorhersage der Siegerpferde bei einem echten Rennen.

Spielregeln

1. Die Spieler setzen auf Nummern, die nach ihrem paranormalen Eindruck das Siegerpferd und die beiden nächstplazierten Pferde tragen werden.

2. *Nachdem* alle Wetten abgeschlossen sind, dreht irgendein Spieler dreimal die Drehscheibe oder bestimmt mit einem anderen Verfahren in drei Gängen die Nummern für das Siegerpferd, den Zweit- und den Drittplazierten und gibt die Nummern bekannt.

Gewinne

1. Spieler, die den Sieger richtig vorhersagen, erhalten von der Bank das Zwölffache ihres Einsatzes.

2. Richtige Wetten des Zweitplazierten erbringen das Sechsfache des gesetzten Betrages.

3. Richtige Wetten auf den Drittplazierten bringen das Vierfache des gesetzten Betrages.

Tip für Rennspiele: Als zusätzlichen Anreiz und vielleicht als besonderen Hinweis für die telepathische Übermittlung von Siegerpferden können Sie den zwölf (oder sechs) Pferden Namen geben. Wählen Sie Namen, die Ihnen gefallen – Namen von berühmten Pferden oder sogar von Personen, die Sie kennen.

Könnten Sie mit Hilfe von Telepathie den Dieb ausfindig machen, der Ihnen in einer überfüllten U-Bahn oder einem vollen Omnibus die Geldbörse oder Brieftasche geklaut hat? In diesem Spiel spielt der Sender die Rolle eines Zeugen, der den Taschendieb beim Stehlen beobachtet, aber Angst hat, ihn laut zu beschuldigen. Folglich können Sie Ihr Geld nur zurückbekommen, indem Sie telepathisch mit dem Geist des ängstlichen Zeugen Verbindung aufnehmen.

Die Beute

Jeder Spieler gibt einen Pfennig ab. Dies ist die Beute des Taschendiebs, sie wird bis zum Ende des Spiels beiseite gelegt.

Geschehensablauf

1. Bereiten Sie Zettel in der Zahl der Spieler vor. Schreiben Sie auf einen Zettel ZEUGE und auf einen zweiten TASCHEN-DIEB. Falten Sie alle Zettel zusammen, mischen Sie sie gründlich, und lassen Sie jeden Spieler einen ziehen.

2. Der Spieler, der den ZEUGE-Zettel gezogen hat, erklärt sich zum Sender. Der Taschendieb darf seine Identität nicht enthüllen.

3. Alle Spieler schreiben ihre Namen auf die gezogenen Zettel und geben sie dem Zeugen, damit dieser erfährt, wer der Taschendieb ist. Bedenken Sie, daß der Zeuge eine schüchterne Natur ist. Er kann die Opfer nur warnen, indem er intensiv an den Taschendieb denkt.

Auflösung des Verbrechens

1. Der Zeuge legt den Zettel mit dem Namen des Taschendiebs oder dessen Fotografie auf den Teleblinker. (Wenn Sie wollen, kann auch jeder Spieler vor Spielbeginn eine Zahl oder einen Buchstaben zugeteilt bekommen.) Der Zeuge versucht allen Empfängern den Namen des Taschendiebs zu übermitteln, er sendet etwa eine Minute lang.

2. Um keinen Verdacht auf sich zu lenken, muß der Taschendieb natürlich genauso handeln wie alle anderen Empfänger.

3. Nach Ende des Sendevorgangs schreibt jeder Spieler den Namen der Person nieder, die er für den Taschendieb hält.

Gewinne

1. Spieler, die den Taschendieb identifizieren, bekommen das Geld zurück, das ihnen gestohlen wurde.

2. Wenn mindestens ein Spieler den Dieb erkennt, bekommt der Sender seinen Pfennig zurück.

3. Der Taschendieb behält natürlich das Geld jener Spieler, die ihre paranormalen Kräfte nicht zur Dingfestmachung nutzen konnten.

Ein Ding drehen

Oft heißt es, wenn man Unrecht getan hat, läßt einen das innerlich nicht mehr zur Ruhe kommen – der Mörder kehrt an den Schauplatz des Verbrechens zurück. In diesem Spiel haben zwei Spieler ein Ding gedreht. Andere Spieler versuchen, sich auf ihr schlechtes Gewissen einzustimmen.

Spielregeln

1. Spielen Sie mit den Tele-Symbolen Fisch und Kleeblatt, dazu brauchen Sie Papier und Bleistifte.

2. Bereiten Sie Zettel in der Zahl der Spieler vor. Markieren Sie zwei Zettel mit einem X; falten und mischen Sie alle Zettel, und lassen Sie jeden Spieler einen ziehen. Das X bezeichnet die beiden Schuldigen. Diese müssen sorgfältig darauf achten, daß sie sich nicht verraten. Alle Spieler behalten ihre Zettel.

3. Ein Spieler nach dem anderen geht zum Teleblinker und sendet etwa 30 Sekunden. Die Schuldigen müssen telepathisch das Fisch-Symbol senden – Fisch »stinkt« leicht, darum fiel unsere Wahl auf ihn. Die unschuldigen Spieler senden das vierblättrige Kleeblatt, weil sie glücklich sind, ein reines Gewissen zu haben.

4. Nach jedem Sendevorgang schreiben die Spieler auf, ob sie den Eindruck haben, daß an dem Sender etwas faul ist, oder nicht.

5. Wenn alle gesendet haben, benennt jeder Spieler die beiden, die nach seinem Eindruck ein schlechtes Gewissen haben. Alle Spieler zeigen ihre Zettel, wodurch die beiden Schuldigen enttarnt werden. Jene Spieler, denen es gelang, auf den mentalen Wellen Schuldgefühle wahrzunehmen, können Punkte erhalten.

Ich zu dir, du zu mir

Können Sie Ihre ASW einschalten, um jemanden an Ihre Seite zu locken? Bei diesem Spiel versuchen Männer und Frauen einander telepathisch anzuziehen. Außerdem stimmen sich die Spieler auf diese besonderen Vibrationen ein, um nach Möglichkeit denjenigen herauszufinden, der ihnen mentale Aufmerksamkeit schenkt.

Spielregeln

1. Männer und Frauen trennen sich in zwei Gruppen. Die Männergruppe und die Frauengruppe wechselt beim Senden und Empfangen ab. Bei Spielbeginn verläßt als erster ein Mann das Zimmer. Er ist der Empfänger. Alle Männer fungieren der Reihe nach als Empfänger.

2. Teilen Sie jeder Frau eine Zahl zu. Bestimmen Sie durch Würfeln, welche Frau als erste sendet.

3. Die Senderin legt einen Zettel mit dem Namen des allein in einem anderen Zimmer sitzenden Mannes oder ein Foto von ihm auf den Teleblinker. Sie konzentriert sich ganz auf den Mann, ruft ihn im Rhythmus des Blinklichts mental zu sich. Sie stellt sich vor, wie er zu ihr kommt.

4. Die übrigen Gruppenmitglieder – Männer und Frauen – konzentrieren sich auf den Namen der sendenden Frau, nicht auf ihre männliche »Beute«.

5. Nachdem die Frau etwa eine Minute gesendet hat, geht sie

vom Teleblinker weg und gesellt sich wieder zu den anderen. Der Mann muß hereinkommen und zu der Frau gehen, von der er sich telepathisch gerufen fühlte.

6. Führen Sie Buch über die besten paranormalen Sender und über die Empfänger, die am öftesten sagen können, welcher Mann oder welche Frau paranormale Absichten auf sie hatte.

7. Lassen Sie am Ende des Abends die Gruppe über die gebührende Belohnung für die Besten entscheiden. Die erfolgreichsten paranormalen Sender wollen ihre Psi-Talente künftig vielleicht in Restaurants bei Kellnern einsetzen und schaffen es möglicherweise, deren Aufmerksamkeit schneller als üblich zu erregen.

10 Die Suche nach der Super-Energie

Der Gegensatz zwischen Geist und Materie wird heute nicht mehr als so unüberbrückbar betrachtet wie früher. Die in Ost und West betriebene Suche nach bisher unbekannten unerklärlichen Energien hat uns eine neue Weltsicht erschlossen – oder genauer gesagt: eine *kosmische* Sicht, denn allem Anschein nach besitzen unsere Materie-Geist-Verbindungen kosmische Dimensionen. Die Tatsache, daß wir uns zunehmend als Energiewesen in einem Meer von Energien sehen, bringt uns allmählich zu einer neuen Auffassung von unserer Natur; das Bild vom entfremdeten, isolierten Menschen, der eine Art Stottern der Natur ist, weicht langsam dem Bild vom Menschen, der mit allem in seiner Umgebung verbunden ist und durch alles beeinflußt wird, angefangen vom Gras unter seinen Füßen bis zu den Planeten über seinem Kopf. Die alte mystische Vorstellung, daß alles eins ist, bekommt ein immer festeres wissenschaftliches Fundament.

Wir haben es hier also mit einer zugleich ganz alten und sehr modernen Vorstellung zu tun. Immer wieder im Laufe der Geschichte behaupteten Menschen, sie hätten diese »andere Energie« entdeckt. Im alten China etwa hieß sie *Ch'i*, die postulierte energetische Grundlage der Akupunktur. Und im Prag von heute experimentiert man mit »psychotronischer Energie« und erforscht die fünfte physikalische Interaktion.

Folgende Aufstellung einiger früher Praktiker und späterer Energie-Entdecker gibt vielleicht einen Eindruck von der ungeheuren Spannweite dieses Phänomens:

Ch'i	Altchinesisch
Prana	Hindus

Mana	Ozeanische Kulturen und regional alteuropäisch
Lebenselixier	Alchemisten
Animalischer Magnetismus	Franz Anton Mesmer
Od	Carl Freiherr von Reichenbach
N-Strahlen	Professor Blondlot
X-Kraft	L. E. Eeman
Orgon	Dr. Wilhelm Reich
Prephysical energy	George de la Warr
Eloptic energy	T. Galen Hieronymus
Dielektrische biokosmische Energie	Dr. Oscar Brunler
Psychotronische Energie und Bioplasma	Verschiedene tschechische und sowjetische Forscher

Dies sind nur einige der berühmteren Ahnen. Die unbekannte Energie wurde noch von vielen anderen entdeckt, getauft und gewissermaßen großgezogen. Als Erkennungshilfe für die Energie mit den tausend Namen dienen bestimmte gemeinsame Eigenschaften, über die sich Wissenschaftler und Forscher weitgehend einig sind:

○ Sie durchdringt alle Dinge in größerem oder geringerem Maße.

○ Sie ist eine Begleiterscheinung von Sonnenlicht und wahrscheinlich auch anderen Lichtformen.

○ Sie hat ähnliche Eigenschaften wie bekannte Energieformen, ist jedoch eine eigenständige Energie. Sie ist eine Begleiterscheinung des Magnetismus, tritt aber auch unabhängig von diesem auf.

○ Sie ist polarisiert und kann von Spiegeln reflektiert werden.

○ Sie strahlt vom menschlichen Körper aus und ist insbesondere an Fingerspitzen und Augen zu beobachten.

○ Sie kann heilen oder, negativ benutzt, Lebewesen verletzen.

○ Sie kann durch Dinge wie Kupferdrähte und Seidenfäden geleitet werden.

○ Sie kann in unbelebten Materialien wie Wasser, Holz und sogar Stein gespeichert werden.

- Sie kann in Abhängigkeit von kosmischen Bedingungen und Wetterveränderungen in ihrer Intensität schwanken.
- Sie kann durch den Geist beherrscht werden.
- Sie kann über größere oder kleinere Entfernungen hinweg Ereignisse auslösen und geht in die Dynamik vieler paranormaler Phänomene ein.

Bei dieser »anderen« Energieform könnte es sich auch um jene Energie handeln, die viele mit außergewöhnlichen Kräften versehene Menschen dazu befähigt, Dinge zu bewegen, ohne sie zu berühren. Diesen sogenannten PK-Medien gelingt es angeblich auch, aus der Ferne mechanische und elektrische Vorrichtungen zu beeinflussen oder Magnettonbänder zu manipulieren.

Eine Ausnahmestellung in der PK-Forschung nimmt zweifellos die Russin Nina Kulagina (Nelja Michailowa) ein. Diese außerordentlich begabte Frau wurde von namhaften Forschern untersucht, und die mit ihr unternommenen PK-Tests erregten das Interesse vieler Wissenschaftler. Wenn es eine Kraft gibt, so sagten viele, die Vorrichtungen »medial« beeinflussen kann, sollte unsere technifizierte Gesellschaft sie unbedingt ausfindig machen. Handelt es sich bei der Kraft um eine andere Form von Energie? Können wir lernen, damit Maschinen aus der Ferne zu steuern? Was enthüllt sie uns über die Verbindung von Geist und Materie oder auch über das Heilen?

Bei wissenschaftlichen Versuchen in Leningrad gelang es Nina Kulagina angeblich, das Herz eines Froschs langsamer oder schneller schlagen zu lassen und schließlich auf Befehl zum Stillstand zu bringen. Das EKG des Froschherzens zeigte kurz vor dem Herzstillstand eine ähnliche Reaktion wie bei einem Elektroschock. Sowjetische Forscher behaupten, Nina Kulagina könne auch Menschenherzen beeinflussen; sie tat dies einmal in einem medizinischen Institut und verhalf so einem eingefleischten Skeptiker zu einem Erlebnis aus erster Hand. Außerdem kann sie auf ihrer eigenen Haut Blasen erscheinen und wieder verschwinden lassen, und auch bei anderen im Raum Anwesenden vermag sie aus der Entfernung dasselbe Phänomen hervorzurufen.

Im Frühjahr 1973 machte Benson Herbert mit ihr eine Reihe

wissenschaftlicher Versuche. Nach deren Beendigung lieferte er selbst seinen Arm Nina Kulaginas PK-Kräften aus. Er hatte dies schon früher einmal getan und ein Gefühl größter Hitze erlebt. Diesmal forderte er die Kulagina auf, den Arm nicht loszulassen, auch wenn er noch so sehr klage. Sie ergriff seinen Arm leicht über dem Handgelenk. Herbert begann starke Hitze zu spüren. »Mir ist natürlich klar«, sagte er später, »daß bloße Suggestion solche Effekte hervorbringen kann, einschließlich roter Flecken auf der Haut; doch es existieren umfassende experimentelle Daten, daß im Fall von Nina Kulagina der Vorgang objektiv ist . . . Es fühlte sich an wie scharfer physischer Schmerz, und ich mußte die Zähne zusammenbeißen, um das Experiment weiterführen zu können.« Nach etwa fünf Minuten kollabierte Herbert, er sank auf eine Couch, und die Kulagina ließ seinen Arm los.

Nina Kulagina hat ihre Kraft unter Kontrolle und setzt sie normalerweise nur positiv, also etwa zum Heilen, ein. Doch ihre Demonstration für Herbert zeigt, wie gefährlich es wäre, würde eine Person, die über eine derartige Energie verfügt, sie zum Schaden anderer anwenden.

Einige sowjetische Forscher benutzten die organische PK zu ungewöhnlichen Experimenten mit Biogeneratoren. Zwei chirurgisch entfernte Froschherzen wurden in einer Lösung am Leben erhalten. Dr. S. Saritschew und Dr. A. Nikandrow stellten in wiederholten Versuchen zwei halbkugelförmige Metallspiegel so auf, daß sie einander reflektierten. Dann wurden die Herzen so plaziert, daß sich eines im Brennpunkt einer Halbkugel und eines im anderen Spiegel befand. EKG-Geräte maßen die Herzschläge. Sowjetischen Berichten zufolge brachte das stärkere Herz binnen kurzem das schwächere unter seine Kontrolle. Es fand also organische PK oder Biokommunikation statt, als deren Folge ein Herz kräftiger schlug und das andere schwächer wurde. Dem Vernehmen nach untersuchen mehrere sowjetische Wissenschaftler diese Art einer grundlegenden organischen Beeinflussung aus der Distanz.

Dr. W. Puschkin vom Psychologischen Institut des Moskauer Pädagogischen Instituts, Dr. Viktor Adamenko und Eduard Naumow arbeiten daran, Menschen in PK zu schulen. Einer von Puschkins fähigsten Studenten, Boris Jermolajew, kann angeblich ein Buch in der Luft schweben lassen. Alla Winogradowa, eine Moskauer Kinderpsychologin, ist eine erfolgreiche Schülerin und hat bereits vielen Amerikanern ihre Fähigkeit demonstriert. Die Arbeit mit Alla und anderen vermittelte uns zahlreiche Erkenntnisse und erbrachte mannigfaltige Ideen für ein PK-Training. Hier einige davon, falls Sie sich selbst in PK schulen wollen:

Entspannen Sie sich zunächst, machen Sie am besten eine einfache Entspannungsübung. Rufen Sie dann in sich die Überzeugung hervor, daß Sie den Gegenstand bewegen können und bewegen werden. Bei dem Versuch ist eine Haltung lebhafter Erwartung hilfreich.

Beginnen Sie mit leicht beweglichen Gegenständen, die wenig wiegen und rollen. Die Russen verwenden oft Zigarrenröhrchen aus Leichtmetall. Auch eine Zigarette geht, ein Tischtennisball oder die Kappe einer Lippenstifthülse.

Machen Sie sich mit den Gegenständen vertraut, probieren Sie mehrere aus, wählen Sie dann jenen, der Ihnen am meisten zusagt, und arbeiten Sie einige Tage damit.

Legen Sie den Gegenstand, den Sie bewegen wollen, auf eine dielektrische Fläche. Die Russen benutzten einen Tisch aus einem transparenten Plastikwürfel. Natürlich können Sie auch eine etwa zweieinhalb Zentimeter dicke Platte aus Plexiglas oder anderem Kunststoff nehmen und auf kurzen, acht bis zehn Zentimeter hohen Beinen befestigen. Die Oberfläche muß trocken sein. Und beginnen Sie Ihren Versuch nicht bei feuchtem oder regnerischem Wetter.

Auch Ihre Haut muß trocken sein. Konzentrieren Sie sich darauf, durch Ihre Arme Energie in Ihre Finger zu lenken. Bewegen Sie die Hand über dem Gegenstand vor und zurück, seien Sie beharrlich. Alla Winogradowa brauchte einen ganzen Tag, bis sich ihr Gegenstand bewegte. Bei anderen dauert es länger.

Die Fähigkeit wird angeblich sehr gesteigert, wenn Sie mit bloßen Füßen arbeiten und geerdet sind, das heißt ein Drahtstück oder Metallkettchen, das Verbindung zum Boden hat, ums Handgelenk tragen.

PK-Lehrlinge werden mit zunehmender Übung besser. Wenn sich Ihr Gegenstand bewegt, sollten Sie probieren, die Bewegung zu steuern, also den Gegenstand ins Rollen zu bringen, ihn anzuhalten und herumzudrehen. Nehmen Sie dann schwerere und nichtrollende Gegenstände wie Streichhölzer, oder wechseln Sie auf normale Flächen wie Holztische über. Prüfen Sie, ob jemand anderer einen Gegenstand bewegen kann, nachdem Sie ihn »geladen« haben. Mehreren Amerikanern gelang es, Zigarrenröhrchen zu bewegen, nachdem Alla damit gearbeitet hatte.

Was Alla und andere in Rußland und auch im Westen gelernt haben, ist ein Anfang. Diese Menschen arbeiten zwar nicht auf dem gleichen Energie- oder Kraftniveau wie Naturtalente vom Schlage einer Kulagina, aber sie lernen zumindest die Beherrschung der elektrischen Kräfte des Körpers, vermutlich sogar mehr. Fast alle Beobachter, einschließlich der russischen Forscher, stellten fest, daß bei Allas PK-Form die Elektrostatik mitwirkt. Doch sie konstatierten auch, daß Alla sich darin trainiert hat, über die einfache elektrostatische Kraft hinauszugehen, und daß dann etwas anderes ins Spiel kommt. Gegenstände werden beispielsweise von ihren Händen nicht angezogen, sondern abgestoßen; und sie kann die Hand über zwei gleichen Gegenständen schwenken, dabei aber nur den ihrer Wahl bewegen, dann umschalten und den anderen bewegen. Alla lernt offenbar langsam die Anwendung einer Art Energie. Vielleicht können auch Sie es lernen.

Wie fühlt sich die Ausübung von PK an? Nina Kulagina steht dabei unter großem Streß und hat als Folge ihrer PK-Tätigkeit ernste gesundheitliche Probleme. Außerdem berichtete sie, daß sie genau wisse, wann sich der ins Auge gefaßte Gegenstand bewegen wird, weil sie dann Schmerzen habe und ihr Blutdruck steige.

Alla Winogradowa spürt, wie sich Energie in ihrem Solarplexus und manchmal in ihrer Braue sammelt. In einem von der Zeitschrift *Technika Molodjezi* veröffentlichten Interview erklärte sie: »Ich glaube, daß viele Menschen lernen könnten, diese Experimente zu machen. Voraussetzung ist, daß man seine Gedanken und seinen Körper unter Kontrolle hat. Vor allem muß man an die Möglichkeit glauben, und dadurch kann man auch Heilkräfte entwickeln. Ich spüre, wie sich die ganze Energie meines Körpers in einem Punkt konzentriert, und dann lenke ich diese Energie durch einen Willensakt in meine Fingerspitzen.«

Experimente mit Od

Im Jahre 1851 veröffentlichte Carl Ludwig Freiherr von Reichenbach, ein bekannter deutscher Industrieller, Chemiker und Naturphilosoph, der unter anderem das Kreosot entdeckte, in der *Augsburger Allgemeinen* eine Artikelserie über die »Od-Kraft«, die er als neu entdeckte Naturkraft beschrieb. Seine Artikel erregten in ganz Europa ungeheures Aufsehen, was Reichenbach auch bezweckt hatte. Er sagte, daß er diesen für einen Wissenschaftler ungewöhnlichen Weg beschreite, um an die deutsche Öffentlichkeit zu appellieren und sich gegen die Ungerechtigkeit der Fachgelehrten zu wenden, die einige seiner Feststellungen ablehnten, ohne sie zu untersuchen, die einfach ihre »Autorität« einsetzten statt eines Arguments oder Beweises, um eine von ihm gemachte wichtige Entdeckung zu verwerfen.

»Bitte, probieren Sie es selbst«, drängte Reichenbach immer wieder und beschrieb einfache Experimente. Später berichtete er, daß Hunderttausende seiner Aufforderung gefolgt und seine Feststellungen bestätigt hätten. Worum ging es all diesen Deutschen und später auch Franzosen, Engländern und Amerikanern in den Laborversuchen und den zu Hause durchgeführten Experimenten? Um eine flammende, farbige, neue Form von Energie – die Odkraft oder Odische Lohe. Reichenbach behauptete, er habe eine natürliche Energie entdeckt, die er nach dem deutschen Gott Odin, dem »Allesdurchdringenden«, *Od* nannte.

Od entströmt laut Reichenbach in größerem oder geringerem Maße allem: Menschen, Pflanzen, Metallen, Magneten, Kristallen, Sonnenschein und Mondlicht. Gleich anderen Kräften in der Natur ist Od polarisiert. Es gibt positives Od, das von rötlichgelber Farbe ist, und negatives Od von blauer Farbe. Wie beim Magnetismus oder bei der Elektrizität ziehen sich ungleiche Pole an und gleiche stoßen einander ab. Angeblich sind Sie auf Ihrer linken Körperseite od-positiv und auf Ihrer rechten Körperseite od-negativ. Positives Od, das Sie auf Ihre linke Hand leiten, fühlt sich lauwarm und irgendwie unangenehm an, weil gleiche Kräfte einander abstoßen. Negatives Od fühlt sich kühl und angenehm an, weil ungleiche Kräfte sich anziehen. Der umgekehrte Effekt tritt bei der rechten Hand auf. Doch die Empfindungen an der linken Hand scheinen viel stärker zu sein als jene an der rechten.

Das einzige Instrument, das Reichenbach besaß, um diese neue Energie nachzuweisen, war das menschliche Nervensystem. Er arbeitete mit Sensitiven, war jedoch kein Okkultist. Im Lichte der zeitgenössischen Forschung sieht es vielmehr so aus, als sei Reichenbachs sogenannte Odkraft irgendwie mit dem vor kurzem entdeckten Phänomen der Biolumineszenz verwandt. Mit Hilfe hochempfindlicher Photomultiplier entdeckten Wissenschaftler, daß alle Dinge, lebende wie nichtlebende, Strahlungen aussenden.

Menschen mit gesteigerter Empfindlichkeit können laut Reichenbach Od sehen und fühlen. Nach einer gewissen Schulung sei es möglich, sie zur Enträtselung der Wirkungsweise dieser Energie einzusetzen. Reichenbach war selbst kein Sensitiver, was ihn vielleicht zu einem objektiveren Experimentator machte. Doch Sensitive »gibt es massenhaft«, meinte er; etwa jeder dritte könne lernen, Od aufzuspüren. Seine ausführliche Liste mit Kriterien für Sensitivität – zum Beispiel Abneigung gegen Gelb, der Wunsch, im Theater oder im Restaurant immer am Gang zu sitzen, leichter Schlaf – könnte Ihnen helfen herauszufinden, ob es in Ihrer Umgebung Sensitive gibt. Der beste Weg dazu dürften jedoch Od-Experimente sein. Reichenbach erklärte, seine Sensitiven sähen aus den Fingerspitzen einen nicht leuchtenden Energiestrom austreten, wenn sie bei gedämpftem Licht die Arme und Hände vor einer dunklen Fläche ausstreckten. Heute behaupten viele Menschen, diesen Effekt zu sehen. Unter ihnen müßte es geeignete Kandidaten für ein Od-Experiment geben.

Od-Fühlen

Machen Sie alle Experimente mit der linken Hand. Die Anweisungen basieren auf den Erkenntnissen, die Reichenbach in Tausenden von Versuchen mit Hunderten von Versuchspersonen gewann. Er wiederholte im allgemeinen jeden Versuch fünfzig- bis hundertmal.

Legen Sie einen Stabmagneten über die Ecke eines Tischs. Führen Sie die linke Hand 5 bis 15 Zentimeter an das eine Ende heran, und halten Sie sie einige Minuten dort. Bringen Sie Ihre Hand dann in die Nähe des anderen Pols. Spüren Sie einen Unterschied? Der Südpol (od-positiv) sollte ihnen das Gefühl eines lauwarmen Lufthauchs vermitteln, der unangenehm ist und für den Arm immer ermüdender und ungesünder wird. Der Nordpol (od-negativ) vermittelt ein kühles, erfrischendes Gefühl.

Wenn Sie etwas spüren, drehen Sie den Magneten so lange herum, bis Sie nicht mehr wissen, welcher Pol welcher ist. Dann machen Sie den Versuch erneut, um festzustellen, ob Ihr Gefühl mehr ist als bloße Suggestion. Es ist wissenschaftlich erwiesen, daß manche Menschen Magnetismus spüren können.

Aber spüren Sie auch mehr als Magnetismus? Reichenbachs Sensitive stellten fest, daß Od immer eine Begleiterscheinung des Magnetismus ist, jedoch ebenfalls unabhängig von diesem auftritt, in nicht magnetischen Substanzen. Reichenbach verwendete längliche Bergkristalle, die er genauso plazierte wie den Stabmagneten. Das obere Ende des Kristalls fühlte sich für die linke Hand der Sensitiven kühl und angenehm an; das untere Ende, das im Boden eingebettet gewesen war, sandte einen lauwarmen, unangenehmen Hauch aus. Ein noch einfacheres Experiment besteht darin, etwa 10 Meter Kupferdraht von einem Zimmer in ein anderes zu führen. Während zufällig gewählter Zeiten faßt der Experimentator das Drahtende an. Der Sensitive, der das andere Ende hält, versucht zu spüren, wann Od strömt, das heißt, wann eine menschliche Hand Kontakt mit dem Draht hat.

Sonne, Mond und Wasser

Der Sensitive steht unter einem Baum im Schatten und reckt ein langes Glasrohr oder auch einen Holzstab ins helle Sonnenlicht. Das Ende des Rohrs oder Stabs in der Hand des Sensitiven fühlt sich angeblich nicht warm an, wie man angesichts der Sonne erwarten würde, sondern kühl: Mit der Sonne strömt negatives Od. Der umgekehrte Effekt tritt im Mondlicht auf. Machen Sie den gleichen Versuch bei Vollmond. Das Glasrohr oder der Stab müßte sich warm und ziemlich ekelhaft anfühlen. Ein Glas Wasser, das im Mondlicht stand, wird für einen Sensitiven abscheulich schmecken. Gläser mit Wasser können auch eine Zeitlang auf Od-Pole von Magneten und Kristallen gestellt werden. Der negative Pol erzeugt für Sensitive ein leichtes, schwach säuerliches, erfrischendes Getränk. Der positive Pol dagegen produziert ein Getränk, das laut Reichenbach gelegentlich sogar schwere Übelkeit hervorrief, wenn ein sehr empfindlicher Sensitiver es ganz hinunterkippte. Od sprudelt also über, es überträgt oder verlagert sich in andere Substanzen. Die Substanzen, zum Beispiel Wasser, erfahren laut Reichenbach dadurch keine chemische Veränderung, sondern nehmen einfach eine Ladung Od von gleicher Polarität auf.

Od-Sehen

Geduld ist unerläßlich, aber sie dürfte sich lohnen, wenn es Ihnen gelingt, in einem dunklen Raum Od spektakulär strahlen zu sehen. Reichenbach machte wiederholt nachdrücklich darauf aufmerksam, daß ein völlig abgedunkelter Raum Voraussetzung für die Versuche sei; keinerlei Licht darf eindringen, denn alle äußeren Einflüsse müssen ausgeschaltet werden, wenn man Od sehen will. Ein guter Sensitiver sollte nach einer Anpassungszeit der Augen von ungefähr einer Stunde etwas zu sehen beginnen, ein mittlerer Sensitiver nach zwei, drei oder auch erst vier Stunden. Was sehen die Sensitiven? Einer der Hauptgründe dafür, daß der berühmte Chemiker Reichenbach sich auf einem so ungewöhnlichen Gebiet abmühte, dürfte gewesen sein, daß so *viele*

Menschen aus ganz *verschiedenen* gesellschaftlichen Schichten die *gleichen* Dinge sahen.

Nehmen Sie einen Stabmagneten oder einen Kristall. Sensitive sehen angeblich eine rauchende, funkelnde Lichtflamme aufsteigen, blau aus dem od-negativen Pol und rötlich-gelb aus dem positiven Pol. Auch einen Hufeisenmagneten können Sie nehmen und mit den Enden nach oben halten. Als Reichenbach einen verwendete, dessen Anziehungskraft einen Zentner betrug, war seinem Bericht zufolge an der Decke schließlich ein zwei Meter großer Kreis beleuchtet, und die Lichtsäule »wurde als überaus schön und köstlich beschrieben«.

Reichenbach führte oft sonnenbestrahlten Kupferdraht von draußen in den verdunkelten Raum, und Sensitive sahen dann daran Lichteffekte. Wenn Sie einen Versuch machen wollen, befestigen Sie ein Stück Stanniolpapier oder Wolle an dem in der Sonne liegenden Drahtende, und bewegen Sie es aus der Sonne in den Schatten. Sieht im dunklen Raum jemand am anderen Ende eine Veränderung, oder spürt jemand eine mit der Hand?

Viele weitere Experimente lassen sich in dem abgedunkelten Raum durchführen. Sie können an ein Kristallglas schlagen oder eine Glocke läuten; Metalle oder ein Stück Kohle untersuchen; Od durch Materialien wie Glas, Kupfer, Seide leiten; chemische Reaktionen beobachten, Lösung, Auflösung, Aufspaltung; oder, was Reichenbach manchmal tat, eine Flasche Sekt entkorken und eine Phiole mit Jod öffnen.

Bei alledem treten angeblich Lichteffekte auf. Sagen Sie Ihren Sensitiven nicht, was zu erwarten steht. Sind Sie selbst der Sensitive, notieren Sie alle Reaktionen und vergleichen sie dann mit Reichenbachs Aufzeichnungen. Wenn Sie eine odische Flamme sehen, sollten Sie versuchen, sie abzulenken, mit einer anderen Flamme zu kreuzen oder darauf zu blasen.

Pflanzen und Menschen

Bringen Sie eine blühende Pflanze in Ihre »Dunkelkammer«. Reichenbach berichtet, daß ein berühmter Botaniker, der nur ein mittelmäßiger Sensitiver war, nach einer Zeitlang in dem dunklen Raum plötzlich ausrief: »Es ist eine blaue Gloxinie!«

Er hatte recht. Zuerst erscheint ein blasser grauer Nebel, dann wird das Licht heller, schließlich leuchten die Fortpflanzungsorgane und die Blüten der Pflanze sehr hell. Auch Menschen können im Dunkeln gesehen werden, anfangs als grauer Schein, dann als helleres Leuchten: Ihre rechte negative Seite schimmert bläulich und die linke Seite rötlich. Streichen Sie mit der linken Hand über die linke Körperseite eines Sensitiven; oder deuten Sie einfach mit den Fingern darauf; oder aber machen Sie Passes in der Luft. Angeblich tritt ein irgendwie unangenehmes Gefühl von Wärme auf. Der Sensitive zumindest müßte es spüren, wenn Sie auf ihn deuten. Tun Sie es im Dunkeln, oder stellen Sie sich bei Licht hinter ihn, und probieren Sie verschiedene Abstände aus, immer aber unter Beibehaltung der geraden Linie.

Od und die Himmelsrichtung

Der angenommene Energie-Effekt in Pyramiden scheint teilweise mit deren Ausrichtung zusammenzuhängen (siehe Kap. 11). Eine Entdeckung Reichenbachs könnte etwas damit zu tun haben. Bei der Untersuchung der aus einem Magneten flammenden rötlichen oder blauen Energie behaupteten gute Sensitive, sie sähen in dem Licht alle Farben des Spektrums, in der richtigen Reihenfolge, aber etwas gedämpft durch die vorherrschende Farbe des Pols. Reichenbach setzte dem Stabmagneten eine spitze Eisenkappe auf (der Magnet maß oben 2,5 Zentimeter im Quadrat). Die Flamme wurde schlanker und heller, doch das Farbenspektrum blieb erhalten. Daraufhin setzte Reichenbach dem Magneten eine Kappe mit vier vertikalen Zähnen auf, einen an jeder Ecke, und so gelang es ihm schließlich, die Farben zu trennen. Blau loderte von einem Zahn, von den anderen Zähnen loderten gelbe, rote und weißlich-graue Flammen. Als Reichenbach den Magneten umdrehte, gingen die Farben nicht mit den Zähnen mit, sondern hefteten sich in der gleichen Position an die neuen Zähne; mit anderen Worten: Blau leuchtete immer nach Norden, Gelb nach Westen, Rot nach Süden und Weiß-Grau nach Osten. Als Reichenbach mit einem elektromagnetischen Modell der Erdkugel experimentierte, erzielte er den gleichen Effekt, und die Farben hielten sich ebenfalls in der gleichen Position an andere Kompaßpunkte, Grün beispielsweise leuchtete im Nordwesten. Die Ausrichtung schien also deutlich das Verhalten von Od zu beeinflussen.

Obwohl viele Experimentatoren Reichenbachs Beobachtungen bestätigten, hatte die Welt wenig übrig für das von den Sensitiven aufgespürte Od; die Menschen waren zu fasziniert vom Wunder anderer Energien, die sich zu elektrischem Strom, Röntgenstrahlen oder Radiowellen entwickelten. Einiges aus dem Datenberg des Freiherrn läßt sich mit heute bekannten Effekten wissenschaftlich erklären. Doch manche seiner zahlreichen und komplexen Untersuchungsergebnisse könnten nach wie vor Hinweise auf die »andere« Energie beinhalten.

Viele Beobachtungen Reichenbachs gehören in paranormale Bereiche, vor allem natürlich das Aura-Sehen und das Heilen. Reichenbach glaubte, er habe die Heilwirkung der magnetischen Passes des berühmten Franz Anton Mesmer erklärt. Magneten würden genauso funktionieren, sagte er, weil die übertragene Kraft in Wirklichkeit Od sei.

Die tschechischen Psychotronik-Forscher untersuchen unter der Leitung von Dr. Zdenek Rejdak die magnetischen Passes oder Striche erneut. Was Reichenbach als Od bezeichnete, betrachten die Tschechen jetzt als etwas, das mit Bioplasma zu tun hat. Hypnose läßt sich durch verbale und nichtverbale Suggestionen bewirken. Laut einigen der tschechischen Forscher wird sie jedoch erst ganz verständlich, wenn man sie auch als Kraftübertragung ansieht. (Der Amerikaner Dr. Leonard Ravitz kommt aufgrund seiner Forschungen ebenfalls zu dem Schluß, daß die Hypnose als Kraftfeldeffekt verstanden werden könne.) Sie behaupten, daß Passes, bei denen angeblich ein wechselseitiger Austausch von Bioplasma stattfindet, eine dritte Methode zur Herbeiführung des Hypnosezustands seien. Der Psychotronik-Forscher Wladimir Masopust, der sich auf diese Art Hypnose spezialisiert hat, stellte die Behauptung auf, daß der Versuchsperson entweder Energie übertragen oder Energie entzogen werden könne, indem man Passes ausführe oder ihr die Hände in stromkreisähnlichen Positionen auf den Körper lege. Während eines Modellversuchs in magnetischer Induktion mit einem tschechischen Soldaten nahm dieser laut Masopusts Bericht 340 Gramm zu, während er selbst 360 Gramm verlor. Außerdem berichtet Masopust von gesteigerter ASW – Telepathie und Hellsehen – bei der Versuchsperson. Ob sich bei dieser Art von Hypnose die ASW an Intensität von dem manchmal bei regulärer Hypnose auftretenden Psi unterscheidet, bleibt zu prüfen.

Reichenbach glaubte auch, das Geheimnis des Rutengehens enträtselt zu haben, als er feststellte, daß die Reibung strömenden Wassers positives Od erzeugt. Er schulte Sensitive, mittels des Od-Fühlens unterirdische Wasseradern oder verborgene Metalle aufzuspüren.

Das Rutengehen

Heute, fast eineinhalb Jahrhunderte nach Reichenbach, ist das Rutengehen wieder im Kommen, es wird sogar »salonfähig«. Die amerikanische Regierung gab beim Wasserforschungslabor des College of Engineering der Staatsuniversität von Utah eine Studie über die Wassersuche mit der Wünschelrute in Auftrag, die positive Ergebnisse erbrachte. Angehörige des Marine Corps wandten in Vietnam das Rutengehen bzw. Dowsing mit Erfolg an. Erstmals wird in Amerika nun an einem Institut Dowsing gelehrt, und zwar am Edison Community College in Fort Myers, Florida. Auch Sowjetische Geologen lernen das Rutengehen und wenden es als nützliches Hilfsmittel in ihrem Beruf an. Große amerikanische Unternehmen geben jetzt zu, daß sie seit Jahren Rutengänger beschäftigen, um »verlorengegangene« Dinge wie unterirdische Kabel aufzuspüren. In Europa hat die Radiästhesie (der umfassende Begriff für alle Arten des Rutengehens und Pendelns) eine jahrzehntelange Tradition.

Das Rutengehen und seine verschiedenen Formen, vom einfachen Aufspüren unterirdischer Wasseradern über die medizinische Diagnose bis hin zu Randbezirken wie dem Ruten aus der Ferne anhand einer Landkarte, sind von größter Bedeutung für die Suche nach neuen Energieformen und für das Verständnis jener Effekte bekannter Energien, die man bisher als unerklärbar betrachtet hat.

Reichenbach kam zu der Erkenntnis, daß Rutengehen mit positivem Od zu tun habe, weil seine Sensitiven unangenehme und ungesunde Gefühle schilderten, wenn sie unterirdische Wasseradern oder Erzvorkommen lokalisierten. Berichte zeitgenössischer Forscher scheinen die Beobachtungen des alten Freiherrn zu bestätigen, zumindest was das Erd-Ruten anbelangt.

Die berühmte australische Rutengängerin Evelyn Penrose, die von der Regierung British Columbias offiziell bestätigt bekam, zur Erschließung der Bodenschätze in der Provinz beigetragen zu haben, wurde manchmal von einem Gefühl der Übelkeit erfaßt, wenn sie das Vorhandensein unterirdischer Vorkommen spürte.

Seit einiger Zeit werden in Europa, besonders in den deutschsprachigen Ländern, von namhaften Ärzten, Physikern und Geologen schädliche »Erdstrahlungen« untersucht. Das Tatsachenmaterial legt den Schluß nahe, daß bestimmte Reizzonen (Stellen, über denen die Rute ausschlägt) nachteilige Auswirkungen auf die Gesundheit von Pflanzen, Tieren und Menschen haben.

Auf einem Symposion, das 1970 in Prag von der Sektion für Psychotronik-Forschung der Gesellschaft für Angewandte Kybernetik veranstaltet wurde, stellten die beiden tschechischen Ingenieure Frantisek und Jiri Boleslav in groben Zügen ihre neuerliche Bestätigung der Reaktionen von Rutengängern auf magnetische und elektromagnetische Felder dar. Die beiden untersuchten auch Reaktionen der Rutler auf scheinbar unbekannte Wellen, die von unterirdischen Wasseradern ausgehen. Sie bezeichnen diese Wellen als WU (Wasser-Undulation) und betrachten sie, gleich anderen, als irritant. Die Boleslavs arbeiten an Möglichkeiten zur Blockierung der Reaktion auf diese Wellen. Mit anderen Worten, sie versuchen den Körper des Rutengängers abzuschirmen, so daß er nicht auf die unterirdischen Strahlungen reagiert. Einen Abschirmerfolg erzielen sie angeblich mit Drahtgeflecht und Ringen aus Kupferdraht. Mit Hilfe von Abschirmungen untersuchen sie die Dynamik des Rutengehens. Sie glauben jedoch, daß ihre Arbeit auch sehr praktische medizinische Nutzeffekte haben kann. Ihrer Ansicht nach könnte man nämlich einfache Abschirmungen entwickeln, um überempfindliche oder kranke Menschen vor irritierenden Umwelteinflüssen zu schützen.

Die Boleslavs arbeiten damit auf einem Forschungsgebiet, das sich in Europa ständig ausweitet: Untersuchung der Auswirkung atmosphärischer Veränderungen auf die menschliche Gesundheit (oft Bioklimatologie genannt) und des Einflusses der Erde unter uns auf unsere Körper. Reichenbach scheint also recht gehabt zu haben, als er folgerte, daß die Suche nach unterirdischen Wasseradern mit der Wünschelrute bei sensitiven Menschen zu einer Reizreaktion führt.

Die Anfertigung einer Wünschelrute

Am einfachsten läßt sich eine Rute aus Drahtkleiderbügeln herstellen. Biegen Sie zwei 86 Zentimeter lange Stücke Kleiderbügeldraht zu einer L-Form, und zwar so, daß die kürzeren Enden 20 Zentimeter messen. Nehmen Sie je ein Drahtstück in jede Hand, strecken Sie die 66 Zentimeter langen Teile nach vorn, parallel zueinander und in einem Abstand von 7 bis 8 Zentimetern. Diese Zeiger sollten entweder weit auseinanderschwingen oder sich über einer Reizzone zu einem X kreuzen.

Selber basteln können Sie auch eine Abart der Aurameter-Rute, die der bekannte kalifornische Rutengänger Verne Cameron schuf. Wie wir gehört haben, empfahl dieses Modell auch der deutsche Physiker Ottmar Stehle. Für die Rute brauchen Sie lediglich 1,20 Meter Kupfer- oder Aluminiumdraht mit einer Stärke von 1,5 – 1,6 Millimeter, einen zylindrischen Handgriff und ein kleines Gewicht, beispielsweise den Senker einer Angelschnur. Wickeln Sie den Draht um den Handgriff, bis nur noch etwa 45 Zentimeter übrig sind. Biegen Sie unterhalb des Griffs das Drahtende zu drei Spiralwindungen mit einem Durchmesser von etwa 5 Zentimetern (sie sollen aussehen wie eine lockere Feder), und befestigen Sie das kleine Gewicht am Drahtende.

Organisches Licht und Botschaften über Krankheit und Gesundheit

»Alles ist deshalb Licht, alles und jedes«, sagte Reichenbach einmal schwärmerisch angesichts der Berichte seiner Sensitiven. Auch den Wissenschaftlern ist seit mehreren Jahrzehnten bekannt, daß von allen Lebewesen ein blasses Licht, ein schwaches Leuchten ausgeht. Wir haben Sonnenschein, Mondenschein, Sternenschein – und jetzt auch Menschenschein. Hochempfindliche Fotomultiplier spüren diese Biolumineszenz auf. Es erscheint denkbar, daß dieses schwache Licht ein Teil dessen – wenn auch nicht alles – war, was Reichenbachs Sensitive entdeckten. Vermutlich waren sie, wie Dr. Shafica Karagulla es ausdrückt, Menschen mit höherer Sinneswahrnehmung.

Dr. Boris Tarusow und seine Kollegen von der Universität Moskau stellten fest, daß Pflanzen ihr Licht sogar regulieren können und für den verständigen Betrachter bedeutungsvolle Signale aussenden: Warnungen vor Krankheit und sogar Vorhersagen über zukünftige Ernteerträge.

Das von lebenden Dingen ausgehende Licht signalisiert innere Veränderungen. Auf etwas andere Weise signalisiert es anscheinend noch etwas viel Erstaunlicheres: Es trägt Informationen von einer Gruppe lebender Zellen *über Entfernungen* hinweg zu einer anderen Gruppe. Drei sowjetische Forscher fanden heraus, daß Zellen durch ultraviolettes Licht miteinander in Verbindung stehen; Krankheiten können durch Strahlen übertragen werden. Diese Entdeckung deutet auf die Möglichkeit hin, eines Tages Gesundheit durch Strahlung vorzuprogrammieren. Doch die Aufdeckung einer neuen Form der biologischen Kommunikation impliziert noch andere weitreichende Konsequenzen: Sie ist »ein wichtiger Schritt zur Ermittlung der Lebensgrundlagen«, erklärten Fachleute aus dem Ministerrat der UdSSR bei ihrer offiziellen Eintragung ins Staatliche Verzeichnis der Entdeckungen.

Vlail Kasnachejaw, Simon Schtschurin und Ludmilla Michailowa, die in der Wissenschaftlerstadt Nowosibirsk arbeiten, machten mehr als fünftausend Experimente, bevor sie ihre revolutionären Schlußfolgerungen zogen. Das Abenteuer begann, als sie zwei Gefäße mit Quarzböden hochkant aufstellten, so daß eine Quarzwand die lebenden Zellkolonien, die sich in den beiden Gefäßen befanden, voneinander trennte. Sie infizierten eine Kolonie mit einem Virus – die andere erkrankte fast gleichzeitig und erlag der gleichen Krankheit, *obwohl sie kein Virus infiziert hatte.* Irgend etwas übertrug das Krankheitsmuster auf die gesunden Zellen; es mußte sich um einen neuartigen Krankheitsträger handeln, eine Art Strahlung.

Unter Verwendung von Quarzbehältern, die nur für ultraviolette Strahlen durchlässig sind, probierten die Forscher verschiedene Mittel zum Abtöten einer Zellkolonie aus: tödliche Strahlung, chemische Gifte, weitere Viren. Jedesmal erkrankte die unbehandelte Schwesterkolonie ebenfalls und zeigte die *gleichen* Symptome. Nicht nur irgendwelche Schädigungen wurden übertragen, sondern die gleiche Krankheit. Allem Anschein nach können Zellen aus der Ferne auf Krankheit programmiert werden.

Natürlich ist es ein gewaltiger Schritt von Zellkolonien zum menschlichen Körper, aber die sowjetischen Wissenschaftler glauben, daß das gleiche Kommunikationsprinzip hier wie dort existiert. Eine leuchtende Zukunft für die Diagnostizierung von Krankheiten vor dem Sichtbarwerden von Symptomen eröffne sich damit, meinen sie, weil verschiedene Krankheiten verschiedene Muster ausstrahlen. Auch Möglichkeiten für neue Wege zum Stoppen einer Krankheit, ohne daß man den Körper aufschneiden oder vergiften muß, könnten sich auftun. Mittels Bestrahlung ließe sich der Strom von Photonen unterbrechen, die Träger der tödlichen Information sind. Es wurden bereits chemische Präparate gefunden, die das »Weitersenden« bestimmter Krankheiten unterbinden. Vermutlich haben Sie ein solches Präparat sogar zu Hause – es ist ein Mittel, das aus der alten Hexenhasel- oder Zaubernuß gewonnen wird: Aspirin.

Die drei Forscher konzentrierten sich auf Wellen, die Krankheitsdaten übertragen; doch Strahlen könnten auch Träger andersgearteter Informationen sein. Vielleicht sind die Emanationen Bestandteil der grundlegenden physikalischen Prozesse, die beim Geistheilen und Handauflegen ablaufen. Psi-Forscher haben festgestellt, daß zwar vom Heiler wirklich Energie auf den

Patienten überzugehen scheint, daß aber diese Energie nicht ausreicht, um direkt eine Heilung zu bewirken. Möglicherweise, so meinen sie, überträgt die Energie *Informationen*, die den Körper entsprechend programmieren helfen, so daß er sich selbst heilt. Vielleicht fließen die »Botschaften« von Heilern teilweise auf ultravioletten Strahlen zum Patienten, vielleicht auf einer anderen Art von Strahlung. Wie dem auch sei, man darf zumindest annehmen, daß von den drei sowjetischen Forschern ein neues Kommunikationsprinzip entdeckt worden ist.

Ausgehend von diesem wissenschaftlich belegten Grundgedanken erscheinen die Behauptungen vieler Esoteriker und unorthodoxer Wissenschaftler, daß Vibrationen bzw. verschiedene Frequenzen etwas mit Krankheit und Gesundheit zu tun haben, in einem ganz neuen Licht. So versucht man zum Beispiel bei der Farbtherapie, bestimmte Krankheiten zu heilen, indem man den Körper mit spezifischen Lichtfrequenzen, das heißt Farben, bestrahlt.

Weit umfassender war die medizinische Perspektive des verstorbenen großen Sehers Edgar Cayce. Er sprach oft davon, daß man die Kräfte oder Vibrationen im Körper aufeinander einstimmen müsse, um die Gesundheit wiederherzustellen. Und er erklärte wiederholt, daß zwischen dem Geist und diesen inneren Energien eine starke Wechselbeziehung bestünde: »Heilung jedweder Natur bedeutet die Veränderung der Vibrationen von innen – die Einstimmung des Göttlichen im lebenden Gewebe eines Körpers auf schöpferische Energien . . . Ob dies durch die Anwendung von Drogen, das Skalpell oder was sonst erreicht wird, es bedeutet die Einstimmung der Atomstruktur der lebenden Zellkraft auf ihr spirituelles Erbe.«

Cayce verordnete häufig die Vibrationen oder Emanationen einer bestimmten Substanz, zum Beispiel Gold, wegen ihrer Heilwirkung. Das Gold wird dabei nicht etwa geschluckt, sondern seine »Emanationen« werden dem Körper übertragen.

»Ich bin Franziskanernonne, habe aber das Habit und gleichzeitig auch das Brett vorm Kopf abgelegt.« Mit dieser launigen Bemerkung beginnt Dr. M. Justa Smith oft ihre Vorträge vor Wissenschaftlern und Laien, die sich für Psi interessieren. Schwester Justa ist nicht nur eine Nonne im modernen Gewand, sie ist auch mit den Belangen der heutigen Naturwissenschaft vertraut. Sie hat zwei akademische Grade, einen in Mathematik, den anderen in physikalischer Chemie, ist Doktor der Biochemie und arbeitet am Roswell Memorial Institute, einem der angesehensten Forschungszentren Amerikas. Schwester Justa hat auf der Suche nach neuen bzw. bisher unbekannten Energien zwei groß angelegte Versuchsreihen durchgeführt. Die eine Reihe kann als Modell für eine ernsthafte wissenschaftliche Einstellung zu Geistheilern gelten; die zweite hat vielleicht noch unmittelbarere Bedeutung für uns alle, denn sie betrifft unsere Nahrung.

Schwester Justa hatten die Experimente von Dr. Grad mit dem Heiler Oskar Estebany beeindruckt, der die Genesung verletzter Mäuse durch Handauflegen beschleunigen konnte. Grad hatte auch festgestellt, daß die Flüssigkeit, die Estebany in einer verschlossenen Flasche zwischen den Händen gehalten hatte, Pflanzen zu rascherem Wachstum anregte. Von den Händen des Heilers schien also etwas auszugehen, das gesundes Wachstum förderte, und dieses Etwas konnte durch die Flüssigkeit übertragen werden.

Die meisten Biochemiker versichern, daß alle Stoffwechselreaktionen in einer Zelle durch spezifische Enzyme katalysiert werden. Solange die Enzyme sich richtig verhalten, funktioniert die Zelle einwandfrei. Schwester Justa sagte sich, wenn von Estebanys Händen tatsächlich heilende Wirkung ausgehe, müsse das auf dieser grundlegenden Enzym-Ebene festzustellen sein.

Sie lud Estebany in ihr Labor ein und forderte ihn auf, die Hände um verschlossene Flaschen mit Trypsin zu legen, einem Enzym, dem ihre Doktorarbeit gewidmet war. Nach sorgfältigen Untersuchungen des »behandelten« Enzyms mittels der Spektralphotometrie gelangte sie zu dem Schluß, daß Estebany tatsächlich etwas »von sich gab«. Er war fähig, ein Enzym zu beeinflussen, konnte die Aktivität von Trypsin meßbar steigern. Interessanterweise hatte die Wirkung von Estebanys Handauflegen verblüffende Ähnlichkeit mit der Wirkung eines starken Magnetfeldes auf die Enzymlösung. Doch um Estebanys Hände ließ sich keinerlei Magnetismus aufspüren.

Man kann nur schwer der Versuchung widerstehen, hier an Carl Ludwig von Reichenbach zu erinnern. Aber Schwester Justa denkt in zeitgenössischen Begriffen und hielt sich lieber an die Äußerung des berühmten Dr. Michael Polanyi, daß das Leben durch die derzeit bekannten Wirkungsweisen physikalischer und chemischer Gesetze nicht erklärt werden könne, und fragte, daran anknüpfend: »Spielt er vielleicht auf ein unbekanntes Kraft- oder Energiefeld an, das wahrnehmbar, aber nicht meßbar ist und dessen Existenz abgestritten wird, weil man es bis jetzt nicht zu erklären vermag? Vielleicht bezieht sich Polanyi auf ein ›Psi-Feld‹?«

Schwester Justa untersuchte schließlich drei weitere Geistheiler, und diese waren ebenfalls fähig, die grundlegende Aktivität von Enzymen zu beeinflussen. Wie sich zeigte, werden verschiedene Enzyme durch Heiler auf verschiedene Weise beeinflußt, aber stets in einer heilenden, der Gesundheit eines Organismus dienlichen Richtung. Damit war ein stichhaltiger Beweis erbracht dafür, daß von einem echten Heiler mehr ausgeht als bloße Suggestion.

Lebende und »tote« Nahrung?

Lebende Nahrung ist besser als tote! Die Debatte über die Vor- und Nachteile natürlicher Nahrung im Vergleich zu konservierten Lebensmitteln, natürlichen Vitaminen im Vergleich zu synthetischen Präparaten, organischen Gartenbaus im Vergleich zu Gartenbau mit chemischen Düngemitteln ist heute voll im Gange, und auch zu dieser Diskussion konnte Schwester Justas Arbeit einen Beitrag leisten.

Befänden Sie sich in ihrem Labor, und sie würde Ihnen eines von mehreren runden Bildern mit der Frage vorlegen, was es darstelle, würden Sie vielleicht sagen: »Ein Sonnendurchbruchs-

Mandala in gedämpften Farben.« Beim zweiten Versuch würden Sie vielleicht auf eine Indianerzeichnung tippen, denn die vom Mittelpunkt ausgehenden Strahlen ähneln Federn mit braunen Spitzen. Auch falsch. Das Bild ist ein Chromatogramm von natürlichem Vitamin C.

Schwester Justa stellte eine ganze Sammlung solcher Bilder her, als sie die Arbeit von Dr. Ehrenfried Pfeiffer weiterführte, der in den fünfziger Jahren einen deutlichen Unterschied zwischen natürlichem und synthetischem Vitamin C gefunden hatte. Mit »deutlich« meinen wir, daß *jedermann* den Unterschied zwischen Chromatogrammen der beiden Vitamin-Arten sieht. Pfeiffer wandte ein chemisches Analyseverfahren an, das als Papier-Chromatographie bezeichnet wird. Grob gesagt, wird dabei eine wasserlösliche Substanz langsam durch spezialbehandeltes rundes Papier gefiltert, auf dem ein Farbmuster entsteht.

Wie sieht synthetisches Vitamin C aus? Ein matter Kreis aus zwei Ringen. Nach der Wiederholung von Pfeiffers Arbeit versuchte Schwester Justa den Unterschied zu definieren, den sie gefunden hatte, wobei sie davon ausging, daß es in der gesamten Natur ein ordnendes Prinzip oder Muster gibt. Vitamin C in natürlichem Zustand enthält selbstverständlich Bestandteile, die bei der Isolierung von Ascorbinsäure ausgeschieden werden. Dazu gehört, wie Schwester Justa feststellte, auch das teilweise für das schöne Muster verantwortliche Proteinenzym. Was sonst noch im Spiel ist, bleibt zu prüfen.

Schwester Justa und ihre Mitarbeiter verwendeten zwei frische grüne Gemüsepflanzen für die Chromatogramme, und das strahlende zarte Muster erschien. Sie testeten vier bekannte »Frühstücksgetränke« mit Fruchtgeschmack, und matte Kreise aus einem oder zwei Ringen entstanden. Dann versuchten sie es mit gefrorenem reinem Orangensaft, und wieder erhielten sie das Sonnendurchbruchsmuster. Die Werbeleute, die ihren »Sonnentrank« anpreisen, haben damit also gar nicht so unrecht. Schwester Justa analysierte organischen Kompost und erhielt eine Vielzahl sehr schöner Bilder in zarten grünen, braunen und blauen Tönen, die Mandalas ähneln und zweifellos den ästhetischsten Anblick von Dünger bieten.

Es scheint also ein Muster zu geben, das wir als natürliches oder lebendes Muster bezeichnen können. Die Natur hinterläßt auf ihren Produkten offenbar ihre charakteristische Handelsmarke. Diese verschwindet, wenn wir den Produkten etwas entnehmen. Doch was geschieht, wenn wir etwas hinzufügen? Schwester Justa fügte natürlichem Vitamin C die Konservierungsstoffe BHT und BHA bei. BHT löschte den Sonneneffekt ganz aus und ließ nur einen tellerähnlichen Kreis übrig, BHA machte das Muster viel schwächer.

Es besteht also ein Unterschied zwischen natürlicher und konservierter Nahrung oder natürlichen und synthetischen Vitaminen, das beweisen diese Experimente. Ob dieser Unterschied nun gut oder schlecht ist, kann niemand sagen; es muß weitergeforscht werden, bevor man darüber eine wissenschaftlich fundierte Aussage formulieren kann.

Auf die Frage, warum Pfeiffers umfassende Forschung weitgehend ignoriert wurde und wird, antwortete Schwester Justa: »Der Grund dafür könnte Dr. Pfeiffers ziemlich mysteriöse, nicht physikalische Erklärung des Unterschieds zwischen organischer und anorganischer Materie sein, den wir mit den Chromatogrammen demonstrierten. Er behauptete schlicht, der Unterschied sei auf die ›Lebenskraft‹ zurückzuführen, und entschuldigte sich weder für den Ausdruck, noch versuchte er ihn zu erläutern.«

Chromatogramme sind relativ einfach herzustellen und leicht zu bewerten. Man kann sie auch zu Hause machen, doch absolute Sauberkeit ist Voraussetzung für gute Resultate, und das spricht natürlich eher zugunsten des Labors.

Das von Dr. Pfeiffer entwickelte chromatographische Verfahren ist in der Zeitschrift *Bio-Dynamics* vom Frühjahr 1959, Nr. 50, beschrieben.

Einen wichtigen Beitrag zur Enträtselung der Geheimnisse der natürlichen Energien hat auch Dr. Nikolai Kozyrew geleistet, der zu den führenden sowjetischen Astrophysikern zählt. Er hat eine ›neue Energie« entdeckt, die er ganz einfach »Zeit« nennt. »Die Zeit verbindet uns und alle Dinge im Universum«, sagt Dr. Kozyrew, und seiner Ansicht nach ist Zeit eine *Energie,* die das Phänomen Leben auf der Welt erhält. Im Gegensatz zu vielen anderen Energie- und Zeittheoretikern vermag Dr. Kozyrew seine Idee experimentell zu demonstrieren.

Die von ihm entwickelte Weltsicht bietet Raum für die angeblich so paranormale PK und sogar für die Levitation. Kozyrew glaubt, daß diese und andere Psi-Manifestationen sich durch das Verständnis der Energie »Zeit« erklären lassen, einer Energie, die sich nicht fortpflanzt, sondern sofort überall vorhanden ist. Mehrere amerikanische Psi-Wissenschaftler versuchen, Kozyrews Theorien bei ihren Forschungen zu berücksichtigen. Das Paraphysical Laboratory in England hat Experimente durchgeführt, die Kozyrews Feststellungen zu bestätigen scheinen.

Auch bei dem Phänomen der Biogravitation, einer vom Menschen erzeugten fluktuierenden Kraft, spielt der Faktor Zeit eine diffizile Rolle. Bei der Untersuchung von PK-Medien wie Boris Jermolajew bediente sich Dr. A. P. Dubrow aus Moskau der Einsteinschen Relativitätstheorie, um zu postulieren, daß bestimmte Typen von Hirnaktivität die Fähigkeit besitzen, Raum zu krümmen, so daß er der Krümmung eines Gegenstands entspricht. Einige sowjetische Wissenschaftler stellen im Hinblick auf die Biogravitation angeblich bereits zwei Überlegungen an: Sie kann eine grundlegende Lebenskraft sein, die es komplexen Organismen ermöglicht zu funktionieren; *sie kann aber auch die materielle Form menschlicher geistiger Aktivität sein.* Gelänge es Dubrow und seinen Kollegen, ihre Theorie zu beweisen, kämen wir der Lösung des Rätsels PK auf die Spur. Wichtiger noch: Die Theorie würde dann aufzeigen, wie der menschliche Geist die materielle Welt unmittelbar zu verändern vermag.

11 Die Pyramide
im Dienste des Kosmos

Die vielen Forscher und Wissenschaftler, die im Laufe der Jahrhunderte jeden Zoll der monumentalen Cheops-Pyramide untersuchten und vermaßen, hatten alle Hände voll zu tun, um die geometrischen, mathematischen und astronomischen Wunder des Bauwerks zu katalogisieren. Wir wissen nicht, ob einer von ihnen sich die Zeit genommen hat, seine stumpfe Rasierklinge in die Grabkammer des Königs zu legen und zu prüfen, ob und was damit passieren würde. Doch in einem gewaltigen Heer maßstabgetreuer, genau eingeordneter Pyramidenmodelle, die ganz Europa und die Vereinigten Staaten erobert haben, liegen unzählige dieser mattblauen Klingen. Und wenn sich auch die Fachleute nach wie vor nicht darüber einig sind, welches Ziel die altägyptischen Architekten mit der Bauform Pyramide verfolgten – unsere heutigen »Baumeister« sind auf der Suche nach der »Pyramidenenergie« (die sich vielleicht sogar aus mehreren Energien zusammensetzt), die offenbar stumpfe Rasierklingen wieder scharf machen, Verderbliches frisch halten und, wie behauptet wird, eine Reihe anderer ungewöhnlicher Effekte hervorrufen kann.

Den amerikanischen Wissenschaftlern ist natürlich klar, genau wie ihren Kollegen in der Tschechoslowakei, von denen das derzeitige Forscher-Interesse an Pyramiden ausgelöst wurde, daß Pyramiden als Rasierklingenschärfer eine verrückte Idee sind. Doch die meisten versichern, daß das Cheops-Modell ein gutes Experimentalwerkzeug zur Erforschung »anderer« Energien ist – die von den Tschechen und von einigen Amerikanern »psychotronische Energien« genannt werden. Auch für häusliche Versuche eignet sich die Pyramide ausgezeichnet, denn sie läßt sich leicht herstellen und die Arbeit mit ihr erfordert vom Experimentator keine paranormalen Fähigkeiten: Sie brauchen nur vier Kartondreiecke zusammenzukleben, und schon nennen Sie ein zumindest nützliches, wenn auch eigenartiges Haushaltsgerät Ihr eigen.

Maßstabgetreues Modell der Hemisphäre; greifbarer Ausdruck von Psi; der goldene Schnitt oder die Lehrsätze des Pythagoras; ein Kalender, der das Jahr bis zu einer Toleranz von 0,2422 eines Tages anzeigt usw. usw. – eine Zusammenstellung all dessen, was die Cheops-Pyramide angeblich sein bzw. repräsentieren sollte, würde ein dickes Buch füllen. Peter Tompkins zeichnet in seinem Werk *Cheops* die jahrhundertelange Erforschung der Pyramide nach und erläutert das verblüffende mathematische Verständnis, das sie nach übereinstimmender Ansicht der heutigen Wissenschaftler verkörpert. Differieren die ursprünglich 147 Meter hohen Seitenwände in ihrer ganzen Länge doch nie mehr als 20 Zentimeter, und das 5 Hektar Fläche bedeckende Fundament weicht nur um wenig mehr als einen Zentimeter von der vollkommenen Geraden ab. Und Dr. Livio Catullo Stecchini, eine Autorität auf dem Gebiet alter Messung, liefert zusätzliche, millimetergenaue Angaben. Tompkins' Buch sei daher allen Lesern empfohlen, die mehr über die Hintergründe des Pyramiden-Mysteriums wissen wollen.

Eine von uns beiden hatte zwar die Cheops-Pyramide schon auf einem Kamel umrundet, aber über die Energetik von Pyramiden begannen wir erst nach unserem Besuch in Prag und unserer Begegnung mit Ingenieur Karel Drbal nachzudenken. Drbal initiierte einen großen Teil der gegenwärtigen Pyramidenforschung und erhielt 1959 sogar ein Patent (Nr. 91304) für seinen Pyramiden-Rasierklingenschärfer, der natürlich nur ein Nebenprodukt seiner eigentlichen Arbeit war, aber für den Hobby-Experimentator von einiger Bedeutung ist, worauf wir noch zurückkommen werden. Drbals Interesse gilt hauptsächlich der Untersuchung ungewöhnlicher Strahlungen und der sogenannten »Körper-Wellen«, mit denen sich europäische Radiästheten schon lange befassen.

Er schilderte uns kurz, wie er sich die Experimente des Franzosen Antoine Bovis zunutze gemacht hatte. Seinem Bericht zufolge hatte der mit einer guten Beobachtungsgabe gesegnete Bovis bei Untersuchungen der Cheops-Pyramide bemerkt, daß kleine Tiere, die in das Bauwerk geraten und verhungert waren, dort nicht, wie man erwarten würde, verwest, sondern vertrocknet und zu Mumien geworden waren. Mumien und Pyramiden regten Bovis zu einem Experiment an, das er nach seiner Rückkehr in Frankreich durchführte. Er baute ein maßstabgerechtes Modell der Cheops-Pyramide und legte eine tote Katze hinein, und zwar in die Mitte der Pyramide und etwa in ein Drittel Höhe, was der Lage der Grabkammer des Königs entspricht. Nach einiger Zeit war sie dehydriert und mumifiziert. Das gleiche geschah mit totem Fisch und anderen organischen Stoffen, die sich normalerweise schnell zersetzen. Bovis folgerte, irgend etwas an Form und Ausrichtung der Pyramide müsse die Verwesung verhindern und eine rasche Dehydrierung bewirken.

Andere Europäer, allen voran eben Drbal, griffen Bovis' Pyramidenarbeit auf. Ihnen schlossen sich etwas später Nordamerikaner an, die nun nach neuen Anwendungsmöglichkeiten der Pyramide forschen, Metallplatten damit zu laden versuchen und ihre Wirkung auf verunreinigte Tanks testen. Von dem interessanten Gebiet ließ sich auch John B. Boyle aus Detroit fesseln. Er begann eigentlich als Freizeit-Experimentator, doch die Pyramiden faszinierten ihn bald dermaßen, daß er die Astral Research Co. gründete; sie bringt Experimentalpyramiden auf den Markt und ermöglicht ihm seine immer weiter ausgreifenden Untersuchungen von Energien, die mit geometrischen Körpern verknüpft sind.

»Wir befanden uns sofort in einer äußerst glücklichen Lage, da wir aus der ganzen Welt Briefe von Menschen aus allen Schichten erhielten«, sagte uns Boyle. »Neue Informationen, Theorien und Ideen flossen uns schnell und reichlich zu. Wir wurden von Astronomen, Astrologen, Mathematikern, Physikern, Philosophen und potentiellen Erfindern angeschrieben.«

Ottmar Stehle beispielsweise, ein deutscher Wissenschaftler, der aufgrund eines Stipendiums der National Academy of Science bei der NASA war, besuchte Boyle vor seiner Rückkehr nach Berlin. Stehle meinte, Pyramiden seien geometrische Gebilde, die Kraftfelder fokussieren; genau das geschieht auch bei Fernsehantennen. Stehle, den wir ebenfalls kennenlernten, sieht ganz nach einem Erfolgskandidaten in Sachen »andere« Energien aus. Denn er ist nicht nur ein seriöser Wissenschaftler, sondern zugleich ein begabter Rutengeher und kennt sich aus auf dem Gebiet der Radiästhesie.

Inzwischen erwies sich in Kanada Eric McLuhan als ebenso originell und zukunftsorientiert wie sein berühmter Vater, der Medien-Experte Marshall McLuhan. Aber während der ältere McLuhan sich für das Medium als solches interessierte, konzentrierte sich der jüngere ganz auf das Medium Körper, insbesondere die Pyramide. Während seiner Lehrtätigkeit an der Universität von Wisconsin und dann am Fanshawe College in London, Ontario, gelang es ihm, die schärfende und mumifizierende Kraft der Pyramidenform zu bestätigen; seither versucht er, Fachleute aus zahlreichen Wissenschaftsgebieten für das Studium dieses Phänomens zu gewinnen.

McLuhan, durch und durch Generalist, ist der Ansicht – und wir pflichten ihm darin bei –, daß nur interdisziplinäre Versuchsreihen das Pyramidenrätsel lösen können. Was dem Ägyptologen entgehen muß, das bemerkt vielleicht der Ingenieur; was ein Experte für Kristallographie übersehen mag, das könnte ein Musiker entdecken. McLuhan zeigte einem Ingenieur für Akustik die Grundrisse einiger Pyramiden: »Der Plan sieht ja genauso aus wie ein Lautsprechersystem«, lautete dessen spontane Reaktion.

Pyramiden waren zweifellos Grabstätten – aber was waren sie darüber hinaus? Laut McLuhan bedeutete der Bau der Cheops-Pyramide für das pharaonische Ägypten ein Unternehmen von gleichen Ausmaßen, wie es das Weltraumprogramm für die Vereinigten Staaten ist.

Nachdem er und mehrere andere Wissenschaftler mit verschiedenen Pyramidenmodellen experimentiert hatten, in dem Versuch, Wellenlängen und Frequenzen der Pyramidenenergien zu isolieren, gelangte McLuhan zu einigen fundamentalen Erkenntnissen. So sind sich die meisten Experimentatoren darin einig, daß ein Pyramidenmodell, wenn es richtig funktionieren soll, genau nach der Nord-Süd-Achse ausgerichtet sein muß und daß das zu dehydrierende oder zu schärfende Material auf der Höhe der Königskammer gelagert werden muß. Nach McLuhans Ansicht bedeutet dies, daß mehrere Energien im Spiel sein könnten:

○ Die Königskammer, das wichtigste Energiezentrum in der Pyramide, liegt exakt im *Schwerpunkt*. Dies könne kein Zufall sein, meint er.
○ Die Pyramide ist exakt eingeordnet, sie liegt genau parallel zur *magnetischen* Erdachse. Auch dies könne kein Zufall sein, glaubt er, sondern es deute darauf hin, daß die Energiewellen, um die es gehe, irgendwie polarisiert seien. Das stimme mit der Komplementärtheorie überein, daß der Magnetismus irgendwie polarisiert sei.
○ Die ägyptischen Pyramiden sind solide Steinmassen mit spezifisch geformten Höhlungen (Kammern), die in spezifischer Weise geschaffen und untereinander verbunden wurden. McLuhan zufolge sind die Kammern »*Resonanzhöhlen*«, umschlossene Räume, in denen elektromagnetische Energie gespeichert oder erregt werden kann – etwas Ähnliches wie Hi-Fi-Lautsprecher.

McLuhan glaubt, daß Daten über diese drei Dinge, *Schwerkraft, Magnetismus, Resonanz,* soweit sie sich auf die Pyramide beziehen, den Schlüssel zur Pyramidenenergie liefern könnten.

Er ist überzeugt, daß die Priester lange mit Prototypen der Formen und Dimensionen der resonanten Höhlen oder Kammern und mit deren wechselseitigen Verbindungen experimentierten, bevor sie sie in eine Pyramidenkonstruktion einfügten, und daß dann wiederum viele Arten von Pyramidenkonstruktionen und -ausrichtungen durchprobiert wurden. Für ihn ist die Knick-Pyramide von Dahschur die rätselhafteste von allen und zugleich der beste Ausgangspunkt zur Untersuchung aller altägyptischen Pyramiden.

Weil er vermutet, daß die Pyramide unter anderem ein zusammenhängendes Magnetfeld erzeugt, sucht er eine Firma, die bereit ist, Halbleiter-Kristalle in der magnetisch »reinen« Pyramidenumgebung zu erzeugen. Dabei geht er von dem Gedanken aus, daß solche Kristalle sich als überaus leistungsfähig und als frei von den Wirkungen äußerer Strahlungen erweisen müßten. Die Halbleiter revolutionierten die Elektronik, sie brachten die Miniaturisierung. Sollte McLuhan recht haben, könnte die Pyramidentechnologie zumindest zu einer weiteren halben Revolution führen.

Viele der folgenden Pyramidenexperimente und der angegebenen Richtlinien leiteten wir aus dem ab, was uns andere über ihre improvisierten Experimente mit Pyramiden zeigten, sagten und schrieben. Von Prag bis Portland berichtete man uns über Erfolge bei grundlegenden Experimenten, und die tschechischen Psychotronik-Forscher erbringen laufend weitere Bestätigungen. Doch andere Experimentatoren meldeten vollkommen negative Ergebnisse. Wer hat recht? Vielleicht beide Seiten? Möglicherweise gelingt es Ihnen, mehr über den Wahrheitsgehalt der seit Jahrzehnten immer wieder aufgestellten Behauptung zu ermitteln, daß mit Pyramiden eine Art Kraftfelder verbunden sind.

Grundsätzliches

Machen Sie Ihr Pyramidenmodell möglichst maßstabgetreu nach der Cheops-Pyramide; je genauer die Proportionen stimmen, desto besser werden die Ergebnisse sein.

Stellen Sie Ihre Pyramide so auf, daß sie zu Wänden, Heizkörpern, Fernsehern, Rundfunkgeräten, Leuchtstofflampen oder irgendwelchen elektrischen Geräten einen Abstand von mindestens 1,20 Meter hat. Sie darf auch auf keiner Metallfläche stehen.

Pyramiden scheinen besser zu funktionieren, wenn sie einen Boden haben. Am besten befestigen Sie ihn auf nur einer Seite mit Klebstreifen, damit Sie eine praktische Scharniervorrichtung erhalten.

Machen Sie eine Orientierungsunterlage, das heißt, zeichnen Sie den quadratischen Grundriß Ihrer Pyramide auf ein größeres Stück Papier oder Karton. Zeichnen Sie eine Nord-Süd-Linie und eine Ost-West-Linie so ein, daß sich die beiden

Linien genau im Mittelpunkt des Quadrats kreuzen. Verlängern Sie die Linien über das Quadrat hinaus, damit Sie sie noch sehen, wenn Ihre Pyramide auf dem Quadrat steht. Der Schnittpunkt der Linien befindet sich direkt unter der Pyramidenspitze. Wenn Sie Ihre Pyramide mit einem Boden versehen, sollten Sie auch auf diesen ein Kreuz zeichnen, damit Sie wissen, wohin Sie Ihr Material legen müssen.

Der »aktivste« Bereich der Pyramide ist angeblich das Bodendrittel. Geben Sie Ihr Versuchsmaterial tunlichst in die Königskammer oder den sogenannten Brennpunkt, das heißt in die Mitte der Pyramide und auf ein Drittel ihrer Höhe zur Spitze.

Richten Sie die Mitte einer Seitenfläche genau nach Norden aus. Nach dem magnetischen Kompaß-Norden oder dem wirklichen Norden? Manche Experimentatoren behaupten, mit dem einen wie dem anderen gute Resultate erzielt zu haben. Die alten Ägypter bauten zwar vor rund fünftausend Jahren des öfteren Tempel um, weil sie sie wieder nach bestimmten Sternen ausrichten wollten, die ihre Positionen verändert hatten, aber niemand würde ein so gewaltiges Bauwerk wie die Cheops-Pyramide ständig nach unserem wandernden Magnetpol ausrichten wollen. Die Cheops-Pyramide ist fast genau nach dem geographischen Norden ausgerichtet.

Wollten Sie Ihr Modell nach dem echten Norden ausrichten, müßten Sie den Winkel der magnetischen Abweichung kennen – den Unterschied zwischen dem Kompaß-Norden und dem geographischen Norden in Ihrer Gegend. Benutzen Sie geodätische Karten, die gewöhnlich in Bibliotheken zu finden sind. Diese geben den Unterschied und den jährlichen Veränderungswert des magnetischen Pols ab dem Herstellungsdatum der Karte an. Der einfachere Weg zur Ermittlung der Abweichung dürfte sein, einen Geologen oder Geometer zu fragen oder jemanden, der etwas von Navigation versteht.

Am leichtesten läßt sich eine Pyramide aus Karton herstellen. Aber auch Kunststoff, Holz und sogar Metall oder Schichtmaterial aus Folie und Karton werden häufig verwendet. Farbe und Material scheinen keinen Einfluß auf die Funktion zu haben, ebensowenig die Materialstärke; selbst Versuche mit transparentem Kunststoff gelangen.

Das Grundmodell für Experimente ist die 15 Zentimeter hohe Pyramide, deren Seiten aus gleichschenkeligen Dreiecken bestehen. Maße und Anweisungen für die Herstellung von Pyramiden beliebiger Größe finden Sie bei der Abb. auf S. 187.

Das Schärfen von Rasierklingen

Am besten eignen sich die altmodischen blauen Rasierklingen. Legen Sie eine stumpfe Klinge auf eine 5 Zentimeter hohe Streichholzschachtel oder eine andere Unterlage dieser Höhe direkt unter die Spitze einer 15 Zentimeter hohen Pyramide, die Schnittkanten in Ost-West-Richtung, die Enden in Nord-Süd-Richtung. Lassen Sie sie mindestens eine Woche liegen, gegebenenfalls länger, wenn sie noch nicht scharf ist. Bei Ihrer nächsten Rasur müßten Sie damit wieder ein glattes Gesicht erhalten. Legen Sie die Klinge nach Gebrauch sofort in die Pyramide zurück. Drbal behauptet, er habe sich mit einer einzigen Klinge zweihundertmal rasiert. Viele gutrasierte Pyramidenbauer berichten, daß sie eine einzige Klinge bis zu zwei Monate benutzen und daß ein merklicher Unterschied zwischen behandelten und Kontrollklingen besteht, der sich am deutlichsten nach etwa vierwöchigem Gebrauch zeigt. Drbal erklärt, daß die kristallinische Struktur der Klingenschneide dazu tendiert, während einer gewissen Ruhezeit ihre ursprüngliche Form wiederzuerlangen. Nach seinem Eindruck verstärkt die Pyramide diese Tendenz.

Legen Sie eine stumpfe Kontrollklinge genauso lange beiseite, wie Sie die erste Klinge in der Pyramide lassen. Rasieren Sie eine Gesichtshälfte oder ein Bein mit der Kontrollklinge und die andere Gesichtshälfte oder das andere Bein mit der behandelten Klinge. In Pyramiden entsprechender Größe können angeblich auch stumpfe Küchenmesser oder Scheren geschärft werden.

Mumifizierung

So gut wie alles, was schlecht wird, ist für die Königskammer geeignet. Zu den Lebensmitteln, die am häufigsten in Pyrami-

Muster für Pyramide und Orientierungsunterlage.

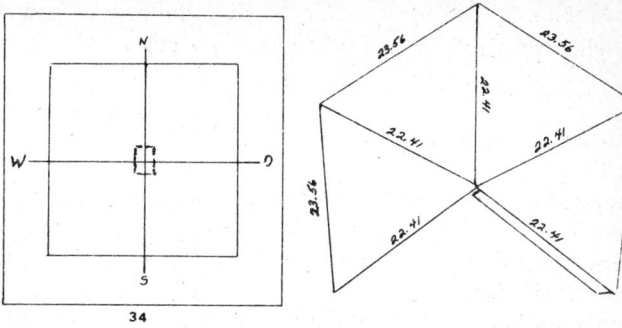

Maße in Zentimetern.
(Nicht maßstabgetreu gezeichnet.)

Schneiden Sie die Seiten aus, oder kerben Sie sie in den Karton, und montieren Sie die Pyramide, indem Sie die Lasche mit Klebstoff oder Klebstreifen innen befestigen. Die Maße der am häufigsten benutzten Pyramiden:

Höhe	Grundlinie	Seitenlinie
15 cm	23,5620	22,4190
31 cm	48,6948	46,3326
61 cm	95,8188	91,1706
100 cm	157,0800	149,4600

Für die Herstellung von Pyramiden anderer Größe gibt es eine einfache Formel zur Bestimmung der Maße von Grund- und Seitenlinie des Dreiecks: Länge der *Grundlinie minus 5% ist gleich* Länge der *Seite*. Eine andere Berechnungsart wird den europäischen Maßen besser gerecht; danach muß die Seitenlinie 4,855% weniger messen als die Grundlinie des Dreiecks. Sie wurde in eine Formel aufgenommen, die Valerie Ann Olin bei vielen Pyramiden-Bosslern populär machte. Für Pyramiden beliebiger Höhe gilt:
Höhe × 1,5708 = Grundlinie des Dreiecks
Höhe × 1,4946 = Seitenlinie des Dreiecks
(1,5708 ist die Hälfte von Pi; 1,4946 ist die Hälfte von Pi minus 4,855%; die Formel ergibt sich aus dem Gedanken, daß die zweifache Höhe der Pyramide geteilt durch den Umfang der Grundlinie [Summe der 4 Seiten] so nahe wie möglich an Pi herankommen müßte.)

den konserviert werden, gehören Eier (mit und ohne Schale), Keimlinge, Blumen, Gemüse, Fleischküchlein und ganze Fleischstücke. Legen Sie die gleiche Menge als Kontrollstücke beiseite; wenn Sie wollen, können Sie eine viereckige Schachtel darüberstülpen. Die Proben bleiben gewöhnlich 1 bis 8 Wochen unter der Pyramide.

Manche der amerikanischen Pyramidenbauer sind übrigens schon lange Anhänger dieses Verfahrens, denn auch der mittlerweile verstorbene kalifornische Rutengänger Verne Cameron und sein Freund Max Freedom Long, ein Experte für die alte hawaiische Kunst des Kahuna, wußten um die geheimnisvolle Pyramidenkraft und verstanden sie einzusetzen. Cameron legte bereits 1953 etwa 60 Gramm rohes halbfettes Schweinefleisch unter eine 10 Zentimeter hohe Pyramide. Er stellte die Pyramide »ins Bad, wo es heiß und dampfig war und zeitweise zog – was bestimmt nicht zur Konservierung von Nahrungsmitteln beiträgt. Nach etwa drei Tagen hatte das Schweinefleisch eine bläßliche Farbe, aber die verlor es wieder, und nach neun Tagen war es vollkommen mumifiziert«. Er berichtete, daß das Schweinefleisch »nach mehreren Monaten noch absolut genießbar war. Ein [in die Pyramide gelegtes] Stück Wassermelone schrumpfte zur Größe einer gedörrten Aprikose zusammen, schmeckte aber noch süß und gut«.

In jüngerer Zeit gab eine Gruppe in Toronto ein 10 Pfund schweres Beefsteakstück unter eine 75 Zentimeter hohe Pyramide. Als die Experimentatoren das dehydrierte Steak nach mehreren Wochen brieten und aßen, schmeckte es dem Vernehmen nach köstlich. Hier eröffnet sich Ihnen eine einmalige Chance, Rindfleischpreise zu unterlaufen oder ins Wanken zu bringen, wenn Sie Ihre Garage in eine Cheops-Pyramide verwandeln. Und falls der Strom ausgeht – die Pyramide geht nicht aus!

Auch Gemüse hält sich in großen Pyramiden angeblich länger. Sie können versuchen, Blumenzwiebeln in einer Pyramide zu lagern, um sie vor dem Schimmeln zu bewahren. Die Schimmelverhütung gäbe überhaupt Anlaß zu praktischen Experimenten. Auf dem Gebiet der Verlangsamung chemischer Prozesse arbeitete der tschechische Wissenschaftler Jaroslav

Mrkvicka; er berichtet, daß die Fermentierung von Bier verzögert werden kann, wenn es in pyramidenförmige Behälter abgefüllt wird.

Einige Mitglieder der Toronto Society for Psychical Research führten ebenfalls eine Reihe der grundlegenden Versuche mit Dehydrierung und Schärfung per Pyramide durch – aber keiner gelang. Sie verglichen fotomikrografische Darstellungen von Klingen, die sieben Tage unter zwei Pyramiden gelegen hatten, mit einer Kontrollklinge. Wie zu erwarten stand, herrschte bei allen eine natürliche Tendenz der Zackenspitzen an der Schneide, sich abzurunden. Auch bei den Pyramidenklingen war weder eine Abschwächung noch eine Verstärkung der Tendenz zu erkennen. Fazit der Forscher aus Toronto: Die Behauptungen einiger Enthusiasten, man könne mit der Pyramide Dehydrations- und Schärfeffekte erzielen, wurden durch unsere Untersuchung nicht bestätigt.

Wenn die Pyramide überhaupt wirkt, warum wirkt sie dann nicht immer? Dr. Tiller von der Stanford-Universität untersuchte in seinen Pyramidenexperimenten die Klingen mit einem Elektronenmikroskop. »Beim ersten Versuch hatte es geklappt, beim zweiten nicht.« Möglicherweise, meinte Tiller, seien seine Schwierigkeiten mit der Pyramide ein Beispiel für generelle Probleme beim Arbeiten mit »anderen« Energien. Als er zum Beispiel einen Rutengänger testete, der Proben identifizieren sollte, stellte Tiller fest, daß die Genauigkeit nach zwei oder drei Versuchen nachließ. Aus seinen diversen Energieforschungen folgert Tiller: »Was immer diese Kraft ist, wir stehen in ungeheurer Wechselbeziehung zu ihr.« Nach seinem Empfinden liegt es durchaus im Bereich des Möglichen, daß diese Wechselwirkung seinen Pyramidenversuch fehlschlagen ließ, denn nach dem Erfolg im ersten Test konzentrierten er und seine Kollegen ihre ganze – und damit vielleicht zu viel – Aufmerksamkeit auf das zweite Experiment.

Wenn in Pyramiden wirklich Energie auftritt, muß irgend jemand herausfinden, warum dies bei manchen Gelegenheiten geschieht und bei anderen nicht, bei manchen Menschen und bei anderen nicht, oder vielleicht auch an manchen Orten und an anderen nicht. Wer mit der Geschichte der Psi-Forschung vertraut ist, für den sind diese quälenden Ungewißheiten nichts Neues.

Der Pyramideneffekt im Vergleich zum Grünlichteffekt

Ingenieur Drbal machte auch Fleischkonservierungsversuche, bei denen er Lichtwellen statt Körperwellen anwendete. Er hängte in einem normalen Zimmer zwei Stücke Fleisch etwa 10 Zentimeter auseinander an Fäden auf, zog weder die Vorhänge zu, um die Sonne auszusperren, noch ließ er das Licht die ganze Nacht brennen. In dem Zimmer herrschten völlig normale Bedingungen, bis auf die Tatsache, daß Drbal auf ein Fleischstück Tag und Nacht einen grünen Lichtstrahl richtete. Angeblich blieb das ständig in Grünlicht getauchte Fleisch frisch, während das andere Stück verdarb. Zahlreiche Forscher, darunter Verne Cameron, äußerten die Ansicht, daß sich die »andere« Energie ähnlich verhält wie Licht. Reichenbach und beispielsweise auch Abbé Mermet, der große europäische Radiästhesie-Experte, stellten die Behauptung auf, daß die andere Strahlung eine Begleiterscheinung des Lichts sei. Lassen sich Drbals Grünlichtversuche wiederholen? Wenn ja, wie steht es mit der Frequenz des grünen Lichts, das die Zersetzung hemmen soll? Und falls Drbals Hypothese stimmt, könnte dann grünes Licht in Kellern oder Schränken auch Schimmel und Moder verhindern?

Joghurt und Milch

Es wird behauptet, daß Molkereien in Italien, Frankreich und Jugoslawien Joghurt und Milch in pyramidenförmigen Behältern auf den Markt bringen, um deren Haltbarkeit zu verlängern. Falls dies wahr ist und falls in Pyramidenbehältern Joghurt oder Milch tatsächlich länger frisch bleiben, wie Eric McLuhan versichert, wirkt in der Pyramide nicht nur *eine* Energie. Für die meisten der oben beschriebenen Effekte, wie zum Beispiel das Schärfen von Rasierklingen, muß die Pyramide genau eingenordet sein; doch McLuhan weist darauf hin, daß Joghurt- und

Milchbehälter auf den Regalen unmöglich immer in Nord-Süd-Richtung gelagert werden können. Bei einigen Effekten sind die Form *und* die Nord-Süd-Ausrichtung erforderlich, aber bei der Frischhaltung von Joghurt wirkt angeblich die Form allein.

Machen Sie, um das zu testen, eine wasserdichte Pyramide, und füllen Sie Joghurt hinein. Wiegen Sie sie ab. Füllen Sie in einen anders geformten Behälter die gleiche Menge Joghurt. Setzen Sie beide Behälter normaler Zimmertemperatur aus, ohne sie jedoch einzunorden, und prüfen Sie, ob der Joghurt in der Pyramidenform länger frisch bleibt oder nicht. Machen Sie das Experiment dann noch einmal, richten Sie die Pyramide auf der Nord-Süd-Achse aus, und kontrollieren Sie, ob dies die Haltbarkeit verlängert. Beobachten Sie genau, um wieviel länger die Milchprodukte in der Pyramidenform frisch bleiben. Was wir beim gegenwärtigen Pyramidenabenteuer brauchen, sind wiederholte gründliche Experimente mit fakten- und zahlenreichen Ergebnissen.

Die positiven Berichte über verschiedene Effekte der Pyramidenkraft häufen sich. Eine der gängigsten Behauptungen lautet, daß die Pyramidenbehandlung die Wasserqualität verbessert. Angeblich schmeckt das Wasser besser, hält Schnittblumen länger frisch, hat in Fischbehältern eine positive Wirkung und fördert gesundes Wachstum, wenn man Samen und Keimlinge damit begießt.

Bei dem Versuch, Wasser zu laden, verwenden die Experimentatoren eine Schale, ein Glas oder einen Tiegel. Die Gefäße messen in der Höhe etwa ein Drittel der Pyramidenhöhe und haben einen solchen Durchmesser, daß sie gut in die Pyramide passen. Die mit Wasser gefüllten Gefäße bleiben zwischen einer Stunde und einem Tag in der Pyramide. Andere Experimentatoren verwenden Behälter von der Größe eines Aquariums, geben eine Plastikpyramide hinein und füllen das Ganze bis zur Höhe der Königskammer mit Wasser.

Auch eine ganze Reihe weiterer Substanzen soll durch die Pyramide verbessert werden, beispielsweise Tabak. Um auf dem richtigen Weg zu bleiben, sollten Sie bei Experimenten dieser Art mit einer Jury arbeiten. Erkennen andere Menschen den

Unterschied zwischen Marke X und dem Pyramidenprodukt?

Gleich vielen im Laufe der Jahre untersuchten Energien soll die Pyramidenkraft auch das Pflanzenwachstum fördern. Eine Pyramide, die man mehrere Tage lang über frisch gesäten Samen stellt, steigert angeblich das Wachstum. Gelingt es Ihnen, diesen Effekt ebenfalls zu erzielen? Und können Sie einen Kontrolltest ausarbeiten, um die Möglichkeit auszuschalten, daß statt der Pyramidenenergie irgendwelche Gedanken – Ihre positiven Erwartungen zum Beispiel – das Wachstum der Pflanzen beeinflussen?

Das Forschen nach Energien

Mit Pyramiden als Experimentalwerkzeugen könnten Sie außerdem noch folgendes versuchen:

○ Die Energie mit Hilfe von Spiegeln zu reflektieren. Unterliegt sie den Gesetzen der Lichtreflexion?
○ Die aktivierende Kraft abzuschirmen oder abzuschneiden. Geben Sie eine Platte aus Glas, Metall oder anderem Material mehrere Zentimeter über die Pyramide. Finden Sie ein Material, das den üblichen Effekt aufhebt, wenn man daraus eine Pyramide macht?
○ Die Polarität der vermuteten Pyramidenenergie zu ermitteln. Gibt es eine negative und eine positive? Es wurde behauptet, daß im oberen Teil der Pyramide eine andere Art Energie wirkt. Man müßte, um das festzustellen, die Polaritäten durch irgendeine Art Effekt sichtbar machen.
○ Decksteine aus verschiedenem Material zu erproben. Niemand weiß definitiv, woraus genau der Deckstein der Cheops-Pyramide gemacht ist. Edgar Cayce behauptete, er bestehe aus einer Legierung von Kupfer, Messing und Gold.
○ Eine Pyramide aus abwechselnden Schichten von organischem und anorganischem Material herzustellen – mit anderen Worten, einen Orgonenergie-Akkumulator im Sinne Wilhelm Reichs zu schaffen (siehe S. 200ff.).

Tschechische Forscher sind der Ansicht, daß ein Körper wie die Pyramide als Resonator psychotronischer Energie, der »anderen« Energie, fungiert. Der Effekt ist mit den gegenwärtig akzeptierten Energiegesetzen schwerlich zu erklären, doch er könnte erklärbar werden, wenn man die Dynamik von Erscheinungen wie PK versteht. Benson Herbert kennt die Psi betreffenden wissenschaftlichen Arbeiten in den kommunistischen Ländern von allen westlichen Fachleuten wohl am besten. Und er macht sich Gedanken über die Beziehung zwischen Architektur und dem Poltergeistphänomen, das im allgemeinen als eine Art unbewußter PK angesehen wird. Er grübelt über »die Möglichkeit nach, ein Poltergeisthaus mit Formen zu bauen, die paranormale Zwischenfälle begünstigen ... und bestimmte architektonische Merkmale aufweisen, wie ich sie bei gewissen schottischen ›Spukschlössern‹ gesehen habe; ich stelle mir diese Formen als hypergeometrische Schnitte vor«.

Die psychotronischen Energien scheinen außerdem anfällig für eine Wechselwirkung mit Gedanken. Es wäre vielleicht interessant zu prüfen, was eine starke, ein- bis zweimal täglich verabreichte Dosis gezielter Gedanken bei Pyramidenexperimenten bewirkt. Damit soll nicht gesagt werden, daß alle Pyramideneffekte auf PK zurückzuführen sind, aber eine gewisse Beeinflussung könnte stattfinden. Vermag konzentriertes Denken die üblichen Effekte zu verzögern oder zu verändern?

Die Kartierung der Pyramidenenergie

Ottmar Stehle, der nach seiner Arbeit bei der NASA an die Technische Universität in Berlin zurückkehrte, untersuchte das Muster von Pyramidenfeldern mit einer Wünschelrute. Spezifische Reaktionen, so sagte er uns, traten an der Spitze, den Seiten, den Kanten und in der Königskammer auf. Stehle berichtete auch, daß er bei Vorversuchen Feldreaktionen entlang der Achse Spitze–Basis erhielt. Diese lösten eine Horizontalbewegung der Wünschelrute aus und schienen äquidistant zu sein. Er registrierte in dem Cheops-Modell zwölf solche Reaktionen, dazu eine Kreisbewegung in der Königskammer. Bei einem ganz informellen Rutengehen mit mehreren Freunden erzielten wir viele der Reaktionen, die Stehle beobachtet hatte. Die Reaktion an den Seitenflächen läßt sich besonders gut testen, weil mit ihr im allgemeinen niemand rechnet. (Sagen Sie den Leuten nicht, was zu erwarten steht.) Stehle verzeichnete sieben linksläufige Kreise, fünf ruckartige Vertikalbewegungen und dann sieben rechtsläufige Kreise. Bei uns trat die Veränderung der Bewegung ebenfalls auf, aber wir vermochten nicht so genau zu zählen, vielleicht weil keiner von uns als geübter Rutengänger bezeichnet werden kann.

Die von Pyramiden hervorgerufenen Horizontal- und Vertikalbewegungen weisen laut Stehle und vielen anderen auf das Wirken *zweier* Energien hin, die sich in rechten Winkeln bewegen wie Elektrizität und Magnetismus. Die Rotation impliziert einen weiteren, mit Raumzeit und Schwerkraft zusammenhängenden Faktor. Die erforderliche exakte Einnordung scheint mit der Erdrotation und deshalb mit Elementen von Schwerkraft und Zeit vereinbar. Das führte zu der Frage, ob eine Verbindung besteht zwischen irgendeinem Pyramideneffekt und Dr. Nikolai Kozyrews Hypothese, daß Zeit eine Energie ist – eine Energie, die viele Psi-Effekte erklären wird, wenn man sie erst einmal versteht.

Zahlreiche erfahrene Rutengänger und Pendler sind sich darin einig, daß Pyramiden Reaktionen auslösen, die über das hinausgehen, was man bei den verwendeten Materialien erwarten dürfte. Die Wünschelrute ist natürlich auch wieder ein Detektor, bei dem ein Mensch und somit zwangsläufig etwas Subjektives in den Kreis eingeschaltet wird. Doch wir haben objektive, sichtbare Beweise für die Richtigkeit der Informationen, die Verne Camerons Wünschelrute lieferte: Dutzende von Brunnen, reiche Trinkwasserreservoire und heiße Quellen, die triste kalifornische Städte in Ferienorte verwandelten.

Zu Camerons weiteren Beobachtungen über Pyramidenenergien gehörten eine Rutenreaktion auf dem Platz, den eine Pyramide eingenommen hatte, *nachdem* sie entfernt worden war. Er behauptete auch, eine unsichtbare »Energie-Pyramide« aufgespürt zu haben, die sich nach unten in den Boden erstreckte und deren Deckstein das Pyramidenmodell war. Außerdem fand Cameron heraus, daß eine Metallpyramide, die er Spitze auf Spitze mit einem auf der Erde stehenden Metallkonus verband, seine Fähigkeit als Rutengänger auslöschte. Mit anderen Worten, er erzielte dann keine Reaktionen über einer bekannten unterirdischen Wasserquelle. Für manche Leser klingt das vermutlich, als lösche man Null mit Null aus. Doch falls wir es mit objektiv vorhandenen Kräften zu tun haben, würden wir, wenn jemand diesen Wechselwirkungseffekt weiter erhellen könnte, wahrscheinlich ein besseres Verständnis jedweder energetischen Kraft erlangen.

Magnetismus und Pyramiden

Einige Experimentatoren haben versucht, Stabmagneten in Pyramiden zu legen, um den angenommenen Energie-Effekt zu steigern. Stellen Sie zuerst eine Pyramide ohne Magnet auf; dann eine, in welcher der (innen unter der Spitze liegende) Südpol eines Magneten nach Norden deutet; dann eine, in welcher der Nordpol des Magneten nach Norden deutet. Legen Sie gleichzeitig einen Magneten mit dem Nordpol nach Norden auf einen Tisch, ohne ihn mit einer Pyramide zu überdecken. Suchen Sie mit der Wünschelrute nach irgendeinem Unterschied. Wenn Sie mehrere Rutengänger einsetzen, sollten Sie – wie immer – den anderen nicht sagen, was der eine registriert. Sie können außerdem mit anderen Himmelsrichtungen experimentieren und Tests mit einer Kombination von Pyramiden und Magneten durchführen, um zu prüfen, ob die Mumifizierung oder Austrocknung durch den Magneten beeinflußt wird. Wenn Sie entsprechende Möglichkeiten haben, können Sie auch Versuche mit schwachen pulsierenden Magnetfeldern machen.

Offene Pyramiden

Angeblich geht vor allem bei größeren Strukturen kaum etwas von der Wirkung verloren, wenn man nur einen Pyramidenrahmen baut, ohne sich die Mühe zu machen, feste Seitenteile einzusetzen. Hier eröffnet sich ein weites Gebiet für Vergleichstests.

Der Aufenthalt in einer Pyramide soll das Meditieren erleichtern und den Körper beruhigen. Der Überlieferung zufolge brachten die Pyramidenbauer nicht nur ihr umfassendes mathematisch-naturwissenschaftliches Wissen in das Bauwerk ein, sondern veranschaulichten darin auch einiges von ihrer Kenntnis der inneren Dinge, der geistigen und spirituellen Gesetze. In den Details unterscheiden sich die esoterischen Geschichten stark, aber im Kernpunkt sind sie sich einig: In der letzten Phase des Initiationsrituals mußte der Priester-Kandidat mehrere Tage lang allein in einer Pyramidenkammer zubringen, und während dieser Zeit erlebte er veränderte Bewußtseinszustände, die ihm die für sein Amt erforderliche Erleuchtung brachten. (Eine derartige Umgebung bewirkte, wenn nichts sonst, zumindest einen Entzug von Sinneseindrücken, der allein schon zu Veränderungen des Bewußtseins führen kann.)

Die modernen Meditationspyramiden messen gewöhnlich 1,20 bis 1,80 Meter und sind an den Seiten offen oder geschlossen. Die Rahmen bestehen aus Holz oder Bleirohr. Bei manchen wurde einfach dicker Draht pyramidenförmig an Decke und Boden befestigt. Wenn Sie die Seiten mit Kunststoff oder anderem Material schließen, können Sie an den vier Ecken kurze Beine anbringen, damit Luft in die Pyramide gelangt. Einige Menschen versuchen beim Meditieren eine solche Stellung einzunehmen, daß bestimmte Chakras – Energiezentren des Körpers – innerhalb der Pyramide auf gewisse Punkte ausgerichtet sind.

Über den Einfluß der in Pyramidenmodellen möglicherweise vorhandenen Energie auf den menschlichen Körper kann man nur Vermutungen anstellen. Ingenieur Drbal behauptet, daß Pyramide und Halbkreis (z. B. Buckminster Fullers geodätische Kuppeln) einfach wohltuend wirken. Andere weisen darauf hin, daß die dreieckige Form vielleicht sogar etwas mit den ungewöhnlichen Kräften zu tun haben könnte, die angeblich auch im Tipi (Zelt) der indianischen Medizinmänner erweckt wurden.

Während Verne Cameron ein elektrisches Gerät überprüfte, das nicht ordentlich funktionierte, machte er eine zufällige Entdekkung: Seine Wünschelrute zeigte über einer Metallspirale, die ähnlich war wie jene elektrischer Heizöfen, eine Energie an. Doch durch die Spirale strömte keine Energie. Damit begann für Cameron eine jahrzehntelange Untersuchung. Er erzielte wiederholt eine Rutenreaktion, die anzuzeigen schien, daß aus Spiralen Energie austritt.

Interessanterweise stieß auch Dr. Rejdak aus Prag, als er die Geschichte der Energiesuche nachzeichnete, auf eine spiralenförmige »X«-Energievorrichtung, die sich vor einigen Jahren der deutsche Professor Oskar Korschelt hatte patentieren lassen. Korschelt verbrachte mehrere Jahre in Japan, wo er die Arbeit magnetischer Heiler untersuchte. Als Ergebnis seiner Forschungen entwickelte er seine Energievorrichtung. Diese besteht aus »einer nichtleitenden elektrischen Scheibe, die frei oder in einem Ständer angebracht und auf beiden Seiten mit leitenden, in der Mitte wechselseitig verbundenen Spiralen versehen ist. Eine der Seiten, nämlich jene, die dem Licht ausgesetzt wird, ist als Energiekollektor gedacht, und die gegenüberliegende Seite dient als Ausstrahler der Energie.«

Cameron zog schließlich seine Spiralen gerade und begann, mit anderen Formen zu experimentieren. Kurz zusammengefaßt, entdeckte er mit der Wünschelrute: Ein Energiestrahl scheint nur aus Kegelspitzen auszutreten; die Kegel müssen dazu aus Metall hergestellt oder mit Metallfolie überzogen werden, es *müssen* rechtwinklige Kegel sein und sie sollten an der Basis mindestens 1,50 Meter über dem Boden aufgehängt werden. Cameron verband Kegel in Serien und führte einen Kupferdraht von Spitze zu Spitze. Die Energie konnte nach seiner Aussage aber auch von einem einzigen Kegel mit Draht abgeleitet werden. Er benutzte im allgemeinen Kegel mit einem Basisdurchmesser von 56 Zentimetern. Doch andere Größen funktionieren ebenfalls. Der Effekt wird angeblich verstärkt, wenn man die offene Grundfläche bedeckt. Einmal leitete er laut Max Freedom Long einen Draht von einem Kegel in die Erde und vergrub ihn mehrere Zentimeter tief; der Draht schien hemmende Wirkung auf direkt darüber gesäte Samen zu haben. Dies muß freilich erst noch bestätigt werden. Man fragt sich, ob Leitungen von Kegeln irgendwelchen Einfluß ausüben würden, wenn man sie auf organische Materie richtete. Cameron stellte auch fest, daß die Strahlen unter gewissen Umständen den Rundfunkempfang beeinträchtigen.

Die Wissenschaftler lehnten es im allgemeinen ab, sich Camerons Berichte anzusehen. Das ist vielleicht verständlich, weil die Existenz einer Energie, noch dazu einer unbekannten, die von einer einfachen Form ausstrahlen soll, unsinnig erschien, zumal man sie nur mit einer Wünschelrute orten konnte. Als Folge des neuen Interesses an Pyramiden werden auch wieder Kegel gebaut, und manche Menschen berichten ähnliche Rutenergebnisse, wie sie Cameron zu verzeichnen hatte. Cameron starb leider, bevor er seine Forschungen über die Körperwellen abschließen konnte. Vielleicht ist jetzt die Zeit gekommen, seine reichen Daten über Kegel, Pyramiden, Spiralen und andere materielle Körper oder Formen kritisch zu bewerten.

Cameron bemühte sich in seinen Experimenten, die er mit beschränkten finanziellen Mitteln und geringer oder keinerlei wissenschaftlicher Unterstützung durchführen mußte, um bestmögliche Arbeit. Inzwischen haben anerkannte Wissenschaftler, vor allem europäische, das Rutengehen unter verschiedenen akademischen Gesichtspunkten gründlich analysiert. Im Rahmen der Untersuchungen kontrollierten sie auch die Veränderungen der körperlichen Prozesse des Rutengängers, wenn er auf Dinge wie elektromagnetische Kraftfelder und Substanzen in der Erde reagierte. Diese Art von »Reizzonen-Aufspüren« scheint nun wissenschaftlich verifizierbar zu sein. Würde jemand mit fundierter Kenntnis der relevanten Daten die Wünschelrutenreaktionen untersuchen, die von Körpern wie der Pyramide und dem Kegel hervorgerufen werden, könnte es ihm oder ihr gelingen, erstens objektiv zu beweisen, ob wirklich etwas vorgeht oder nicht, und zweitens durch Vergleich mit bewiesenen Daten einige der stattfindenden energetischen Reaktionen zu isolieren.

Die Theorien über die Ursachen der Effekte in den Pyramiden sind zahlreich und zum Teil kontrovers. Jaroslav Mrkvicka beispielsweise, ein tschechischer Spezialist für Kommunikationssysteme, versucht eine Verbindung zwischen der Informationstheorie und der Geometrie herzustellen. Die meisten sprechen von Resonanz mit einer Kopplung an irgendeine universelle Kraft vermittels der spezifischen Dimensionen und der Ausrichtung. McLuhan redet von Magnet- und Schwerkraftwellen. Andere betrachten die Pyramide als ein Prisma, das eine Energie mit sehr langer Wellenlänge fokussiert. Mathematisch orientierte Wissenschaftler wie George Brandes suchen die Erklärung in Theorien über den Hyperraum bzw. vierdimensionalen Raum. Seine Ideen klingen einleuchtend, zumal Brandes graphische Darstellungen erarbeitet hat, die einem helfen, seine Mathematik zu verstehen. Vielleicht ließe sich auch aus dem Berg empirischer Daten, die von europäischen Radiästhesisten im Laufe des vergangenen Jahrhunderts gesammelt wurden, eine Theorie in zeitgenössischer Terminologie erarbeiten.

Und dann gibt es da natürlich noch jede Menge Spekulationen über Sinn und Zweck der Pyramiden. So wird zum Beispiel behauptet, daß sie im Altertum zur Erzeugung von Wasser benutzt wurden und nach dem Prinzip der Fraktioniersäule funktionierten. Manche vermuten, daß im Innern der Pyramide und verwandter Körper das Geheimnis der Antigravitation liege, mit anderen Worten, die Levitation möglich sei. Andere glauben, daß die Pyramiden an strategischen Punkten der alten Welt errichtet wurden, wo sie zu einem Ausgleich der Kräfte, Spannungen und Belastungen unseres Planeten beitragen sollten. Eine Spekulation, die den Schriftsteller U. S. Anderson und den Ingenieur Ralph Bergstresser empfehlen ließen, auf geologisch gefährdeten Zonen wie dem San-Andreas-Grabenbruch große Pyramiden zu errichten! Und schließlich noch eine Hypothese, die auf aller Welt zahlreiche Anhänger gewonnen hat: Nach deren Ansicht erzeugten die Pyramiden eine Energie, die als starker Leitstrahl diente. Wofür? Für Luftfahrzeuge?

Damit betreten wir die Domäne der Verfechter der astroarchäologischen Theorie, jener Schriftsteller vom Schlage eines Erich von Däniken, die behaupten, daß auf unserem Planeten in früheren Zeiten Besucher aus dem Weltraum landeten und eine hochentwickelte Wissenschaft und Technologie importierten, deren sich die Menschen dann bedienten bzw. sie weiterentwickelten.

Wußten die Erbauer der Cheops-Pyramide, daß sie in den Modellen ihrer Architekten Fleischstücke und Kartoffeln konservieren konnten? Wußten sie etwas von der »anderen« Energie? Sir. Flinders Petrie, der als einer der Väter der modernen wissenschaftlichen Archäologie gilt, führte in Gizeh wissenschaftliche Untersuchungen durch. Gleich anderen Ägyptologen versuchte er, das Rätsel zu lösen, wie die Ägypter mit ihren vermeintlich simplen Bautechniken die gewaltigen Pyramiden errichtet hatten. Schließlich fand er in der Chefren-Pyramide ein zwei Tonnen schweres Fallgatter an einer Stelle, wohin es mit Menschenkraft theoretisch nicht gebracht worden sein kann. Petrie mußte folgern, daß die Pyramidenbauer eine uns unbekannte Baumethode anwandten. Das mag irgendeine geniale Vorrichtung gewesen sein – doch vielleicht setzten sie auch eine andere Energie ein als mechanische Kraft. Es ist keineswegs eine irrationale Vermutung, daß Menschen, die nach jetzigen Erkenntnissen ganz bewußt ein Bauwerk errichteten, worin die genauen Dimensionen der Erde und exakte Berechnungen ihrer Bewegung im Raum Ausdruck fanden, auch noch einiges andere wußten oder kannten.

Ihre eigenen Theorien überprüfen Sie natürlich am besten durch objektive Versuche, bei denen Sie ihre Vorstellungen in Aktion sehen. Kleine Pyramidenmodelle werden von so vielen Gruppen verkauft, daß man sie hier unmöglich alle aufführen kann. Wenn Sie nicht selbst basteln wollen, studieren Sie die Anzeigen in parapsychologischen Publikationen oder fragen Sie in einer Buchhandlung, die entsprechende Literatur führt.

Generatoren und Akkumulatoren

Angeblich läßt sich eine bestimmte Energie, die nicht zu den uns bekannten Energieformen zählt, durch aufeinandergelegte Schichten organischer und anorganischer Materialien stark kondensieren. Der Wirkungsweise dieser sandwichartigen Energiedecken oder Akkumulatoren liegt eine ähnliche Theorie zugrunde wie gewissen Pyramidenexperimenten: die Theorie, daß mit der zur Erde dringenden Sonnenstrahlung eine Art kosmischer Energie verbunden ist. Erfinder der Energiedecke und anderer solcher Akkumulatoren war der international bekannte Psychoanalytiker Dr. Wilhelm Reich, der glaubte, eine neue, universell anwesende Energie aufgespürt zu haben. Er nannte sie Orgon, weil er überzeugt war, sie sei für jedwedes organische Leben verantwortlich. Nach Reichs Ansicht ist jedes Lebewesen in diese fundamentale Lebenskraft eingetaucht. Seine Energiedecke sollte die überall in der Atmosphäre vorhandene unbekannte Lebensenergie konzentrieren. Ist die Orgonenergie erst einmal gespeichert, kann sie nach Aussagen der Reichianer auf verschiedene Weise genutzt werden.

Die Herstellung einer Energiedecke

Für die Anfertigung einer einfachen Energiedecke von 60 × 90 Zentimetern brauchen Sie organisches Material wie Wolle oder Seide; besorgen Sie sich 1,80 Meter Stoff mit einer Breite von 90 Zentimeter, und zerschneiden Sie ihn zu drei Stücken von je 60 Zentimeter Länge. Außerdem benötigen Sie drei Schachteln feine Stahlwolle (anorganisches Material), die es in den meisten Kaufhäusern oder Eisenwarenhandlungen gibt. Verteilen Sie die Stahlwolle gleichmäßig auf dem ersten Rechteck aus Wollstoff oder Seide. Legen Sie das zweite Stück Wollstoff oder Seide darauf, und bedecken Sie es ebenfalls mit einer Schicht Stahlwolle. Geben Sie das dritte Stoffstück obenauf, und nähen Sie die Kanten rundherum zusammen, damit die Schichten nicht verrutschen. Bei dieser Sandwichbauweise können Sie beliebig viele Schichten aus Stahlwolle und Wollstoff oder Seide stapeln, und auch die Deckengröße steht ganz in Ihrem Ermessen. Manche Menschen haben Energiedecken mit mehr als fünf Schichten aus normal großen Wolldecken angefertigt. Eine taschentuchgroße Decke, die Sie überallhin mitnehmen können, tut es für den Anfang aber auch.

Die von der Decke verdichtete Energie soll bis zu einem gewissen Grad vom Wetter abhängig sein. Angeblich sind sonnige Tage am besten für die Akkumulierung von Energie in der Decke, wogegen Regen, Nebel und Smog den Akkumulationsprozeß beeinträchtigen. Die Wirkung der Decke ist bei schlechtem Wetter geringer. Stark beeinflußt wird die Decke angeblich auch durch Gewitter, die unter Umständen eine übermäßige Ladung verursachen. Reich meinte, eine solche Überladung könnte organische Substanzen schädigen. Er und andere Experimentatoren behaupten, die Decke helfe den Menschen, ihre Energie wieder aufzubauen, wenn sie erschöpft sind; außerdem stärke sie die Widerstandskraft und trage so zur rascheren Überwindung von Erkältungen und verschiedenen Schmerzen und Leiden bei. Das Auflegen der Decke für eine Stunde beseitigt dem Vernehmen nach Müdigkeit und Spannung und erzeugt ein Gefühl des Wohlbehagens und der Entspannung. Zwei oder drei einstündige Anwendungen der Decke am Tag sollen eine Erkältung innerhalb von achtundvierzig Stunden vertreiben. Reich warnte allerdings Menschen, die irgendwelche Medikamente oder Drogen einnehmen, vor der Benutzung der Decke. Nach mehrmonatiger Anwendung wird die energiespendende Wirkung der Decke angeblich schwächer, weil ein Mensch nur bis zu einem gewissen Punkt »aufgebaut« werden kann.

Akkumuliert die Decke tatsächlich Energie? Man kann kaum objektiv beurteilen, ob die Leiden und Schmerzen einer Person durch Verwendung der Decke oder aus einem anderen Grund verschwinden. Vielleicht lassen sich Versuchsanordnungen erarbeiten, die nachweisen, ob die Decken ihre Benutzer mit Energie speisen oder nicht.

Fertigen Sie eine kleine Decke im Format eines Taschentuchs an und eine gleich große Kontrolldecke aus Schichten von Wolle und Papier. Legen Sie unter jede Decke mehrere Stunden lang je eine Handvoll Bohnenkerne, und lassen Sie diese dann keimen. Prüfen Sie, ob die Kerne, die unter der Energiedecke lagen, schneller keimen und kräftigere Triebe entwickeln. Eine andere Möglichkeit ist, die Energiedecke für ein paar Tage über das Gartenbeet zu breiten und die Kontrolldecke ebenfalls. Stecken Sie dann in jedes Beetstück eine gleiche Zahl Samen und prüfen Sie, auf welchem Stück sie schneller wachsen. Bedecken Sie eine Wasserschale mit der Energiedecke. Wasser akkumuliert die Orgonenergie angeblich ebenfalls. Gießen Sie dann eine von zwei Pflanzen mit dem behandelten Wasser. Sie könnten die Energiedecke auch unter oder über eine Pflanze geben, um zu ermitteln, ob das Wachstum dadurch gefördert wird. Legen Sie unter die Energie- und die Kontrolldecke je ein Stück frisches Fleisch oder Käse, und prüfen Sie nach einigen Tagen, ob ein Unterschied zu erkennen ist.

Es gab auch Experimente mit einer Pyramide aus Energiedecken, um herauszufinden, ob die Decken die Dehydrierung von Fleisch beschleunigen oder ob die Energien von Decken und Pyramiden einander aufheben. Wenn Sie Anregungen aus anderen Kapiteln des Buches mit Ihren eigenen Ideen kombinieren, gelingt Ihnen vielleicht der objektive Nachweis, daß Schichtungen von organischen und anorganischen Materialien eine Art Energie-Effekt erzeugen, ähnlich wie eine Batterie. Die Vorstellungen des Freiherrn von Reichenbach zum Beispiel könnten bei der Bestimmung des Typs der »odischen« Ladung von Wolle, Seide und Stahlwolle hilfreich sein.

Reich glaubte, *die* kosmische Lebensenergie entdeckt zu haben. Seine experimentellen Beobachtungen stimmen mit jenen vieler anderer Energieforscher überein, angefangen von Reichenbach bis zu den sowjetischen PK-Forschern. Er folgerte, daß diese Energie, unter Kontrolle gebracht, äußerst nützlich für die Menschheit sein könnte und unendlich vielfältige praktische Anwendungsmöglichkeiten biete: vom Regenmachen bis zu Orgonenergie-Motoren als Antiwaffe gegen die Atomenergie. (Könnten Atomtests Auswirkungen auf die »anderen« Energien haben, sie abprallen lassen und durch den Planeten schicken?)

Ob Reich mit seiner Orgon-Theorie recht hatte oder nicht, muß sich erst noch erweisen. Er starb 1957 im Gefängnis von Danbury, Connecticut. Man hatte ihn inhaftiert, weil er sich weigerte, ein gerichtliches Verbot zu beachten, das ihm die Vermietung seiner Akkumulatoren zu therapeutischen Zwecken untersagte. Reich lehnte es grundsätzlich ab, seine Sache vor Gericht zu vertreten, denn er ließ nicht gelten, daß ein Gericht oder eine Regierungsbehörde das Recht haben sollte, über wissenschaftliche Entdeckungen zu entscheiden. Aber auch die Wissenschaft erkannte eine »andere« Energieform, Reichs Orgon, nicht an. Man stellte seine Behauptungen als Betrug hin und verbrannte seine Bücher tonnenweise – in der zweiten Hälfte der fünfziger Jahre unseres Jahrhunderts!

Die Erfahrung, die Reich machen mußte, sollte uns vielleicht zur Warnung dienen. Zwar glauben viele, daß die Psi-Forschung ungeheure Möglichkeiten etwa für die Heilung der heute noch Unheilbaren eröffnet, daß bestimmte Verfahren wie beispielsweise die Kirlian-Fotografie hervorragende Diagnosemöglichkeiten bergen, die einige der derzeit üblichen enervierenden, qualvollen Untersuchungsmethoden ersetzen könnten, und daß vieles auch für die Präventivmedizin von Nutzen wäre. Aber trotz der augenscheinlichen Verbindung zwischen Medizin und Psi sollte man jeder Versuchung widerstehen und sich bei der Psi-Forschung von streng medizinischen Bereichen fernhalten. Zu oft wurde und wird etwas, das Heilkraft besitzt, falsch oder nicht fachkundig gehandhabt und kann dann größten Schaden anrichten.

Wenn es Ihnen wirklich ein Anliegen ist, neue Heilverfahren durchzusetzen, sollten Sie etwas tun, was im Rahmen Ihrer Möglichkeiten liegt und zugleich unabdingbare Voraussetzung dafür ist, daß man paranormalen Phänomenen unvoreingenommen begegnet und sie ernsthaft prüft: Wecken Sie – durch eigene Experimente und die Verbreitung entsprechender wissenschaftlich fundierter Berichte – Verständnis für den Problemkreis, und tragen Sie so zur Änderung des geistigen Klimas bei. Denn nur wenn sich das ändert, werden Behauptungen wie jene Reichs und vieler, vieler anderer nicht mehr per Machtwort verworfen werden; nur dann werden sie fair beurteilt und, falls sich daraus etwas Aussichtsreiches ergibt, in die Praxis umgesetzt werden.

Psychotronische Biogeneratoren

Eine Brücke vom Kosmischen zum Persönlichen schlagen auf dem Energiesektor vielleicht einige Beobachtungen des britischen Naturwissenschaftlers und Archäologen T. C. Lethbridge.

Der langjährige Ausgrabungsleiter der Antiquarian Society und des Universitäts-Museums für Archäologie und Ethnologie in Cambridge führte gründliche Untersuchungen der alten Steinringe in Großbritannien durch, deren berühmtester Stonehenge ist. Ein anderer solcher Ring, der den fröhlichen Namen Merry Maidens of Cornwall trägt, gab Lethbridge buchstäblich den Anstoß zu Spekulationen über die Berichte von Mana oder einer besonderen Energieform.

»Seit ungezählten Generationen herrscht der Glaube, besonders bei Anhängern der alten Hexenreligion, daß man, indem man Menschen dazu bringt, wilde Kreistänze aufzuführen, Energie erzeugen und in Steinen und Bäumen speichern kann«, sagte Lethbridge. Er berichtete, daß er, als er in dem wenig besuchten Merry Maiden Ring die Hand auf einen Stein legte, eine Art elektrischen Schlag bekam. Er hält es zumindest für denkbar, daß die Ladung von Menschen stammt. »Wenn Sie wilde Kreistänze in Ringen tanzen, die aus Steinen mit Zwischenräumen geformt sind, haben Sie eine Art Dynamo.«

Die Ansicht, daß Tanzen paranormale Kräfte aktiviert, ist weit verbreitet, am vollendetsten verleihen ihr vielleicht die tanzenden Derwische Ausdruck. Lethbridges Behauptung, daß Menschen eine Art Energie auf leblose Materie übertragen können, hat ebenfalls eine uralte Tradition.

Ihre modernste Ausprägung erfuhr sie in der Tschechoslowakei, als Pavlita-Generator. Eine Skulptur? Ein archäologischer Fund? Maschinenteile? Von allem etwas und doch etwas anderes. Viele Psychotronik-Forscher behaupten, daß Körper wie die Pyramide durch eine *kosmische* psychotronische Energie wirksam sind, während die Generatoren mit einer Form dieser Kraft, einer *Bio*energie zu tun haben. Mit anderen Worten, sie erhalten ihre Ladung von Lebewesen. Daß diese sogenannte »X-Kraft« sowohl einen kosmischen wie auch einen biologischen Aspekt hat, stellten die meisten Energieforscher von der ältesten bis in die neueste Zeit fest. Mehrere Amerikaner, darunter ein Filmproduzent und ein Atomphysiker, konnten mittlerweile Robert Pavlita und seine Tochter Jana bei der Demonstration wenigstens einiger ihrer Generatoren beobachten. Pavlita führte die Generatoren auch auf dem Ersten Internationalen Kongreß für

Parapsychologie und Psychotronik im Juni 1973 in Prag vor.

Robert Pavlita, Inhaber mehrerer Patente auf dem Gebiet der Textilindustrie, mit der er beruflich zu tun hat, bezeichnet sich als Technologen, wenn es um seine Generatoren geht. Die von ihm aufgestellte Behauptung ist nicht mit Sicherheit bewiesen, aber je weiter die Erforschung der mit dem Körper verknüpften Energien fortschreitet, desto mehr rückt Pavlitas Behauptung in den Bereich des Möglichen. Sie lautet, kurz zusammengefaßt, daß die Generatoren eine Bioenergie akkumulieren, speichern und dann die Kraft zur Erzeugung verschiedener Effekte umlenken. Das Geheimnis liegt in einer bestimmten Form und Anordnung von Materialien – doch beides ist vielleicht gar nicht so geheimnisvoll, wie man meinen könnte. Ob Sie, wenn Sie die Elektrizität einschalten, nachts sehen, eine Wurst braten oder sich durch Strom töten, hängt ganz davon ab, welche Vorrichtung Sie dafür benutzen: eine Glühbirne, eine Pfanne oder eine defekte elektrische Leitung.

Pavlita schaltet seine Vorrichtungen angeblich ein, indem er Energie überträgt oder induziert: Durch seinen Blick, oft in Verbindung mit einem auffälligen Muster auf der Vorrichtung (wieder die Vorstellung, daß aus den Augen Kraft kommt); durch Befingern und Berühren der Vorrichtung nach einem bestimmten Schema (wieder die Vorstellung von einer Polarität); und durch andere Methoden, die er nicht preisgibt.

Die Pavlita-Generatoren erzeugen dem Vernehmen nach viele Phänomene, die auch Medien hervorrufen, was auf eine gemeinsame Energie hinweist. Nach Überzeugung der Psychotronik-Forscher arbeiten die Generatoren mit einer wirklichen Kraft, und diese kann, wie sie warnend sagen, gleich jeder Energie gefährlich werden, wenn man sie falsch handhabt.

Was läßt sich heute zu den Pavlita-Generatoren sagen? Wohl das eine: Würde ein schöpferischer Mensch lediglich die Hälfte der seit den Tagen Mesmers und Reichenbachs erschienenen Berichte über eine »andere« Energie durchgehen und die älteren überhaupt nicht berücksichtigen, wäre es keineswegs überraschend, wenn ihm der Bau von Vorrichtungen gelänge, die ungewöhnliche Effekte produzieren. Vielleicht ist an den Generatoren nichts dran. Vielleicht ist Pavlita ein Erfinder mit ausgeprägten PK-Fähigkeiten. Sollte doch etwas an den Vorrichtungen sein – genauer gesagt, an der Kombination von Mensch und Gerät –, würden wir sagen, daß Pavlita sich zu Recht als Technologe bezeichnet und daß seine Generatoren das erste Produkt einer neuen Technologie sind. Sie wären dann allerdings unfertige Prototypen, die erst nach umfänglichen weiteren Forschungs- und Entwicklungsarbeiten einer praktischen Anwendung auf breiter Basis zugeführt werden könnten. Stünde die Forschung dafür? Würde es sich lohnen, Apparate zur Nutzung der »anderen« Energie zu entwickeln?

Man kann es Pavlita nicht verübeln, daß er sein Geheimnis für sich behält, denn ihm geht es auch um Patent-Angelegenheiten und um die kommerzielle Auswertung. Und wie stets im Bereich des Unbekannten, kursieren Gerüchte, sensationelle und andere, daß mächtige Interessengruppen plötzlich die Fühler nach diesen »anderen« Energien auszustrecken beginnen, die in PK, Rutengehen und psychotronischen Generatoren zum Ausdruck kommen. Ob das stimmt oder nicht – allem Anschein nach wird man sich vielerorts allmählich bewußt, daß Psi, besonders in seinen energetischen Aspekten, zu einer angewandten Wissenschaft heranreift.

Pyramiden und Generatoren weckten jedenfalls neues Interesse an Körpern und Formen, das gut in eine Zeit paßt, in der verschiedene Denker mit geometrischen und holographischen Modellen von Leben und Welt spielen. Wir vermuten, daß man im kommenden Jahrzehnt viel mehr über die Untersuchung der Wirkung hören wird, die spezifische Formen im Zusammenklang mit Farbe und wahrscheinlich auch Ton auf den menschlichen Körper und Geist ausüben.

Ganz offensichtlich wird die Jagd nach der »Super-Energie« zunehmend härter und verbissener. Man braucht nicht viel Phantasie, um sich ausmalen zu können, warum das so ist in unserer Welt der Energiekrise, Umweltverschmutzung, Nahrungsmittelknappheit und Krankheit. (Vor ein paar Jahren sagte uns ein tschechischer Forscher, daß mit psychotronischer Energie behandeltes Benzin eine bessere Kilometerleistung erbrächte. Leider wissen wir nicht, was für einen Generator er benutzte.)

Energien sind neutral, dies sei noch einmal betont. Das Gute oder Böse liegt allein in der Art der Anwendung. Im Gegensatz zu anderen Kräften scheinen jene Energien, von denen wir hier sprachen, in besonderer Wechselwirkung mit Körper und Geist zu stehen. Deshalb sollte es wenigstens eine Zeitlang ein persönliches Anliegen jedes einzelnen von uns sein, Wissen über diese Energien zusammenzutragen.

»Die Entdeckung der ASW-Energie wird von der gleichen Bedeutung sein wie die der Atomenergie, wenn nicht von größerer« – wenn Leonid L. Wassiliew mit seiner Meinung nur zur Hälfte recht hat, werden sich bald nicht mehr nur reine Psi-Forscher und idealistische Experimentatoren für die ASW-Energie interessieren. Je mehr Menschen dann über sie Bescheid wissen, desto geringer ist die Wahrscheinlichkeit, daß sich eine einzige Interessengruppe das Monopol daran sichern kann.

12 Das Tonbandgerät – Bodenstation für »Jenseits-Stimmen«?

»Das Medium ist die Botschaft«, lautet der weltberühmte Kernsatz des Werks von Marshall McLuhan über die Auswirkungen der elektronischen Medien auf unsere Gesellschaft. Heute könnte sein Wort auch für Bereiche gelten, an die er selbst bei seiner »Medienarbeit« wohl kaum gedacht hat: Seit über zwanzig Jahren versucht man in Mitteleuropa, Skandinavien und Großbritannien herauszubekommen, ob das elektronische »Medium« Tonbandgerät tatsächlich in der Lage ist, paranormale »Botschaften« zu vermitteln. Seit Jahrhunderten versichern Medien, solche Botschaften aus dem Jenseits zu empfangen. Heute behaupten einige Wissenschaftler, elektronische Empfangsgeräte könnten diese aus anderen Dimensionen gesendeten Mitteilungen – paranormale Töne oder »Stimmen« – aufzeichnen. Von der Frage einmal abgesehen, wer da spricht und wie die Stimmen auf Magnettonbänder gelangen, gibt es offenbar überzeugendes Tatsachenmaterial dafür, daß paranormale Laute irgendwelcher Art unter strengsten Versuchsbedingungen mit Tonbandgeräten aufgezeichnet wurden.

Und zudem kann jeder, wie Sie noch sehen werden, selbst versuchen, diesem Phänomen mit einem Tonbandgerät nachzuspüren – was schon Tausende von Menschen getan haben. Doch bevor wir uns der Praxis zuwenden, wollen wir uns ein wenig mit den wissenschaftlichen Grundlagen der Stimmenphänomene vertraut machen.

Man könnte die auf Band gespeicherten paranormalen Stimmen als Selbsttäuschung abtun, hätten nicht angesehene Wissenschaftler und Forscher gründliche Untersuchungen angestellt und sehr sorgfältige Forschungen durchgeführt – mit positiven Ergebnissen. Die raffiniertesten elektronischen Geräte wurden benutzt, um die Tonbandlaute zu analysieren, darunter Stimmenprinter, Videobänder, Oszilloskope und sämtliche Hilfsmittel der gegen Funkfrequenzen abgeschirmten Laboratorien, in denen elektromagnetische Störungen der Bandaufnahmen vollkommen ausgeschaltet sind. Geheimnisvollerweise gelangten auf die in solchen Labors laufenden Bänder trotzdem Geräusche: Stimmen, die am Rande des von Menschen hörbaren Frequenzbereichs liegen und erkennbare Wörter sprechen (die man in sichtbaren Sprachdiagrammen analysierte). An der Arbeit beteiligen sich heute neben Wissenschaftlern auch Toningenieure und Elektronikfachleute vieler Länder – und sogar der Vatikan interessiert sich für das Thema.

Das Material, das sich inzwischen angesammelt hat, legt eine überraschende Schlußfolgerung nahe: Der menschliche Geist scheint die Fähigkeit zu haben, Sprache aus der Entfernung direkt auf Magnetband zu prägen. Noch verblüffender ist die Schlußfolgerung, zu der Pioniere auf dem Gebiet des Stimmenphänomens gelangten: Die sogenannten »Toten« versuchen, durch das elektronische Medium mit uns Verbindung aufzunehmen.

Vor hundert Jahren spitzten in Amerika viele Menschen die Ohren, um undeutliche Stimmen zu hören, die über den Telegrafendraht und die Blechdosen der frühesten Telefone zu ihnen drangen. Stehen wir heute, wo viele Menschen die Ohren spitzen, um auf ihren Tonbändern die ersten undeutlichen Übermittlungen paranormaler Stimmen zu hören, die aus einer unbekannten Dimension zu ihnen sprechen, wieder kurz vor der Entdeckung einer neuen Kommunikationsart? Hat sich der Traum des Erfinders Thomas Alva Edison nun endlich verwirklicht – gelang die Entwicklung elektronischer Geräte, mit deren Hilfe ein Kontakt zu Wesen der »nächsten Welt« hergestellt werden kann?

Dr. Walter Uphoff aus Colorado, der als einer der ersten Amerikaner die europäischen Forschungsergebnisse überprüfte und die Versuche in den USA wiederholte, meint dazu: »Lassen Sie sich Zeit mit der *Annahme* oder *Ablehnung* von Beweisen der Paranormalität. Warten Sie, bis sich die Beweise häufen und eine bestimmte Erklärung mehr oder weniger plausibel wird. Stimmt die Erklärung, können Sie sie nicht abschaffen. Stimmt sie nicht, können Sie sie nicht schaffen.«

Grundlegendes Tatsachenmaterial

Sind die paranormalen Stimmen vielleicht nur auf Band aufgenommene Kratzer und Schrammen, in die von Hörern imaginäre Wörter projiziert werden? Der berühmte deutsche Psychologe und Parapsychologe Professor Hans Bender, Gründer und Leiter des Instituts für Grenzgebiete der Psychologie und Psychohygiene in Freiburg (das mit dem Lehrstuhl für Parapsychologie der Universität Freiburg zusammenarbeitet), leitete mehrere Teams, die Analysen der auf Band gespeicherten paranormalen Töne vornahmen. Zu den Teams gehörten unter anderen: der Physiker Dr. B. Heim, Dr. Friedebert Karter vom Max-Planck-Institut, der Psychologe Dr. Jürgen Keil und Ingenieur N. Lemke aus München. Die Stimmenanalysen nahm Ingenieur Jochem Sotscheck aus Berlin vor.

Im Sommer 1964 reisten Bender und einige Kollegen nach Schweden, um den Entdecker des Stimmenphänomens, Friedrich Jürgenson, kennenzulernen und Vorversuche durchzuführen. Diese ersten Tests waren erfolgreich, darum fuhren die Wissenschaftler 1970 erneut nach Schweden, diesmal mit umfangreicher Ausrüstung – einem Oszilloskop, Tonbandgeräten verschiedenen Typs, speziellen Richtmikrophonen, Videorecordern und dergleichen mehr –, um Versuchsreihen durchzuführen, die sich über mehrere Tage erstrecken sollten.

Die Analysen zeigten, daß es sich bei den paranormalen Tönen tatsächlich um Stimmen handelte. Sprachdiagramme bestätigten die gesprochenen Wörter. Die Frequenz der Bandaufnahmen lag in einem Bereich, in dem man auch normale Stimmen aufnähme, und die gespeicherten Signale entsprachen jenen normaler Stimmenaufnahmen. Die Stimmen wurden auch vom Oszillographen als sichtbare, mit einem Videorecorder gefilmte Impulse registriert. Nach der Analyse der paranormalen Töne in seinem Berliner Laboratorium bezeichnete Jochem Sotscheck die Resultate als »sehr ermutigend«.

Aufnahmen von Stimmenphänomenen werden mit einem Tonband, einem wie üblich aufgestellten Mikrophon und einem fabrikneuen Band gemacht. Während der Aufnahme ist kein Laut zu vernehmen, doch beim anschließenden Abspielen des Bandes hört es sich so an, als seien schwache Stimmen unbekannten Ursprungs aufgefangen worden. Eine andere Methode besteht darin, ein Tonbandgerät ans Radio anzuschließen und den Sendersuchknopf auf einen Punkt zwischen zwei Stationen zu drehen.

Während einem der Versuche in Schweden hatte Bender an den Namen einer Freundin gedacht, Brigitte Rasmus. Beim Abspielen des Bandes hörte man genau an der Stelle eine Stimme »Rasmus« flüstern. »Ich war der einzige Anwesende, der diesen Namen kannte«, sagte Professor Bender. Das sichtbare Sprachdiagramm zeigte jedoch laut Bender, daß das Wort objektiv ausgesprochen worden war, und die Analyse des Berliner Spezialisten Jochem Sotscheck ergab, daß Bender es nicht geflüstert haben konnte. Mehrere gleichzeitig gemachte Bandaufnahmen hatten dasselbe Wort registriert, und die Tonanalyse erbrachte, daß es nicht von jener Stelle des Zimmers kam, wo Bender sich aufgehalten hatte.

Während einer anderen Sitzung saßen alle Anwesenden, wie zuvor vereinbart, eine ganze Minute lang stumm und reglos da, ohne auch nur die Lippen zu bewegen. Auf dem Oszillographen konnten sie beobachten, was im Tonbandgerät vorging. Im Laufe der »Schweigeminute« erfolgten 38 Sekunden lang deutliche Ausschläge des Oszillographen, die anzeigten, daß das Band aktiviert wurde«. Beim Abspielen hörten sie eine Stimme in Englisch mit amerikanischem Akzent flüstern: »Stop as you like.« Mehrere Wörter folgten, dann erklang auf deutsch: »Eine Pause.«

Handelte es sich vielleicht um zufällig aufgefangene Bruchstücke von Rundfunksendungen? Das war angesichts der situationsbezogenen Aussagen unwahrscheinlich. Außerdem hatte ein Elektronikingenieur die Tonbandgeräte während der ganzen Zeit im Hinblick auf eine etwaige Funkinterferenz überwacht, und er sagte, daß es zu keinem zufälligen Funkempfang gekommen sei. Hatte jemand aus der Gruppe gesprochen? Auch das war unwahrscheinlich, weil die Sitzungsteilnehmer sich gegenseitig scharf kontrollierten und weil keiner der anwesenden Schweden und Deutschen Englisch mit amerikanischem Akzent sprach. Die benutzten Kehlkopfmikrophone hätten zudem selbst das leiseste Flüstern der Anwesenden offenbart.

Weitere Experimente begannen im Juli 1971 – mit einem überraschenden Auftakt. Auf dem Weg zu Jürgensons Landhaus in Nysund verfuhr sich das deutsche Team gründlich und irrte durch scheinbar endlose Wälder; gleichzeitig bekam Teammitglied Gisela heftige Zahnschmerzen. Unterdessen wartete Jürgenson ungeduldig auf die deutschen Wissenschaftler und machte schließlich allein eine Aufnahmesitzung. Als er das Band abspielte, hörte er zu seiner Verblüffung die deutschen Worte: »Sie kommen bald. Zahnarzt. Zahnarzt.« Jürgenson spielte den Deutschen das Band sofort nach ihrer Ankunft vor, während sich die unglückliche Gisela beim Zahnarzt anmeldete.

Typisch für die Ergebnisse der Versuchsreihe von 1971 war die auf einer fabrikneuen Sony-Cassette gespeicherte Stimme einer Frau. Während der Aufnahme hatte sich keine Frau in Jürgensons Haus befunden. Die Stimme sagte: »Peng.« Sie ähnelte der Stimme Giselas und war zu der Zeit empfangen worden, als Gisela in Stockholm ihren schmerzenden Zahn von Frau Jürgenson, einer Zahnärztin, behandeln ließ.

Die deutschen Wissenschaftler gelangten aufgrund der Stimmenanalysen zu folgenden Schlüssen: Die Töne waren objektive akustische Ereignisse – keine Einbildungen der Zuhörer; die Stimmen auf den Bändern sprachen echte Wörter; die im Raum Anwesenden hatten die aufgefangenen Wörter nicht geäußert; es handelte sich nicht um Fragmente einer Rundfunksendung. Professor Bender hält es für »höchst wahrscheinlich, daß die Stimmenphänomene paranormalen Ursprungs sind«.

Wäre es möglich, daß die Wissenschaftler alle einem Irrtum unterlagen? Könnte ihnen entgangen sein, daß sie aus Sendungen irgendwelcher Amateurfunker Fragmente auffingen, die von der Ionosphäre abprallten und auf ihre Bänder gelangten?

Am 27. März 1971 führte die Firma Belling and Lee Ltd. in Enfield, England, in ihrem gegen Funksignale jeder Art abgeschirmten Labor ein Experiment durch. Das Laboratorium wird sonst zum Testen raffiniertester Elektronikausrüstungen für die britischen Verteidigungskräfte benutzt. Der Physiker und Elektronikingenieur Peter Hale überwachte das Experiment. Hale ist *der* Fachmann für elektronische Abschirmung in Großbritannien, einer der führenden Experten im Westen überhaupt. Zu den anwesenden Forschern zählten der Physiker und Elektronikingenieur Ralph Lovelock und der Pionier unter den Stimmenforschern, der aus Lettland stammende Psychologe Dr. Konstantin Raudive. Für die Versuche wurden die Aufnahmegeräte des Labors und fabrikneue Bänder verwendet. Wieder erklangen von den Bändern paranormale Stimmen, die dort nicht hätten sein dürfen. »Angesichts der in meiner Firma in einem abgeschirmten Labor durchgeführten Versuche«, sagte Peter Hale anschließend, »kann ich das Geschehen vom physikalischen Standpunkt aus nicht erklären.«

Während der vergangenen Jahre wuchs das Interesse an den Stimmenphänomenen in Großbritannien und auf dem europäischen Kontinent in dem Maße, wie die Nachrichten darüber sich verbreiteten:

Die Schweizerische Vereinigung für Parapsychologie verlieh 1969 ihren Preis gemeinsam dem Psychologen Dr. Konstantin Raudive, Bundesrepublik Deutschland, und dem Physiker Professor Alexander Schneider, Schweiz, für ihre Arbeit mit direkten Stimmenbotschaften auf Tonbandaufnahmen.

Das Trinity College der Cambridge-Universität in Großbritannien gab im September 1970 bekannt, daß das Perrott-Warrick-Stipendium für Jungakademiker zur Erforschung des Paranormalen dem Magister der freien Künste David Ellis für die Untersuchung der Stimmenphänomene zuerkannt worden sei.

Im gleichen Monat des Jahres 1970 veranstaltete die Internationale Gesellschaft Katholischer Parapsychologen in Österreich eine ihrer *Imago Mundi*-Konferenzen und widmete einen großen Teil der Zeit wissenschaftlichen Referaten über die Stimmenphänomene. Vorträge hielten neben Professor Schneider und Dr. Raudive auch der Hochfrequenzingenieur Theodor Rudolph und Franz Seidl, ein österreichischer Elektronikingenieur.

In England und Irland fanden Dutzende von Fernseh- und

Rundfunksendungen mit Diskussionen über die Stimmenphänomene statt, die anhand von Beispielen vorgestellt wurden. In Zeitungen und Zeitschriften entbrannte eine heftige Kontroverse über das Thema. Geistliche, Wissenschaftler und die allgemeine Öffentlichkeit stritten über die Stimmen und darüber, was sie zu sagen schienen, warum sie es sagten und ob sie es überhaupt sagen *durften*. Spiritisten waren beunruhigt über Ursprung und Sinn der Stimmen.

Wenn die Stimmen auf Magnettonbändern eigentlich gar nicht vernehmbar sein dürften, was konnte man tun, so wurde gefragt, um sie davon abzuhalten? Woher kamen sie? Einige Wissenschaftler meinten, sie könnten mittels PK auf die Bänder geprägt worden sein. Andere dachten, sie könnten von UFOs kommen. Wieder andere erklärten, vielleicht seien es Stimmen lebender Menschen mit veränderten Bewußtseinszuständen. Verschiedentlich hieß es sogar, die Phänomene seien sämtlich ein Werk des amerikanischen CIA! Und schließlich wurde behauptet, daß es die Stimmen Verstorbener seien. In der leidenschaftlichen theologischen Debatte über letztere Erklärung umriß ein Leserbrief an die *Irish Times* die problematische Situation sehr treffend:

»Wenn dies die Toten sind und wenn es tatsächlich eine Sünde ist, auf sie zu hören, gibt es dann irgendeine Möglichkeit, außer dem Beten einiger Rosenkränze, sie zu bewegen, aus dem Äther in die Hölle zu verschwinden?«

Wie hatte die ganze Sache überhaupt angefangen?

Die Entdeckung der Stimmenphänomene

Im Sommer 1959 wollte der schwedische Maler, Operntenor und Filmproduzent Friedrich Jürgenson in der Nähe seiner Villa Vogelgesang auf Tonband aufnehmen. Als er das Band abspielte, hörte er eine ruhige Männerstimme auf norwegisch über »nächtlichen Vogelgesang« sprechen. Da man manchmal auf Tonband per Zufall Rundfunksendungen auffängt, fragte sich Jürgenson, ob diese Worte vielleicht aus irgendeiner Sendung stammten. Ein seltsamer Zufall, dachte er, daß er genau in dem

Moment, wo er Vogelstimmen aufnehmen wollte, eine Sendung über nächtlichen Vogelgesang aufs Band bekommen hatte. Jürgenson machte mehrere weitere Aufnahmen. Solange das Band lief, hörte er nichts, doch wenn er es anschließend abspielte, vernahm er Stimmen, die ihm offensichtlich etwas Wichtiges mitteilen wollten. Die Möglichkeit, daß es sich um zufällig aufgefangene Sendefragmente handelte, wurde immer unwahrscheinlicher, zumal die Stimmen ihn mit seinem Namen ansprachen und ihm persönliche Informationen gaben. Außerdem behaupteten viele der Stimmen, verstorbene Verwandte und Freunde von ihm zu sein.

Die Stimmen beschrieben auf den Bändern auch Methoden, nach denen ihre Äußerungen aufgezeichnet werden könnten. Mehrere Jahre lang experimentierte Jürgenson in seinem bei Stockholm gelegenen Haus in Molnbo; die Ergebnisse seiner Forschungen trug er in seinem Buch *Sprechfunk mit Verstorbenen* zusammen.

1971 schrieb Jürgenson dem britischen Autor Peter Bander: »Außerdem, und dies ist vielleicht der wichtigste Aspekt, habe ich im Vatikan ein offenes Ohr für das Stimmenphänomen gefunden. Ich habe unter führenden Persönlichkeiten der Heiligen Stadt viele wunderbare Freunde gewonnen. Heute steht ›die Brücke‹ fest auf ihren Fundamenten.«

Daraus darf man schließen, daß die römisch-katholischen Kirchenführer Jürgensons Bücher über die Stimmenphänomene und seine Tonbandaufnahmen kennen. Möglicherweise nahmen vatikanische Geistliche sogar an Experimenten mit den Stimmenphänomenen teil.

Der Vatikan gab keine offizielle Erklärung zu den Stimmenphänomenen ab, doch einzelne Vertreter der Kirche äußerten ihre persönliche Meinung. Pater Pistone beispielsweise, Superior der Society of St. St. Paul in England, unter deren Kontrolle die meisten Rundfunk- und Fernsehstationen der katholischen Kirche des Landes stehen, äußerte im Fernsehen und in Interviews, er sehe in den Stimmenphänomenen nichts, was gegen die Lehre der Kirche verstoßen würde: »Wissenschaftlich muß erst noch bewiesen werden, daß wir es wirklich mit Stimmen Verstorbener zu tun haben. Das, womit wir konfrontiert sind, ist ein nun mal existierendes Phänomen; wir müssen nicht mehr akzeptieren, und wir können nicht weniger akzeptieren.« Er deutete an, daß die Kirche genau verfolgen werde, was sich auf dem Gebiet der Tonbandstimmen-Phänomene weiter tue.

Pater Andreas Resch in Innsbruck erhielt vom Vatikan die offizielle Erlaubnis, Psi-Forschungen durchzuführen und paranormale Stimmenaufnahmen zu machen. 1971 absolvierte Pater Resch an der Pontifikal-Universität des Laterans, der vatikanischen Priesterschule in Rom, einen Kurs in Parapsychologie. Auch Pfarrer Schmid aus dem Kanton Aargau in der Schweiz erhielt die Genehmigung, Stimmenaufnahmen zu sammeln.

Die größte »Stimmen-Bibliothek« – sorgfältig klassifiziert und geordnet – besitzt wohl Dr. Konstantin Raudive. Den ehemaligen Schüler von C. G. Jung und Ortega y Gasset lernte Jürgenson 1964 in Schweden kennen. Er zeigte dem interessierten Psychologen die verschiedenen Techniken zur Aufnahme paranormaler Laute, die er nach den Anweisungen der Stimmen auf seinen Bändern entwickelt hatte. Da war Raudives Forscherinstinkt geweckt, wie dieser selbst sagte. Seit 1965 widmete er seine Zeit fast ausschließlich dem Tonbandstimmen-Phänomen, zunächst nur zusammen mit seiner Frau, Dr. Zenta Maurina, später unter Mitarbeit des Physikers Alexander Schneider aus St. Gallen und mehrerer Ingenieure.

Raudive hat nun weit mehr als hunderttausend Sätze aufgezeichnet, die von rätselhaften Stimmen auf Band gesprochen wurden. Sowohl Raudive als auch Jürgenson sprechen mehrere Sprachen, und die Stimmen, die sie aufnahmen, äußerten sich in mehrsprachigen Sätzen, bei denen man oft an »telegrafischen Wortsalat« erinnert wird. (Menschen, die nur eine Sprache beherrschen, empfangen gewöhnlich Sätze in ihrer eigenen Sprache, doch gelegentlich erhalten sie auch eine fremdsprachige Botschaft.)

Die Botschaften umfassen selten mehr als zehn oder zwölf Wörter. Für Raudives und für Jürgensons Aufnahmen ist ein grammatikalisch unrichtiges Sprachengemisch charakteristisch, das die Wahrscheinlichkeit verringert, daß es sich um Bruchstücke aus Rundfunksendungen handelt. Bei einer typischen Aufnahme kann Raudive mit vollem Namen oder mit verschiedenen Kosenamen aus seiner Kindheit angesprochen werden. Sein Geburtsort wird in einem lettischen Dialekt genannt, in Latgalai. Die komprimierten Sätze können in Schwedisch, Russisch oder Deutsch weitergehen. Die Stimmen klingen anders als normale Funkstimmen. Die Sprechgeschwindigkeit ist annähernd doppelt so schnell wie normal, und die Töne werden rhythmisch intoniert, fast wie Poesie oder Gesang.

Die Stimmen erinnern ein wenig an die ersten Funkübermittlungen der Astronauten vom Mond. Sie sind aufgrund starker Hintergrundgeräusche und lauten Rauschens nur schwer zu hören. Es ist fast, als wollte man versuchen, jemand über eine schrecklich schlechte Telefonverbindung aus dem Ausland zu verstehen. Raudive und Jürgenson versichern jedoch, man könne das Ohr schulen. Raudive meint, daß sich die Fähigkeit, die Stimmen zu verstehen, nach und nach entwickelt. Ein Mensch mit besonders gutem Gehör ist hier natürlich sehr im Vorteil.

Raudive stuft die Stimmen nach ihrer Deutlichkeit als A, B oder C ein. Die schwächsten C-Stimmen katalogisiert er nicht. Die Informationen der knapp und rhythmisch sprechenden Stimmen betreffen in der Regel den Menschen, der die Aufnahme macht. Während der Aufnahme sind jedoch, wie gesagt, keine Stimmen zu hören, sondern erst anschließend beim Abspielen des Bandes.

Zu den Dutzenden von Wissenschaftlern und Forschern, die mit Raudive arbeiteten, zählen unter anderen Dr. Gebhard Frei, Präsident der Internationalen Gesellschaft Katholischer Parapsychologen und Mitbegründer des Jung-Instituts in Zürich, Dr. Hans Naegeli, Präsident der Schweizer Parapsychologischen Gesellschaft, und Dr. Theo Locher, Präsident der Schweizerischen Vereinigung für Parapsychologie. Die Entdeckungen, die er allein und in Zusammenarbeit mit ihnen und anderen Fachleuten gemacht hat, veröffentlichte Raudive in seinem Buch *Unhörbares wird hörbar*. Er beschreibt da die verschiedenen von ihm angewandten Aufnahmeverfahren, seine Theorien über die Stimmen, eine Auswahl seiner Entzifferungen und Analysen sowie detailliertere Beobachtungen über einige der mehr als hunderttausend aufgenommenen Sätze. Gestützt wird Raudives Dokumentation durch die Berichte jener Experten, die sein Material prüften, Raudives Originalbänder abhörten, selbst forschten, neue Aufnahmegeräte zur Verbesserung des Empfangs entwickelten oder generell seine Arbeiten wiederholten und weiterführten. Weil das aufgenommene Material so polyglott ist, weil sich idiomatische Ausdrücke schwerlich genau übersetzen lassen und weil die Sätze oft unzusammenhängend, telegrammartig sind, ähneln die Originalstimmentexte häufig den mehrsprachigen Kurzsätzen in Reiseführern für Touristen.

Zu den Interpretationsschwierigkeiten der mehrsprachigen Sätze kommt noch hinzu, daß ein einziges phonetisches Muster in verschiedenen Sprachen gewöhnlich sehr unterschiedliche Bedeutungen hat – man könnte an einen Rorschach-Test für Linguisten denken. Die empfangenen Sätze sind zudem oft unzusammenhängend, als wären sie im Traum gesprochen worden. Gelegentlich ähneln die Aufnahmen einem kinetischen Oui-ja-Board, bestehen aus einer Reihe alphabetischer Töne, die man kaum einer bekannten Sprache zuordnen kann. Jürgenson berichtet, daß die Bedeutung einiger scheinbar sinnloser Wörter, die er aufnahm, oft erst Jahre später entdeckt wurde.

Kritiker der Stimmenphänomene mokieren sich über die Banalität der Botschaften, doch könnten technische Probleme zumindest teilweise für die Kürze und Verzerrung der Aussagen verantwortlich sein.

Die Stimmen werden immer auf fabrikneue Bänder aufgenommen. Es gibt Männer-, Frauen- und Kinderstimmen, gewöhnlich sprechen sie hastig und abgehackt. Wie die Analysen bestätigen, liegen die Stimmen in Frequenzbereichen, die für Männer- und Frauenstimmen üblich sind. Die Stimmen identifizieren sich, nennen ihre Namen und Heimatorte; sie sprechen die Personen im Aufnahmeraum mit Namen an; sie antworten auf Fragen, die ihnen gestellt werden; sie äußern sich zu Bedingungen im Aufnahmeraum und zu Übermittlungsbedingungen (Stürme verursachen während der »Stimmensendung« atmosphärische Störungen); sie machen Bemerkungen darüber, wer im Raum anwesend oder nicht anwesend ist; sie sprechen sogar über die Kleidung der Experimentatoren (»Er hat einen roten Pullover an«). Es werden auch Stimmen aufgefangen, wenn der

Experimentator aus dem Raum geht und das Band laufen läßt.

Die direkte Wechselbeziehung zu den Experimentatoren scheint auszuschließen, daß alle Stimmen als Klangfetzen von Rundfunksendungen erklärt werden könnten. Es ist unwahrscheinlich, daß ein Programm aus heiterem Himmel irgend jemanden namentlich anspricht. Sollte Raudive die Sätze falsch interpretiert oder etwas anderes hineingelegt haben, als sie wirklich aussagen? Zur Zeit ist die Interpretation wegen der atmosphärischen Störungen und der Hintergrundgeräusche, die neben den Stimmen auf den Bändern zu hören sind, noch ungeheuer schwierig. David Ellis aus Cambridge glaubt, daß Raudive mindestens bei einer Gelegenheit Bruchstücke eines englischsprachigen Programms von Radio Luxemburg für deutsche und russische Sätze gehalten hat.

Dennoch: Mittlerweile haben sich mehrere hundert Menschen Raudives Bänder angehört, und ein hoher Prozentsatz von ihnen ist der Meinung, daß zumindest bestimmte Aussagen korrekt interpretiert wurden. Der Physiker Alexander Schneider wies darauf hin, daß das Stimmenphänomen bewiesen sei, wenn auch nur eine einzige Stimme, die einen einzigen Namen wie »Konstantin Raudive« spreche, nachweislich echt und kein zufällig aufgefangenes Sendungsfragment sei.

Möglicherweise hören Hunde die Stimmenphänomene deutlicher als Menschen, denn sie haben einen größeren Hörbereich. Peter Bander beobachtete, daß seine dänische Dogge Rufus immer mit gesträubtem Fell zu bellen begann, wenn auf den Phänomen-Tonbändern eine Stimme sprach, während sie normalerweise Radios, Stereoanlagen und Tonbandgeräte überhaupt nicht beachtete.

Der Wiener Elektronikingenieur Franz Seidl entwickelte ein nach seiner Ansicht beträchtlich verbessertes Aufnahmegerät. Für die Töne steht offenbar nur eine extrem schwache Energie zur Verfügung, mit der sparsam umgegangen werden muß und die deshalb nur knappe, telegrammartige Äußerungen erlaubt. Seidl hat nach eigener Aussage »alles getan, um das Band von zusätzlichem Material freizuhalten«. Er machte übrigens auch das umgekehrte Experiment, das heißt, er versuchte mit einer starken elektronischen Sendeanlage Stimmen auf Band zu übertragen, doch die erzeugten Strahlen blieben ohne Wirkung. Außerdem fand Seidl heraus, daß Stimmenphänomen-Botschaften auch anderswo auf der Welt in unabhängigen Experimenten empfangen wurden. Seidl hält die paranormalen Stimmen für hilfreich bei kriminalistischen Aufgaben. Er selbst benutzte die Geräte einmal, um einer Familie zu helfen, die verschwundene Tochter wiederzufinden. Auf den Bändern erschienen Stimmen, die Informationen über den Aufenthaltsort des Mädchens gaben.

Der britische Experte Ralph Lovelock vom Labor der Firma Belling and Lee würde es für interessant halten, Stimmenaufnahmeversuche irgendwo auf der Erde zu machen, wo es keine nennenswerten Störungen durch Rundfunksendungen gibt, beispielsweise mitten auf dem Stillen Ozean. Wertvoll könnte auch ein Stimmenexperiment über der Erde, in einem Flugzeug, sein. Laut dem Medium Arthur Ford wirken sich Höhe und Geschwindigkeit auf paranormale Phänomene aus. In seinem Buch *Bericht vom Leben nach dem Tod* schildert er ein Experiment, das nachts in einem Flugzeug durchgeführt wurde. Das Experiment fand Ende der vierziger Jahre statt und galt dem Phänomen der Wahrnehmung direkter Stimmen durch Medien. Ford nahm als Beobachter daran teil. Als das Flugzeug eine Höhe von 2600 Metern erreichte, kamen laut Ford zahlreiche Stimmen durch, die von den anwesenden Personen sofort erkannt wurden. Hoch über der trüben Atmosphäre unserer Städte schien sich die Psi-Wahrnehmung zu verstärken, viele paranormale Informationen wurden ganz klar empfangen. Gälte das gleiche auch für den äußeren Raum?

Konstantin Raudive berichtet, daß ihn zweimal amerikanische Ingenieure besuchten, die mit dem Weltraumprogramm zu tun hatten. Sie prüften seine Arbeit über die Stimmenphänomene genau. Raudive sagte sich, wenn seine relativ einfachen Aufnahmeapparate das Stimmenphänomen hervorbrachten, müßten die raffinierten Geräte an Bord der Raumfahrzeuge erst recht Phänomenstimmen einfangen können. Er fragte die Amerikaner, ob er einige der bei Mondflügen gemachten Bandaufnahmen abhören dürfe, bekam aber zur Antwort, die Bänder würden vorläufig noch nicht freigegeben.

Die Hypothese, daß einige der Tonbandstimmen sogar von extraterrestrischen Wesen stammen könnten, wird gestützt durch die mittlerweile von zahlreichen Menschen gesichteten UFOs, durch die Behauptungen sowjetischer Wissenschaftler, sie hätten Signale aus dem äußeren Raum aufgefangen, und durch die Enthüllung des im amerikanischen Verteidigungssektor tätigen Ingenieurs L. George Lawrence, mit Biowandlern seien scheinbar intelligente Signale aus dem äußeren Raum registriert worden. (Siehe Kap. 3.)

Der Schriftsteller John Keel behauptet, Tausende von Amerikanern hätten mit ihren Mehrbereichsempfängern seltsame, unerklärliche, intelligente Signale empfangen, auf Frequenzen, die von den niederen Amateurfunkfrequenzen bis zu den höchsten UH-Frequenzen reichten. Keel behauptet weiter, die Raketenstarts und der Raumverkehr der NASA seien wiederholt durch anomale Funkübertragungen von seltsamen Stimmen in unbekannten Sprachen, von Musik und Geräuschen gestört worden.

Rolf Schaffranke, ein führender Forschungsingenieur, der längere Zeit in der National Aeronautics and Space Administration tätig war, erklärt: »Die Existenz des Phänomens kann angesichts der Aussagen von rund dreihundert unabhängigen Beobachtern, die Demonstrationsbänder angehört und an einer oder mehreren Sitzungen teilgenommen haben, als erwiesen betrachtet werden . . .« Und über Raudives Arbeit meint er: »Es scheint nicht unangebracht, dieses erste wissenschaftliche Werk über ein neues paranormales Phänomen, das ein verifizierbarer, wiederholbarer Kanal für die Überlebensforschung zu werden verspricht, als möglicherweise epochemachend zu bezeichnen.«

Erklärt die Überlebenshypothese die Stimmen?

»Alles, was ich gelesen und gehört habe, zwingt mich zu der Annahme, daß einzig die Hypothese, die Stimmen kämen von transzendentalen, personalen Wesenheiten, Aussicht hat, den ganzen Umfang dieser Phänomene zu erklären«, sagte Dr. Gebhard Frei, der bis zu seinem Tod am 27. Oktober 1967 mit Raudive zusammengearbeitet hat. Im November 1967 identifizierte sich bei mehreren Aufnahmesitzungen eine Tonbandstimme als Gebhard Frei, und Schaffranke versichert, Professor Peter Hohenwarter von der Universität Wien habe in der Stimme zweifelsfrei jene des Verstorbenen erkannt.

Im Februar und November 1967 besuchte der berühmte sowjetische Schriftsteller Walerij Tarsis Dr. Raudive und machte mehrere Tonbandexperimente mit ihm. Eine der aufgefangenen Stimmen identifizierte Tarsis als die seines guten Freundes Boris Pasternak, der 1960 gestorben war. Die Stimme sprach Russisch und äußerte sich unter anderem über Tarsis' Ausreise aus der UdSSR, über das Buch, an dem Tarsis gerade schrieb, und über Pasternaks Freundin Olga.

Ähnliche paranormale Stimmenbotschaften werden in ganz Europa empfangen – von Wissenschaftlern und Amateuren. Harald Bergestam aus Stockholm berichtet von einem Besuch bei Jürgenson, wo er seine in Ungarn geborene Frau auf Band in Ungarisch zu ihm sprechen und ihn beim Namen nennen hörte. Sie war seit vierzig Jahren tot. Bergestam besuchte auch Claude und Ellen Thorlin in Eskilstuna, die seit acht Jahren Tonbandstimmen untersuchten. Bei einem Experiment »hörten wir einen Mann deutlich sagen: ›Ich lebe‹, und das wiederholte er. Beim zweiten Mal war seine Stimme von Erregung und Glück erfüllt. Wir verstanden, daß er eben erkannt hatte, daß er noch lebte, obwohl gerade gestorben. Eine andere Stimme kam durch, die Stimme einer jungen Frau, die tränenerstickt sagte: ›Man kann uns auf der Erde hören.‹«. Bergestam folgert: »Ein Tonbandgerät ist ein totes Ding, kein Instrument mit Emotionen – aber dieses technische Vehikel kann Stimmen aus einer anderen Welt aufnehmen.«

Der amerikanische Wissenschaftler Dr. Walter Uphoff erklärte nach der Untersuchung von Raudives Forschungsarbeit in Deutschland, die Botschaften von Verwandten oder engen Freunden seien oft so vertraulich und persönlich, daß es sich kaum um Fragmente von Rundfunksendungen handeln könne. Eine auf Raudives Bändern häufig vernehmbare Stimme ist angeblich die von Margarete Petrautzky, die zehn Jahre als Sekretärin bei Raudives Frau gearbeitet hatte. Vor ihrem Tod am 10. Februar 1965 hatte sie oft Zweifel an einem Weiterleben im

Jenseits geäußert. Kurz nachdem sie gestorben war, rief eine Stimme, die wie jene Margaretes klang und sich auch als Margarete vorstellte, voll Verwunderung: »Denk dir, ich bin!«

Visuelle Darstellungen von Stimmen aus der angeblich gleichen Quelle zeigen laut Peter Bander immer identische Muster. Solche Stimmenbilder produziert man mit einem Tonspektrographen, der auf Millimeterpapier die genauen Tonmuster der Stimme einer Person zeichnet. Das Stimmenbild soll einen Menschen genauso zuverlässig identifizieren können wie ein Fingerabdruck. Bei vielen Tonbandstimmen ist die Anwendung dieses Verfahrens jedoch schwierig, weil starke Hintergrundgeräusche und atmosphärische Störungen die Qualität der paranormalen Stimmen verzerren.

Dr. Uphoff berichtet, daß Theodor Rudolph, Fachmann für Hochfrequenzelektronik, sich seit einiger Zeit mit der Verbesserung von Aufnahmegeräten befaßt und versuchen will, jede Möglichkeit einer Interferenz auszuschalten. Er ist überzeugt, mit seinem verbesserten Gerät die Stimmen seiner verstorbenen Eltern und seines im Zweiten Weltkrieg gefallenen Bruders Otto aufgefangen zu haben.

Hochwürden Leo Schmid aus Önsingen im schweizerischen Kanton Aargau berichtete von einem Tonbanderlebnis, bei dem er die Überzeugung gewann, daß »die Stimme unmißverständlich jene von Monsignore Josef Meier war, der 1960 starb und den ich vor Beginn der Einspielung gebeten hatte zu sprechen . . .« Auf einer anderen Aufnahme sagt eine Frauenstimme in jenem Aargauer Dialekt, der in der dortigen Gegend bis zum Ende des 18. Jahrhunderts gesprochen wurde: »Koffer für eine Reise an den Hof.« Pfarrer Schmid bekam seit 1969 mehr als zehntausend Stimmen aufs Band. Er macht die Aufnahmen um zwei Uhr nachts in seiner Kirche, stellt das Tonbandgerät knapp zwei Meter von sich entfernt auf, meditiert und betet.

Nach Dr. Uphoffs Meinung stellt das Stimmenphänomen erneut »das uralte Rätsel: Was geschieht mit dem Menschen, wenn er stirbt? Viele Fragen bleiben noch offen, wie Dr. Raudive als erster zugibt, doch das sich ansammelnde Tatsachenmaterial läßt vermuten, daß es vielleicht eine ›elektronische Kommunikation mit den Verstorbenen‹ gibt.«

Das wichtigste Thema der paranormalen Stimmen dürfte das Leben nach dem Tod sein; dieses Thema wird in den Stimmenbotschaften, die in allen Teilen der Welt auf Band aufgenommen wurden, am häufigsten angesprochen. Es gibt ein Weiterleben, besagen die Botschaften: »Wir sind tot – wir leben!« Handelt es sich dabei um einen PK-Effekt der breiten Masse, die glauben will, daß das Leben nach dem Tod des Körpers weitergeht? Oder stammen die Botschaften wirklich von Intelligenzen in anderen Dimensionen? Seltsamerweise sagte bereits 1936 die Theosophin Alice Ann Bailey voraus, daß irgendwann eine elektronische Verbindung zwischen den »Sichtbaren und den Unsichtbaren« hergestellt würde: »Unter Verwendung des Rundfunks durch jene, die hinübergegangen sind, wird die Kommunikation schließlich aufgenommen und zu einer echten Wissenschaft gemacht werden . . . Der Tod wird seine Schrecken verlieren, und diese besondere Angst wird enden.«

Die Wissenschaftler verwenden bei einer ihrer Methoden zur Aufnahme der paranormalen Stimmen tatsächlich ein Rundfunkgerät: Sie drehen den Senderwählknopf auf einen Punkt zwischen zwei Stationen und schließen das Gerät ans Tonband an, um die empfangenen Signale zu verstärken. A. A. Bailey war überzeugt, daß die Elektrifizierung unseres Planeten und die große Menge der von unseren Kommunikationsmitteln (Fernsehen, Radios usw.) ausgehenden elektromagnetischen Strahlen schließlich das Schwingungsmuster der Erdatmosphäre verändern und die Kommunikation mit anderen Lebensdimensionen erleichtern würden, die nach ihrer Ansicht auf anderen Energiefrequenzen vibrieren.

Falls die Überlebenshypothese stimmt und die Stimmen auf den Bändern tatsächlich von Toten stammen, wäre es keineswegs ungewöhnlich, daß sie mit Lebenden Verbindung aufzunehmen versuchen. Angeblich haben fast fünfzig Prozent der Menschen Erlebnisse, in denen sie verstorbene Verwandte oder Freunde »sehen« oder Kontakt mit ihnen haben.

»Die Menschen, denen solches widerfährt, sind keine Mystiker oder Spiritisten, sondern Sekretärinnen, Postboten, Friseure und andere praktisch eingestellte Personen«, sagt Dr. Robert Kastenbaum vom Wayne State University Center for Psychological Studies of Dying, Death and Lethal Behavior in Detroit. Kastenbaum stützt seine Aussage auf die Untersuchung von 140 Personen, unter denen keine einzige in irgendeiner Verbindung zum Okkulten stand. 63 von ihnen beschrieben eine Erfahrung, »die so aussah, als beinhalte sie eine Kommunikation mit einem anderen, bereits verstorbenen und unsichtbaren Wesen«.

Zu einem ähnlichen Schluß gelangte Dr. W. Dewi Rees, der berichtet, daß von 293 durch ihn untersuchten Witwen und Witwern 137 (oder 47 Prozent) zugaben, schon einmal irgendeine Art Kommunikation mit dem toten Ehepartner gehabt zu haben. Dr. Rees erklärt: »Ich bin durch meine Untersuchung – wahrscheinlich ist sie die strengste und schlüssigste über das Thema – zu der Überzeugung gelangt, daß fast die Hälfte aller Witwen und Witwer Botschaften von ihren einstigen Ehepartnern empfangen, sogar noch Jahre nach deren Tod.«

Wie die auf dem ganzen Erdball betriebene Überlebensforschung zeigt, spiegeln die angeblichen Botschaften von Verstorbenen häufig Inhalte jener Kultur wider, in der sie lebten, und entsprechen deren Organisation und Erwartungen. Dr. Gertrude Schmeidler führte auf einem Symposion über Überlebensforschung aus, daß typische Botschaften Verstorbener in unserer westlichen Gesellschaft gewöhnlich besagen: »Ich bin noch bei dir, und ich liebe dich.« Doch bei den Bewohnern von Alor zum Beispiel lautet eine typische Botschaft: »Du bist krank und leidend, weil du für mich kein Totenfest ausgerichtet hast.«

Viele der Menschen, die sich angeblich auf Raudives Bändern mitteilen, beschreiben die Schrecken des Kriegsgeschehens in Lettland, die sowjetische Machtübernahme und die grausame Weise, auf die sie in jener Zeit umkamen. Die Aussagen charakterisieren die bürokratische Organisation der Gesellschaftsform, in der sie auf Erden lebten, denn darin ist die Rede von »Lagern«, »Pässen«, »Zollbeamten« und roten Bändern, durch die sie müssen, um auf die Stimmentonbänder zu gelangen. In angeblich von verstorbenen Amerikanern stammenden Botschaften wird eine »Kontrollpersönlichkeit« geschildert, die Ordnung in die Gruppe der Verbindungssuchenden bringt.

Spiritisten in Großbritannien äußerten sich besorgt über bestimmte Botschaften, die von berühmten und berüchtigten Persönlichkeiten stammen sollen. Die Spiritisten meinen, falls die Tonbandstimmen wirklich von Wesen in anderen Dimensionen kämen, könnten einige Schwindler darunter sein, die eine andere Identität angenommen hätten und darauf aus seien, Schwierigkeiten zu verursachen – aber dagegen gibt es ja an jedem Tonbandgerät eine Stoptaste.

Auch der englische Verleger von Raudives Buch, Colin Smythe, wollte sich selbst davon überzeugen, daß das Stimmenphänomen wirklich existiert. Er machte mit seinem eigenen Gerät eine Probeaufnahme, und beim anschließenden Abspielen hörte er ein rhythmisches Geräusch wie von einer Stimme, verstand aber nichts. Daraufhin ersuchte er Peter Bander, sich das Band anzuhören. Bander spielte es viele Male ab. Auch er hörte einen Rhythmus, dann eine Stimme, ganz weit weg, aber sehr klar. Er war überzeugt, sich das nicht einzubilden. Eine Frauenstimme sagte auf deutsch: »Mach mal die Tür auf.« Bander erklärte: »Als ich die Stimme hörte, erkannte ich die Sprecherin sofort; die Stimme sprach zwar schrecklich schnell und in eigenartigem Rhythmus, aber ich hatte sie schon oft gehört. In den elf Jahren vor dem Tod meiner Mutter hatte ich meine ganze Korrespondenz mit ihr [zwischen London und Deutschland] nämlich per Tonband geführt, und ich würde ihre Stimme überall wiedererkennen. Und dies war eindeutig die Stimme meiner Mutter.«

Bander wußte, daß Colin Smythe nicht Deutsch sprach oder verstand und auch kein Mensch war, der anderen hinterlistige Streiche spielte. Er forderte mehrere Verlagsangestellte auf, sich das Band anzuhören und phonetisch niederzuschreiben, was sie hörten – und sie hörten tatsächlich alle das gleiche.

Unterdessen hatte der britische Vizepremier von Raudives Buch und Smythes Veröffentlichungsplänen gehört. Er erhob sofort Einspruch gegen die Publikation des Materials in englischer Sprache und schrieb seinem guten Freund Sir Robert Mayer, der zufällig Präsident der Colin Smythe Ltd. war, die Company würde sich unsäglich blamieren, wenn sie ein Buch herausbrächte, über das die etablierte Wissenschaft spottete. Mayer pflichtete ihm bei und entschied, das Buchprojekt fallenzulassen, wenn der Verlag nicht britische Wissenschaftler für eine Reihe kontrollierter Versuche gewinnen könnte, deren Experimente die von Raudive berichteten Daten bestätigen würden.

Die Colin Smythe Ltd. leitete also ein experimentelles Programm zur Erforschung der Stimmenphänomene in die Wege. Erst machte man im Verlagsgebäude selbst Experimente, bei denen Elektronikfachleute mitwirkten. Dann holte man Raudive noch einmal zu kontrollierten Experimenten nach London – darunter jenen in den Labors von Belling and Lee, von denen wir weiter oben schon berichtet haben.

Der Londoner *Sunday Mirror* finanzierte und organisierte ebenfalls Stimmenversuche. Die Zeitung heuerte von der bekannten britischen Plattenfirma Pye Records Ltd. die für Tonaufnahmen und Aufnahmegeräte zuständigen Ingenieure an. Diese stellten für die Versuche abgeschirmte elektronische Apparate und vier Tonbandgeräte auf, außerdem benutzten sie Tonbänder mit Spezialschutz. Zufällige Übertragungen jeglicher Art waren damit nach menschlichem Ermessen ausgeschlossen.

Neben diversen technischen Experten nahmen an den Versuchen mehr als ein Dutzend Beobachter teil, darunter Sir Robert und Lady Mayer. Raudive hatte keinen Zugang zu der Versuchsanordnung, die von den Aufnahmespezialisten Ken Attwood und Ray Prickett ständig überwacht wurde. Alles war bereit für eine interessante Konfrontation zwischen den Stimmen und ihrem Verleger. Die Tonspezialisten versicherten der um den Tisch sitzenden Gruppe, es sei völlig unmöglich, daß eine Schallwelle irgendwelcher Art ihre hundertprozentig abgeschirmte Kontrolleinrichtung durchdringe. Der Versuch begann. Die Bänder liefen.

Bereits nach wenigen Minuten begann eines der Kontrollgeräte elektromagnetische Impulse zu registrieren. Die Toningenieure waren sprachlos. Das konnte nicht sein.

Nach 18 Minuten wurden die Bänder abgespielt. Mindestens 200 paranormale Töne, darunter 27 äußerst klare Stimmen, waren zu hören.

Eine männliche Stimme, die sich als Arthur Schnabel vorstellte, sprach auf den Bändern Deutsch und wandte sich mit persönlichen Informationen an Sir Robert und Lady Mayer. Sir Robert bekam einen regelrechten Schock. Der verstorbene Arthur Schnabel war einer der engsten Freunde des Ehepaars gewesen. Die Stimme schien wirklich die von Arthur zu sein, und Deutsch war die Sprache, in der sie sich immer unterhalten hatten. Schnabel nannte auch andere Freunde des Ehepaars, darunter den vor kurzem verstorbenen berühmten Dirigenten Sir John Barbirolli.

Mehrere persönliche Aussagen betrafen andere Anwesende. »Kosti«, rief eine Stimme. Das war Raudives Kosename. Den Namen seiner toten Schwester konnte man dreimal hören.

Wie sich Peter Bander erinnert, herrschte solche Aufregung, daß sich die Sitzung bis in die frühen Morgenstunden hinzog. Die Ingenieure vermochten nicht zu erklären, wie überhaupt irgendwelche Geräusche auf die Bänder kommen konnten. Ken Attwood meinte, der beste Weg zur Lösung des Rätsels bestehe darin, nach Möglichkeit die Qualität der Stimmen zu verbessern.

Sir Robert, damals bereits zweiundneunzig, meinte kleinlaut, er müsse jetzt wohl seine ganze Weltanschauung revidieren, während Lady Mayer erklärte, sie habe »es immer gewußt«. Sir Robert gestand: »Ich bin erleichtert bei dem Gedanken, daß die Ewigkeit nicht bedeutet, daß man zu ewiger Untätigkeit verurteilt ist.« Er entschied auf der Stelle, daß Raudives Buch in englischer Sprache erscheinen müsse. Wenn die Toningenieure verblüfft seien über die Stimmen, so fand er, brauche auch der englische Vizepremier keine Bedenken zu hegen.

Und das englische Publikum war fasziniert von Raudives Buch. Ein populärer Interviewgastgeber verkündete gar in einer seiner spätabendlichen Fernsehshows, eine Stimme – angeblich die seiner verstorbenen Mutter – habe sich über Tonband an ihn gewandt; woraufhin Anrufer stundenlang die Studioleitungen blockierten. Geistliche traten auf, um die Schilderungen des jenseitigen Lebens durch die Stimmen mit verschiedenen religiösen Dogmen zu vergleichen. Und viele tausend Briten beeilten sich, ihre Tonbandgeräte einzuschalten und die Stimmen erklingen zu lassen.

Amerikanische Genies auf dem Gebiet der Elektrizität wie Steinmetz, Edison und Tesla sahen Experimente, die etwa in Richtung der Stimmenversuche lagen, schon vor Jahrzehnten voraus. Vor mehr als fünfzig Jahren verriet Edison, daß er an einem Apparat zur Kontaktaufnahme mit dem Jenseits arbeite: »Wenn unsere Persönlichkeit weiterlebt, ist es streng logisch und wissenschaftlich anzunehmen, daß sie das Gedächtnis, den Intellekt sowie andere Fähigkeiten und Kenntnisse behält, die wir auf dieser Erde erwerben. Wenn die Persönlichkeit nach Eintritt dessen, was wir Tod nennen, weiterexistiert, ist es nur vernünftig zu folgern, daß jene, die diese Erde verlassen, gern mit jenen Verbindung aufnähmen, die sie hier zurückgelassen haben . . . Ich neige zu der Ansicht, daß unsere Persönlichkeit hiernach fähig sein wird, Materie zu beeinflussen. Wenn diese Überlegung richtig ist und wenn uns die Entwicklung eines Instruments gelingt, das so empfindlich ist, daß es . . . von unserer Persönlichkeit, wie sie im nächsten Leben weiterlebt, beeinflußt oder bewegt oder manipuliert werden kann, dann müßte ein solches Instrument, sofern es verfügbar wäre, irgend etwas aufzeichnen.«

Mehrere amerikanische Forscher haben mittlerweile Raudives Arbeit überprüft, einige halten das Stimmenphänomen für das akustische Äquivalent von Ted Serios' »Gedankenfotografie«, über die der Psychologe Dr. Jule Eisenbud ein Buch geschrieben hat. Dr. Karlis Osis, Forschungsdirektor der American Society for Psychical Research, inspizierte Raudives Labor ebenfalls. Osis stammt aus Lettland, genau wie Raudive, und ist Linguist wie dieser. Er sagte, daß er von 30 Stimmenaufnahmen Raudives 26 klar hätte hören können, aber bei einigen Interpretationen anderer Ansicht sei.

In Amerika bemüht sich neben anderen vor allem die Gruppe Southern California Society for Psychical Research (SCSPR) um die weitere Erforschung der Stimmenphänomene. Mehrere Mitglieder der SCSPR erzielten mit dem neuartigen elektronischen Hellhören bereits ermutigende Ergebnisse. William Welch von der SCSPR führte auf einer parapsychologischen Konferenz der California-Universität in Long Beach einige Tonbandstimmen-Phänomene vor. Bill Cox vom *California Scene Magazine* berichtete darüber: »Welch drängte seinen Standpunkt nicht auf, er ließ vielmehr die Bänder für sich selbst sprechen, und ich muß sagen, die Demonstration war überzeugend. Die Tonbandstimmen-Versuche bringen uns näher an die Schwelle zu einem neuen psychischen Bewußtsein.«

Frances Brown Zeff, die Präsidentin der SCSPR, sagte uns, daß die Aufnahmen von Tonbandstimmen viel Zeit und Geduld erforderten und daß nicht jeder Erfolg habe. Anfangs empfange man nur Geräusche, ein sehr schwaches Flüstern, das schwer zu verstehen sei. Später kämen manchmal persönliche Botschaften durch. Mrs. Zeff schilderte ihr erstes Erlebnis mit den Tonbandstimmen, das sie in ihrem Haus in Reseda hatte und bei dem auch Bill Welch anwesend war: »Unser Band war bis zum Ende leer, dann wurde ein Wort gesprochen, das wie ›Heim‹ klang.« Bei einer Sitzung mit Attila von Szalay stellte Mrs. Zeff Fragen in drei Sprachen. Später erklang auf dem Band eine Antwort in Deutsch. An der Sitzung nahm auch eine Frau teil, deren Schwester kurz davor gestorben war. Auf dem Band hörte man die Stimme der Schwester sagen: »Nun, Liebe.«

Mrs. Zeff, die in der Sozialarbeit tätig ist, vertritt die Meinung, daß die Überlebensforschung und die Tonbandstimmenforschung wertvolle Grundlagen für die Beratung depressiver und selbstmordgefährdeter Menschen liefern, weil beide Forschungszweige ihnen eine Vorstellung davon vermitteln könnten, was sie im gegenseitigen Leben zu erwarten hätten, wenn sie mit ihrer Absicht, sich das Leben zu nehmen, Ernst machten.

Der bekannte Musiker, Autor und Psi-Forscher Stewart Robb, einer der Direktoren der Society for Experimental ESP, behauptet übrigens sogar, er habe berechtigten Grund zu der Annahme, die Stimme des verstorbenen George Bernard Shaw auf Band bekommen zu haben.

Was ist von den Stimmenphänomenen zu halten? Das von namhaften europäischen Wissenschaftlern und anderen Forschern in mehr als zwanzig Jahren gesammelte Tatsachenmaterial legt den Schluß nahe, daß das Phänomen eindeutig existiert. In diesem Stadium der Untersuchungen ist es jedoch wichtig, daß man keine voreiligen Schlußfolgerungen zieht. Der Ursprung der Stimmen muß erst noch ermittelt und schlüssig bewiesen werden. Gerade weil diese Phänomene zu einem großen Durchbruch in der Psi-Forschung führen könnten, sollte man klugerweise noch mehr Material sammeln, bevor man Behauptungen über die Tonbandstimmen akzeptiert oder ablehnt. Die Anwendung neuer technologischer Entdeckungen, auf die wir gleich zu sprechen kommen werden, dürfte da manches zur Lösung einiger Rätsel beitragen. Vielleicht gelingt es gerade Ihnen, die Schlüssel zu finden, hieb- und stichfest zu beweisen, wem die Stimmen gehören, woher sie kommen und daß sie Gültiges sagen.

Die aus Irland stammende Autorin, Geschäftsfrau und Verlegerin Eileen Garrett, die ein berühmtes Medium war, betonte nachdrücklich, daß Untersuchungen auf diesem Gebiet überaus wichtig seien: »Nun könnte die Zeit gekommen sein . . . mit neugefundenen Forschungstechniken die noch immer unbeantwortete Frage anzugehen: Haben wir Wissen erlangt oder sind wir dabei, Wissen zu erlangen, das uns helfen wird, das Rätsel des menschlichen Weiterlebens über den Tod hinaus zu lösen? Diese Frage ist, so meinen wir, eine Herausforderung an alle Wissenschaftler, die sich mit der wichtigsten aller Untersuchungen befassen: jener der Natur des Menschen. Psychologen und Physiker stellen nur zwei Kategorien der Wissenschaftler dar, die befähigt wären, die Herausforderung anzunehmen. Der Kreis der Forschung schließt sich. Die Arbeit, die Ende des vergangenen Jahrhunderts begann, muß neu aufgegriffen werden, im Lichte der neuen Erkenntnisse und mit den Werkzeugen der jüngst erworbenen Techniken. Der Mensch wird sich nicht länger zufriedengeben mit ›Andeutungen‹ über seine Unsterblichkeit; er sucht, und darf dies voll Stolz offen sagen, Gewißheit über sein eigenes Wesen.«

Die Aufnahme der Stimmenphänomene

In Großbritannien hatten laut Peter Bander von zehn Personen, die Tonbandaufnahmen von Stimmenphänomenen zu machen versuchten, durchschnittlich sechs Erfolg. Da immer mehr Menschen diese Technik anwendeten, wurden im Lauf der Zeit bessere Verfahren entwickelt. Wir selbst bekamen mit Hilfe von Raudives Methoden Stimmen auf unsere Bänder. Nachstehend bringen wir seine Aufnahmetechniken, wie er sie in *Unhörbares wird hörbar* beschreibt, außerdem eigene Tips und Empfehlungen von anderen Forschern, darunter Richard K. Sheargold von der Society for Psychical Research (London), der seit mehr als vierzig Jahren Amateurfunker ist, sowie dem Elektroniktechniker Art Rosenblum von der Aquarian Research Foundation (Philadelphia).

Vorbemerkung

Die meisten Forscher weisen darauf hin, daß es mehrere Tage bis einige Monate dauern kann, bevor die Einspielung klar hörbarer Stimmenphänomene gelingt. »Die Stimmen, die Sie zu empfangen versuchen, sind sehr schwach«, erklärt Sheargold. »Man kann dies gar nicht nachdrücklich genug betonen. Es besteht zwar immer die Möglichkeit, daß Sie das Glück haben, gleich anfangs eine Stimme aufzufangen, die viel lauter ist als üblich, aber das ist eine große Ausnahme, und Sie müssen damit rechnen, daß Sie viel Geduld und Beharrlichkeit brauchen.« Sheargold rät, regelmäßig jeden Tag etwa eine halbe Stunde Stimmenbänder abzuhören, damit man das Ohr an den eigenartigen Rhythmus, die Geschwindigkeit, den Klang und die Intensität der Stimmen gewöhnt. »Lange Sitzungen ermüden nur«, meint er.

Kopfhörer

Die Verwendung von Kopfhörern erwies sich in der Praxis als sehr hilfreich. Sheargold versuchte monatelang vergeblich, die Stimmenphänomene zu wiederholen. Schließlich wandte er sich ratsuchend an den Verleger Colin Smythe, kaufte auf dessen Empfehlung hin einen Kopfhörer und nahm nun endlich die schwachen paranormalen Stimmen wahr. Dr. Raudive meint, es sei eine Sache des Hörtrainings. Menschen, die ihr Gehör beispielsweise durch eine musikalische Ausbildung schärfen, haben eher Erfolg. Für jede Aufnahmeminute sind mindestens fünfzehn Abspielminuten erforderlich, in denen genauestens hingehört werden muß.

Bei dem Versuch, eine Stimme aus den Hintergrundgeräuschen zu lösen, sind Kopfhörer ein unentbehrliches Utensil. Ist die Stimme extrem deutlich, kann die Wiedergabe über den Lautsprecher des Tonbandgeräts oder irgendeinen HiFi-Lautsprecher erfolgen. Ist die Stimme sehr schwach, macht die Verstärkung der Hintergrundgeräusche durch den Lautsprecher sie unhörbar. In Geschäften, die Tonband- und HiFi-Geräte führen, wird man Ihnen sagen können, welche Art Kopfhörer für Ihr Gerät geeignet ist. Für kleine Cassettenrecorder gibt es einen Stethoskophörer. Übrigens ist der Kopfhörer nicht nur eine Hilfe beim Aufspüren der Stimmen – er könnte auch zur Aufrechterhaltung des Familienfriedens beitragen.

Das vom Tonbandgerät verursachte Geräusch ist ein lautes Rauschen, das Ähnlichkeit mit dem sogenannten »weißen Rauschen« hat. »Längeres Anhören dieses Geräusches verursacht einen sehr bekannten Effekt: Man neigt dazu, Stimmen zu hören, die gar nicht existieren«, sagt Sheargold warnend. Der Effekt ähnelt dem Schneckenmuschel-Effekt, und man kann in dem Rauschen natürlich keine Wörter entziffern. Wirkliche Wörter lassen sich leicht von eingebildeten Stimmen unterscheiden, weil letztere nicht so oft wiederholbar sind, wie es wünschenswert wäre. Wenn Sie erst einmal Erfahrung darin haben, echte Stimmen zu erkennen, tritt der Muschel-Effekt eigentlich kaum mehr auf.

Das Tonband

Für Experimente mit Stimmenphänomenen sollte immer ein neues, unbespieltes Band benützt werden, natürlich ein Low-noise-Band von guter Qualität. Der Tonkopf am Gerät muß sauber, frei von Magnetismus und nicht abgenützt sein. Wollen Sie einen Summton von elektrischen Leitungen auffangen, können Sie Ihre Aufnahmen mit einem tragbaren Gerät in einem geparkten Auto machen.

Geeignete Tonbandgeräte

Jedes Tonbandgerät mit Rücklauf, das sich in gutem Zustand befindet, ist für die Einspielung von Stimmenphänomenen geeignet. Es braucht kein technisch ausgefeilter oder teurer Apparat zu sein. Sogar mit billigen, kleinen, batteriebetriebenen Cassettenrecordern wurden schon paranormale Stimmen aufgefangen. Beim Abspielen haben die hochentwickelten Geräte einige Vorteile. Die Steuerungen für Oberstimmen, Baß, Klangvolumen und Lautstärke ermöglichen dem Forscher ein leichteres Hören. Benützt man einen Kopfhörer, kann man die Lautstärke in jedem Ohrstück getrennt regeln. Wie Sheargold feststellte, sind die älteren Vakuumröhren-Apparate so anfällig für Summtöne, daß sie sich für diese Art Aufnahmen nicht eignen. Er empfiehlt die ruhigeren Transistorgeräte. Doppelspurgeräten ist der Vorzug zu geben, doch auch mit mehrspurigen wurden bereits gute Ergebnisse erzielt. Ein Tonbandgerät mit Aussteuerungsautomatik eignet sich laut Sheargold nicht für die Einspielung von Stimmenphänomenen, es sei denn, die Automatik kann ausgeschaltet werden.

Die Aufnahmeverfahren

Die frühesten Aufnahmemethoden gehen auf Anregungen der »Stimmen« selbst zurück. Später ersannen dann Experten neue Techniken.

1. Aufnahmen mit Mikrophon

Bei dieser Methode benutzt man das Tonbandgerät genauso wie für normale Aufnahmen. Stellen Sie das Mikrophon ein gutes Stück vom Gerät weg, damit es das Summen des Motors nicht aufnimmt. Drehen Sie den Lautstärkeregler voll auf, und stellen oder setzen Sie sich in einigem Abstand davon hin. Machen Sie die übliche Identifizierungsansage, nennen Sie das Datum, die Aufnahmezeit und die Anwesenden, und bitten Sie dann um Stimmen (siehe nachfolgende Erläuterungen). Verhalten Sie sich danach vollkommen still. Wir sehen es bei dieser Methode als sehr wichtig an, genau Buch zu führen, *alles* zu notieren, was gesagt wird, ebenso irgendwelche äußeren Geräusche während der Aufnahmezeit, möglichst in Verbindung mit der Zahl des Bandzählwerks am Gerät. Klingt es beim Abspielen so, als seien zusätzliche Stimmen zu hören, haben Sie wenigstens die Gewißheit, daß es sich nicht um Außengeräusche oder um Worte handelt, die jemand im Zimmer gemurmelt hat. Mikrophonaufnahmen sollten an einem ruhigen Ort gemacht werden. In Räumen, wohin Straßenlärm dringt oder wo in der Nähe Menschen sprechen, erzielt man kaum befriedigende Resultate.

Die Geschwindigkeit kann 19 cm/s oder 9,5 cm/s betragen, auch die langsamere Geschwindigkeit der Cassetten geht. Die Einspielung sollte jeweils nur 2 bis 3 Minuten dauern; schieben Sie etwa jede Minute eine Ansage ein, in der Sie um Stimmen bitten. Die Stimmen tendieren dazu, sich sofort nach Ihrer Ansage vernehmen zu lassen. Weil das Abspielen soviel Zeit in Anspruch nimmt, ist es klug, die Aufnahmen kurz zu halten. (Art Rosenblum sagt, wenn man das Mikrophon unter Verwendung eines isolierten Kabels in einiger Entfernung aufstellt und einen guten Low-noise-Vorverstärker nahe am Gerät benutzt, ließen sich die Signale verstärken, ohne daß auf dem Band der Summton lauter wird.)

2. Aufnahmen mit dem Radio

Drehen Sie den Senderabstimmknopf auf eine Stelle zwischen zwei Sendern, wo nur ein Rauschen hörbar ist. Es sollte ein Punkt sein, der völlig frei von Sendungen ist und auf dem sich auch nicht plötzlich Rundfunkstationen dazwischenschalten. *Stellen Sie die Radiolautstärke so leise, daß das Rauschgeräusch gerade noch zu hören ist.* Sie brauchen ein Kabel, um das Radio mit dem Tonbandgerät zu verbinden (solche Kabel gibt es überall, wo man Tonbandgeräte kaufen kann, und in Elektronikläden).

Schließen Sie zuerst das Mikrophon ans Tonbandgerät an, und machen Sie die übliche Ansage; ziehen Sie dann das Mikrophonkabel heraus, und schließen Sie das Radio an. Die Stimmenphänomene werden auf dem Band durch das Rauschen hindurch hörbar. Während das Band läuft, sollte der Lautstärkeregler des Tonbandgeräts auf einen mittleren Wert eingestellt sein. Raudive sagt, daß die Stimmen nach Radioaufnahmen verlangen.

3. Aufnahmen mit Radio und Mikrophon

Verfahren Sie genauso wie bei Aufnahmen mit dem Mikrophon. Wählen Sie mit dem Senderabstimmknopf eine Stelle zwischen zwei Sendern, und drehen Sie das Radio so leise, daß Sie das Rauschen gerade noch hören. Verwenden Sie das Mikrophon und das Tonbandgerät genau wie für normale Aufnahmen. Machen Sie die übliche Ansage bei leise gestellter Lautstärke, drehen Sie den Lautstärkeregler dann voll auf, und plazieren Sie das Mikrophon nahe am Radiogerät. Die Einspielung soll 2 bis 3 Minuten dauern.

4. Aufnahmen mit Mikrophon und Fernseher

Wir machten die Erfahrung, daß leere Fernsehkanäle ebenfalls gut funktionieren und nicht so leicht Sendungen auffangen, die sich plötzlich einblenden. Gehen Sie nach der gleichen Methode vor wie oben, nur benutzen Sie statt des Radios eben ein Fernsehgerät. Verwenden Sie entweder UHF-Kanäle oder reguläre Kanäle. Wir erzielten auf UHF bessere Resultate. Stellen Sie einen Kanal ein, der nicht sendet. Schalten Sie den Fernseher so leise, daß das Rauschen kaum noch hörbar ist. Machen Sie die übliche Ansage, und geben Sie das Mikrophon nahe an den Fernseher.

5. Diodenaufnahmen

Eine Diode funktioniert ähnlich wie die kleinen Detektorenempfänger aus den frühen Tagen des Radios. Sie fängt alle elektromagnetischen Frequenzen in der unmittelbaren Umgebung des Tonbandgeräts auf. Im Grunde besteht sie nur aus einem kleinen Germaniumkristall und einem Stück Draht als Antenne (siehe Anweisungen am Ende des Kapitels). Machen Sie die übliche Ansage mit dem Tonbandgerät und dem Mikrophon, ziehen Sie dann das Mikrophonkabel heraus, und schließen Sie die Diode an. Sie können auch einen Schalter verwenden, mit dem ein Umschalten vom Mikrophon auf die Diode möglich ist. Drehen Sie für Diodenaufnahmen den Lautstärkeregler voll auf. Raudive sagt, mit Dioden eingespielte Stimmen seien sogar für ungeschulte Ohren mühelos zu hören, die Diktion sei klarer, und die Stimmen klängen natürlicher.

6. Aufnahmen ohne Mikrophon oder Radio

In das Tonbandgerät wird ein unbespieltes Band eingelegt, anschließend wird in der üblichen Weise auf Aufnahme geschaltet, aber *ohne* angeschlossenes Mikrophon. Drehen Sie den Lautstärkeregler voll auf. Sprechen Sie Ihre Ansage und Ihre Fragen mit lauter Stimme. Führen Sie schriftlich über alles Buch. Die Stimmen melden sich mit Dingen, die Bezug auf die gestellten Fragen haben. Dieses Verfahren schließt den Einwand aus, daß es sich bei den Stimmen um Fragmente aus Rundfunksendungen handeln könnte; doch gewöhnlich dauert es sehr lange, bis man damit Stimmen einfängt. Es wurden auch mit einem Verfahren Stimmen eingespielt, bei dem *ein* Tonbandgerät auf *Aufnahme* gestellt war und ein *zweites,* mit dem ersten verbundenes Gerät auf *Wiedergabe.* Bis jetzt hat noch niemand Stimmen direkt auf ein Band bekommen, ohne daß dieses durch das Gerät gelaufen wäre. Das Band muß durch den Aufnahmekopf des Geräts laufen, und der Effekt könnte durch die in den Kopf fließenden Ströme ausgelöst werden.

7. Aufnahmen mit einem Selbstsender

Dr. Alexander Schneider entwickelte ein Verfahren, das jede Funkinterferenz und auch den Einwand ausschaltet, bei den Stimmen handle es sich um Bruchstücke einer Sendung. Kurz gesagt, wird zusammen mit dem Tonbandgerät ein Geräuschgenerator oder eine Trägerfrequenz verwendet (siehe *Unhörbares wird hörbar*). Manche Stimmen klingen, als wären sie durch einen physikalisch unerklärlichen Selektionsprozeß aus dem

Lärmspektrum zusammengesetzt, sagt Schneider. Er hält es sogar für möglich, daß man Aufnahmen machen könnte, indem man das Mikrophon an verschiedene Maschinen hält, die ein Rausch- oder Summgeräusch erzeugen.

Generelle Anmerkungen

○ Bei jedem einzelnen Experiment können mehrere Tonbandgeräte verwendet werden.

○ Aufnahmezeit: Der Abend ist am günstigsten. Des öfteren haben Stimmen verlangt, daß die Einspielungen nach Sonnenuntergang gemacht werden sollen. Die elektromagnetischen Erdfelder verlagern sich nach Sonnenuntergang, und diese Felder könnten Einfluß auf die Aufnahmen haben. Vollmond wird als sehr günstig für Einspielungen angesehen; dabei würde es sich ebenfalls um einen elektromagnetischen Feldeffekt handeln. Das Wetter und atmosphärische Bedingungen haben Einfluß auf die Stimmenübertragungen – Stürme verursachen oft Störungen. Auch Planetenkonfigurationen können eine Rolle spielen.

○ Abschirmung: Benson Herbert vom Paraphysics Lab empfiehlt, die ganze Apparatur gegen den Empfang von Funksendungen – seien es reguläre oder Sendungen von Amateurfunkern – abzuschirmen. Hobby-Experimentatoren können dazu ein einfaches Verfahren anwenden, wenn sie ein kleines tragbares Transistorradio und einen kleinen Cassettenrecorder benutzen. Wir stellten fest, daß die Geräte sich einigermaßen abschirmen lassen, wenn man sie in eine mit Folie ausgelegte Tasche gibt und die Tasche fest um Recorder, Radio und Kabel schließt.

Ansagen

Vermutlich werden Sie Ihre eigene »Forschungsmethode« entwickeln. Hilfreich ist es, am Anfang die Aufnahmen zu kennzeichnen, indem Sie das Datum, die Zeit und die Namen der anwesenden Personen nennen. Einige Forscher empfehlen, etwa folgendermaßen zu beginnen: »Guten Abend, Freunde. Wir haben heute den . . ., und es ist . . . Uhr. Ich frage mich, ob jemand da ist, der mich kennt und der mit mir sprechen kann, indem er das Mikrophon [oder das Radio oder die Diode] benutzt, *jetzt sofort!*« Anschließend wird bei voller Lautstärke 30 bis 60 Sekunden aufgenommen. Manche Forscher schlagen vor, man solle nach »Freunden im Jenseits« fragen. Als nächstes könnten Sie nach einer bestimmten Person fragen und sie namentlich nennen. Hat schon einmal eine bestimmte Person gesprochen, fragen Sie nach dieser.

»Meiner Erfahrung zufolge ist es unklug, langatmige Ansagen zu machen«, sagt Sheargold. »Am besten formuliert man sie kurz, klar und knapp.« Sheargold hält es für angebracht, Höflichkeit walten zu lassen und sich bei den Stimmen für die gelieferten Informationen zu bedanken. Die Sitzungen sollen heiter und fröhlich, aber nicht frivol sein.

Raudive empfiehlt für die Aufnahmen einen ruhigen, entspannten Bewußtseinszustand, den er als hilfreich betrachtet. Andere raten zu kurzer Meditation vor den Aufnahmen.

Peter Bander gibt an, daß er sich zwar dumm vorkomme, wenn er allein zu einem Tonbandgerät spreche, daß aber diese persönliche Art der Annäherung bei der Einspielung von Stimmen bessere Ergebnisse erbringe als das simple Einschalten des Geräts. Er empfiehlt, frei und natürlich mit jenen zu sprechen, die sich über das Band mitzuteilen wünschen, und die Stimmen aufzufordern, sich zu äußern. Es können Fragen gestellt werden, aber man sollte dazwischen Zeit für Antworten lassen. Sind beim Abspielen des Bandes dann Stimmen und Aussagen zu hören, kann man darauf antworten. Jürgenson und Raudive bekamen, nachdem sie einige Zeit mit Stimmentonbändern experimentiert hatten, jeder eine besondere »Vermittlerin«, die ihnen half, beispielsweise die Stimmen »ordnete« und für sie als Ansagerin fungierte.

Das Abspielen

»Wenn Sie kein ›Anfängerglück‹ haben, ist es fast sicher, daß Ihre erste Abspielung nichts bringen wird«, warnt Sheargold. Die Aufnahme muß immer wieder von neuem abgespielt werden. Die paranormalen Stimmen sprechen sehr rasch, scharf und rhythmisch. Zuerst nehmen Sie vielleicht nur ein metallisches Sirren wahr. Dann, beim erneuten Abspielen, wenn sich das Ohr langsam an den Ton gewöhnt, wird klarer, daß da eine Stimme spricht. Und bei weiterem wiederholten Abspielen versteht man schließlich, was sie sagt.

Sheargold stellte fest, daß bei Verwendung eines Mikrophons manchmal eine Stimme erklingt, gleich nachdem man die eigene Ansage gemacht hat, so daß sie fast wie ein zusätzliches Wort wirkt – meist ein Name. Sie werden männliche und weibliche Stimmen und auch Flüstern hören.

»Man kann unmöglich verallgemeinern, aber wenn Sie beispielsweise das gesamte empfohlene Verfahren eine Woche lang jeden Tag durchführen und überhaupt nichts hören, dürften Sie nach meiner Ansicht mit ziemlicher Sicherheit einfach Stimmen überhören. Es ist dann sinnlos, weiter endlose Einspielungen zu machen. Ich halte es für besser, eine Woche darauf zu verwenden, die bis dahin gemachten Aufnahmen abzuhören, als weiter aufzunehmen, wenn nichts zu hören ist«, erklärt Sheargold. Dr. Raudive sieht für eine Aufnahme von fünf Minuten mindestens eine Abhörzeit von einer Stunde als notwendig an.

Peter Bander rät, die Bänder mit mehreren Menschen gemeinsam abzuhören. Er vergleicht das Rauschen der atmosphärischen Störungen mit dem Rauschen eines Wasserfalls zwischen der Stimme und ihm selbst; wie er sagt, muß er versuchen, die Stimme durch die Geräusche zu hören. Bander hat an sein Tonbandgerät einen Abzweigkasten angeschlossen und mehrere Kopfhörer eingesteckt. Die anwesenden Personen werden gebeten, genau aufzuschreiben, was sie hören. Anschließend vergleichen sie ihre Notizen. Etwa die Hälfte der Stimmen kann nach sechs bis zehn Abspielungen identifiziert werden, sagt Bander. Bei einem weiteren Viertel sind zwanzig oder sogar dreißig Wiedergaben erforderlich; und beim Rest dauert es oft eine halbe Stunde oder länger.

Bander fand Endlosbänder sehr hilfreich beim Aufnehmen und Abspielen der Stimmen. Er schneidet ein Stück Band ab, das gerade so lang ist, daß es um beide Spulen und durch das Gerät läuft, im Durchschnitt etwa 80 Zentimeter. Dann spleißt er die beiden Enden zusammen. Die Aufnahmezeit beträgt bei einem solchen Endlosband etwa 8,5 Sekunden. Man kann es immer von neuem durchlaufen lassen, was das Abspielen sehr erleichtert. Nachteil: Es kann passieren, daß man eine Stimme mitten im Satz abschneidet oder daß sie sich in den 8,5 Sekunden nicht hören läßt. (Längere Endlosbänder und Endloscassetten gibt es in vielen Geschäften, die Tonbandgeräte führen.)

Haben Sie eine klare Stimme isoliert, können Sie die Botschaft auf ein anderes Tonbandgerät mehrmals überspielen, um die Deutlichkeit zu steigern.

Die »Buchführung«

Sie sollten genau Buch führen über Ihre Aufnahmen und die Bänder entsprechend kennzeichnen. Tun Sie dies nicht, werden Sie schließlich nur eine umfängliche Sammlung seltsam klingender Bänder haben. Notieren Sie alle wichtigen Einzelheiten: Datum, Zeit, Aufnahmesystem (d. h. Mikrophon, Diode, Radio, Sendereinstellung), Zahl auf dem Bandzählwerk, Spurnummer, Wetter, astronomische oder astrologische Angaben (z. B. Vollmond), die gemachten Ansagen und die Antworten, falls Sie welche erhielten. Weitere Einzelheiten können natürlich hinzugefügt werden.

Am besten arbeiten Sie ein eigenes Buchführungssystem mit Abkürzungen und dergleichen aus. »Ohne genaue Notizen«, sagt Sheargold, »ist es sehr schwer, auf eine interessante Antwort zurückzugreifen oder, was sogar noch wichtiger ist, irgendwelche Trends zu verfolgen, die vielleicht zu beobachten sind.« Der Vergleich von Berichtbüchern zeigt unter Umständen eine bestimmte Versuchsanordnung oder Konfiguration auf, die zu gutem Empfang führt.

Interpretation

Sheargold erklärt, wie übrigens auch Raudive, daß bei der Sache keine Mediumschaft des Experimentators im Spiel ist: »Hier handelt es sich um ein rein elektronisches Experiment ... Ich persönlich lege mich nicht auf irgendeine Erklärung der Stimmen fest. Es können die Stimmen Verstorbener sein, oder sie können auf eine bis jetzt unerklärliche Wirkung des Unbewußten zurückzuführen sein. Daß sie eine Naturtatsache sind, steht zweifelsfrei fest. Unser vorrangiges Ziel muß sein, durch die Entwicklung geeigneterer Geräte ihre Stärke und Klarheit zu verbessern.«

Gesunder Menschenverstand und ein gutes Ohr sind bei der Deutung von Tonbandstimmen absolut notwendig. Natürlich werden technisch verbesserte Empfangsgeräte irgendwann die Stimmen klarer und verständlicher machen. Beim jetzigen Entwicklungsstand warnen Mitglieder der Schweizerischen Vereinigung für Parapsychologie, die seit mehreren Jahren Stimmenforschung betreiben, ausdrücklich vor einer Fehlinterpretation der Aussagen. Die Schweizer forderten zehn eigens ausgewählte, gebildete Menschen auf, sich drei Tage lang Bänder von zwanzig verschiedenen Stimmen anzuhören, die man Raudives Archiv entnommen hatte. (In den Angaben über den Versuch wird nicht gesagt, ob die Teilnehmer über ein besonders gutes Gehör verfügten.) Die Übereinstimmung zwischen den Deutungen der Gruppenmitglieder und der ursprünglichen Interpretation betrug bei Silben 16,9 Prozent, bei Vokalen 38,2 Prozent, bei Buchstaben 27,7 Prozent. Nur bei wenigen der entnommenen Stimmenaussagen bestand eine Übereinstimmung von 50 bis 80 Prozent.

Dr. Theo Locher, Präsident der Schweizerischen Vereinigung, weist darauf hin, daß große Unterschiede in dem zu verzeichnen waren, was jeder der Teilnehmer gehört zu haben glaubte; daraus sei klar ersichtlich gewesen, wie subjektiv ein Urteil nach dem Gehör sei. In diesem Fall, so sagt er, seien viele der ursprünglichen Deutungen Raudives sicher falsch gewesen; »sie wurden ihm [Raudive] oft von seiner eigenen Phantasie oder von dem, was er zuvor gehört hatte, eingegeben«.

Die Experimentatoren müssen große Sorgfalt walten lassen, damit die Tonbandstimmen für sie nicht zu einem Rorschach-Hörtest werden – ein Wirrwarr von Tönen, in den sie ihre eigenen Impressionen projizieren –, denn immer besteht die Gefahr, daß Kratzer oder Wellensalat auf Tonbändern als Botschaften aus dem Jenseits gedeutet werden. Hauptziel der Forschung muß es deshalb sein, Techniken zu entwickeln, die die Stimmen klar hörbar machen. Es kann sein, daß bereits entsprechende Möglichkeiten existieren und daß sie nur noch auf das Stimmenphänomen angewendet werden müssen.

Mögliche technische Verbesserungen

In der Einspieltechnik wurde vor kurzem ein Fortschritt erzielt, der eine große Hilfe bei der Eliminierung von Hintergrundgeräuschen und Verzerrungen des Stimmenmaterials sein könnte. Wissenschaftler, die im Weltraumprogramm arbeiten, entwickelten einen elektronischen Filterverstärker, der an ein Mikrophon angeschlossen werden kann und die Sprache klarer macht bzw. Verzerrungen ausmerzt. Augenblicklich wird er dazu benutzt, die atmosphärischen Störungen und Hintergrundgeräusche bei Funkmeldungen von Astronauten aus dem äußeren Raum zu verringern. Außerdem hat man ihn inzwischen so adaptiert, daß er die Sprache von Kindern mit Hirnlähmung verständlich macht.

Es wäre denkbar, daß solche neuen Techniken auch Interpretationsfragen lösen und es uns ermöglichen, längere, zusammenhängende Botschaften zu erkennen.

Hat man erst einmal deutliche Einspielungen, wird eine noch wichtigere Frage lauten, wie genau die Aussagen der paranormalen Stimmen sind. Wenn sich die Stimmen mit Namen melden, sind sie dann wirklich diese Wesenheiten? Könnte es sein, daß bei der Übermittlung Verzerrungen auftreten? Psi-Übermittlungen jeglicher Art – telepathische, mediumistische usw. – unterliegen gewöhnlich der Verzerrung und Verlagerung. Bilder werden häufig verwechselt. Das gleiche kann für die Stimmenphänomene gelten. Arthur Ford meinte, auch die Erdatmosphäre und die elektromagnetische Verschmutzung durch Maschinen in unseren Städten könnten ein Verzerrungsfaktor sein.

Wie läßt sich angesichts dieser Schwierigkeiten die Gültigkeit dessen beurteilen, was die Stimmen sagen? Viele Stimmen behaupten, sie seien berühmte Leute, Staatsmänner, Schriftsteller, Philosophen, Verbrecher, Diktatoren ... Sogar Hitler und Lenin ließen sich angeblich auf Raudives Bändern vernehmen. Handelt es sich um Schwindler? Und selbst wenn man die Identität durch Stimmenanalysen nachweisen könnte – kommen die Aussagen der Stimmen korrekt durch? Manche klingen völlig verwirrt, geradezu psychotisch.

Vor einiger Zeit wurde in der Technologie der Stimmenanalyse eine Entdeckung gemacht, die beim Analysieren der Tonbandstimmenphänomene von Bedeutung sein könnte. Die Vorrichtung nennt sich *Psychological Stress Evaluator* (PSE, d. h. Psychologischer Streßindikator), und ihre Erfinder behaupten, sie enthülle mittels der Stimmenanalyse die Richtigkeit bzw. Falschheit von Aussagen. Der alte Polygraph (Lügendetektor) maß den Pulsschlag, die Galvanische Hautreaktion und den Atemwert, um den Streß zu ermitteln, der mit Lügen einhergeht. Das neue Gerät, das nach Ansicht einiger Fachleute den Polygraphen als »archaisch« erscheinen läßt, wurde von zwei ehemaligen Oberstleutnanten des amerikanischen militärischen Nachrichtendiensts entwickelt: dem Elektroniker Allan Bell und dem Polygraph-Experten Charles McQuistan. Vor kurzem gründeten die beiden eine eigene Firma, die Dektor Counter-Intelligence and Security Company, die am Rande von Washington, D.C., liegt. PSE-Beweismaterial wurde in vier amerikanischen Gerichtsverfahren für zulässig befunden, und PSEs finden immer breitere Anwendung in der Polizeiarbeit, sowohl in den USA als auch in Europa. Die Erfinder versichern, der PSE könne sogar bestimmen, ob ein Mensch im Fernsehen, im Radio oder am Telefon die Unwahrheit sagt.

Vibrationen der Stimmbänder und die Resonanz der Vibrationen in den Schädelhöhlen produzieren zwei Arten von Frequenzen, die bekanntermaßen in der menschlichen Stimme vorhanden sind. Vor kurzem entdeckten Wissenschaftler in der menschlichen Stimme eine dritte Frequenzmodulation, die mit bloßem Ohr nicht zu unterscheiden ist. Der PSE arbeitet auf der Basis dieser Frequenzmodulation. Verursacht wird diese Frequenz durch Muskeltremores, die in der normalen Rede immer vorhanden sind. In Augenblicken des Stresses, beispielsweise wenn man lügt, verschwindet diese Frequenzmodulation aus der menschlichen Stimme, und das PSE-Diagramm macht ihr Fehlen offenbar. Das Instrument spürt auf, was das menschliche

Ohr nicht wahrzunehmen vermag. Ein Tonbandgerät, das Bestandteil des PSE ist, nimmt die Stimme auf und spielt sie ab, während ein an das Instrument angeschlossener Meßstreifenrecorder die Analyse mit bis zu 32 verschiedenen charakteristischen Merkmalen der menschlichen Stimme ausdruckt.

Es wäre ein interessantes Projekt, einige der deutlichsten Aufnahmen von Stimmenphänomenen durch einen Experten mit der PSE-Apparatur analysieren zu lassen.

Zu den umstrittensten Einspielungen auf Raudives Bändern gehört die angebliche Stimme von Winston Churchill. Sie sagt: »Mark you, make believe, my dear, yes. Winston Churchill.« Versucht hier jemand, eine Aussage von Churchill zu zitieren? Fehlt ein Teil der Aussage als Folge atmosphärischer Störungen bei der Übermittlung? Sollte es wirklich Churchill sein? Übrigens, der Tenor dieser Aussage – die Menschen zu überzeugen (»make believe«), daß das Stimmenphänomen existiert – kommt bei sehr vielen der Stimmen zum Ausdruck. Vielleicht könnte der PSE nicht nur bei der Identifizierung der eingespielten Stimmen helfen, sondern jene Teile ihrer Nachrichten aussondern, die wahr und richtig durchkommen.

Neue Techniken, die in der PK-Forschung Anwendung finden, beispielsweise die Kraftfelddetektoren, könnten bei der Ermittlung der Wechselwirkung zwischen Experimentator und Tonbandgerät von Nutzen sein (siehe S. 261 ff.).

Wie Raudive sagt: Der entscheidende Faktor bei der Untersuchung des Stimmenphänomens ist nicht die theoretische Interpretation, sondern das durch Experiment erhaltene und unter Versuchsbedingungen verifizierte empirische Resultat.

Ausgangspunkte für andere Experimente mit Stimmen

Machen Sie Versuche in Flugzeugen, unter der Erde, auf dem Meer.

Würden die Stimmenübertragungen an Lautstärke und Deutlichkeit gewinnen, wenn man dafür mehr Energie verfügbar machen könnte? Würde die von der Pyramide fokussierte Energie dafür geeignet sein? Könnte es hilfreich sein, die Aufnahmen in einer Pyramide zu machen?

246

Wäre ein Medium in der Lage, Impressionen von den Stimmen aufzufangen, die während der Einspielzeit unhörbar sprechen? Bei der Wiedergabe könnte man die Impressionen des Mediums prüfen. Könnte ein Medium seinen eigenen Namen auf Band prägen, ohne zu sprechen? Wie ließe sich dies überwachen und beweisen?

Spielen die Kraftfelder des Experimentators und die geographische Lage eine Rolle? Würden Kraftfelddetektoren während der Aufnahmen Veränderungen registrieren?

Könnten Tiere die Stimmen aufspüren?

Wenn die Stimmen auf den Tonbändern wirklich paranormalen Ursprungs sind, durch welchen technischen Mechanismus werden die Töne dann erzeugt? Werden durch Veränderung einer Tonträgerfrequenz Wörter produziert? Die englische Sprache beispielsweise kennt vierzig Phänomene oder grundlegende Toneinheiten, von denen jede aus einer Serie von Frequenzen mit bestimmter Folge besteht. Es ist möglich, die Frequenzen elektronisch zu erzeugen und in einen Lautsprecher zu leiten, so daß aus diesem etwas auf englisch ganz nach Wunsch mit einem Akzent und einer beliebigen Betonung sowie in einer gewissen Stimmlage ertönt. Das Ontario Science Center ließ von Philips eine Maschine bauen, die durch Manipulation elektronischer Frequenzen »Kaffee« mit niederländischem Akzent sagen kann.

Würde ein Videoband ähnliche Phänomene hervorbringen wie ein normales Tonband?

Ließe ein Vergleich der Botschaften, die Experimentatoren in verschiedenen Ländern erhielten, ein Muster erkennen?

Könnten planetare Bedingungen eine Rolle spielen, und könnte eine astrologische Analyse Tage ermitteln, die den besten Empfang ermöglichen? Es ist bekannt, daß manche Planetenstellungen – wie etwa Opposition oder Geviertschein der schwereren Planeten Jupiter und Saturn – die Kraftfelder der Erde und damit den Radioempfang beeinflussen. Wirkt sich die gleiche Planetenstellung auch auf den Empfang der Stimmenphänomene aus?

Würden Stimmenphänomene in verschiedener Umgebung, beispielsweise in Krankenhäusern oder historischen Bauten, relevantes Material produzieren?

Hans Bender benutzte in seinen Experimenten mit Jürgenson mehrere Tonbandgeräte, die er im Aufnahmeraum verteilte. Auf zwei Geräten klangen die Stimmen lauter, was impliziert, daß die Stimmen in einem Bereich lokalisiert werden konnten oder aus einer bestimmten Richtung in dem Raum kamen. Wenn das stimmt, wäre es vielleicht möglich, einen »elektronischen Tonkollektor« zu benutzen, der sich an das Tonbandgerät anschließen läßt.

Diese Vorschläge sind nur ein paar Beispiele für das, was in bezug auf die Stimmenphänomene noch erforscht werden kann. Zweifellos werden Sie eigene Ideen entwickeln, wenn Sie mit Ihren Forschungen beginnen.

Die Diodenschaltung

Die Anordnung (siehe Abb.) muß vollkommen abgeschirmt – das heißt bis auf die 10 Zentimeter lange Antenne aus steifem Draht in einer Blechbüchse untergebracht – werden, um ein Netzbrummen und eine übermäßige Interferenz durch Rundfunkstationen zu vermeiden. Auch bei äußeren Verbindungskabeln ist eine völlige Abschirmung nötig. (Die Abschirmung oder Metallbüchse ist mit der Masseleitung oder dem Gehäuse des Tonbandgeräts verbunden, wie es gewöhnlich bei der Abschir-

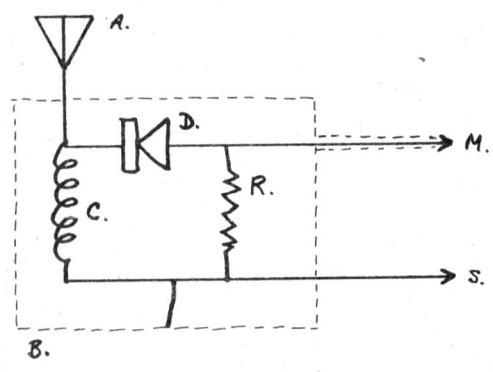

Die Diodenschaltung.

mung des Mikrophonkabels im Gerät der Fall ist.) Eine Diode dieses Typs verwendete Richard Sheargold.

Teile

A Antenne: 10 Zentimeter steifer Draht, von der Blechbüchse isoliert und aus dieser herausragend.

B Blechbüchse, groß genug, um die anderen Teile aufzunehmen; erhältlich in Elektronikgeschäften.

C Kondensator, etwa 2,5 nF.

D Germaniumdiode, beispielsweise Typ 1N191. Erhältlich in Elektronikgeschäften.

R Widerstand, 100 Kiloohm; Belastbarkeit kann ½ Watt betragen.

M Mittlere Führung des abgeschirmten Verbindungskabels. Wird an die Mikrophonbuchse oder an die Eingangsbuchse des Tonbandgeräts angeschlossen. Das Kabel sollte kurz sein, nicht mehr als 30 Zentimeter messen, um Brummgeräusche zu verhindern.

S Kabelabschirmung. Verbindet die Blechbüchse und die geerdete Seite des Tonbandgeräteingangs sowie Widerstand und Kondensator (Siehe Abb. S. 248).

Falls Sie selbst kein Bastler sind, können Sie die Teile in einem Elektronikgeschäft kaufen und dort Namen und Adresse von jemandem erfragen, der sie Ihnen zusammenbaut. Das dauert nicht länger als etwa eine Stunde – und dann müssen sich die »Jenseits-Stimmen« nur noch melden. Wir wünschen Ihnen jedenfalls bei all Ihren Psi-Untersuchungen eine gehörige Portion Forscherglück.

Anhang

Kirlian-Fotografie für Fortgeschrittene

Hochfrequenz-Funkengenerator oder Oszillator

Die Wissenschaftler E. Iwanow, I. Schesterin, A. Tambiew und M. Telitschenko von der Universität Moskau beschreiben die Kirlian-Ausrüstung und den Hochfrequenz-Funkengenerator, die sie bei ihren Forschungen verwenden, in ihrer Abhandlung »Konstruktion eines Hochfrequenz-Funkengenerators für die Untersuchung der Aktionen biologischer Objekte im Hochfrequenzfeld«, veröffentlicht in »Wissenschaftliche Berichte der Universität« [Moskau], Biologische Wissenschaften, Nr. 10, 1970, S. 117–118, Bericht Nr. 578.088, über Methoden der Biologischen Forschung. Die schematische Darstellung des verwendeten Hochfrequenz-Funkengenerators zeigt die Abbildung auf S. 254. Die Hochfrequenz-Entladung erfolgt mittels eines Vakuumgenerators, dessen ursprüngliche Konstruktion in Zusammenarbeit mit dem Elektronik-Laboratorium und der Abteilung für Biophysik der Staatsuniversität Moskau entwickelt wurde. Das Moskauer Team berichtet, daß der Generator mit Frequenzen von 20 bis 100 Kilohertz und mit Spannungen von 0 bis 20 Kilovolt arbeitet. Der Generator hat eine stufenlose Frequenz- und Spannungsregulierung. Die Wissenschaftler der Universität Moskau benutzten das Kirlian-System zur Untersuchung physiologischer Merkmale von Wasserorganismen (Pflanzen, Fischen, Würmern) und erfanden eine Vorrichtung zum Fotografieren biologischer Objekte in feuchter Umgebung (siehe Patent 264163). Ein Bericht darüber erschien unter dem Titel »Investigations of Various Water Organisms with the Kirlian Effect« in *Bioenergetics Questions* 1969.

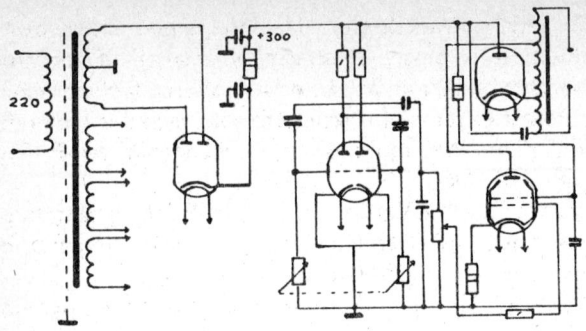

Schematische Darstellung eines Hochfrequenz-Funkengenerators, wie ihn die Universität Moskau bei der Kirlian-Forschung verwendet.

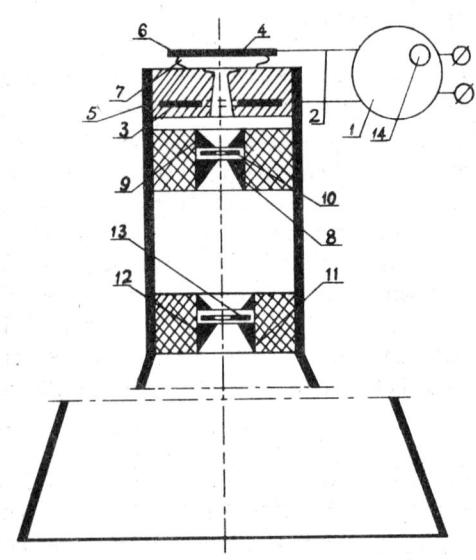

Sowjetisches Patent Nr. 118135 von S. D. Kirlian.

Ein anderes Modell eines Hochfrequenz-Funkengenerators beschreiben die Wissenschaftler V. N. Lysikow, K. I. Krupenin, V. I. Tschatschulan und P. L. Brik in »Vereinfachter Generator zum Fotografieren biologischer Objekte nach der Methode von S. D. Kirlian«. Abhandlung von Kischenewskij, M.-F.-Frunse-Institut, T:37, 1964.

Eine vereinfachte Version der Kirlian-Funkengeneratorschaltung ist in Kirlians Büchlein »Die Welt der wunderbaren Entladungen« enthalten, Moskau 1964.

Das grundlegende Kirlian-Patent trägt die Nummer 106401, Klasse 57b, 1949. Eine Vorrichtung zum Fotografieren verschiedenartiger Objekte. Es beschreibt eine Methode zur Herstellung von Fotografien mittels Hochfrequenzströmen, wobei ein Hochfrequenzgenerator an eine leitende Mehrfachkondensatorelektrode angeschlossen wird; das zu untersuchende Objekt stellt die andere Elektrode dar.

Bezüglich der Originale eines der folgenden Patente wenden Sie sich an die Slawic Division of the US Patent Office, Crystal City, Arlington, Virginia.

Sowjetisches Patent Nr. 118135 (1950). Verfahren zum Fotografieren verschiedenartiger Objekte von S. D. Kirlian. Im ursprünglichen Patent Nr. 106401 wird eine Platte aus kristallinischem Material zwischen das Objekt und das fotografische Material gelegt, um die Bilder durch eine Trennwand zu übertragen. Das neue Verfahren ermöglicht die Herstellung eines vergrößerten Bilds des Objektes. Zwischen Gegenstand und fotografisches Material kommt eine Membran in einer Vakuumröhre mit Loch, das mit einer kristallinischen dielektrischen Platte bedeckt ist. Die zweite Platte des Kondensators ist ein elektronisch belichteter Schirm, der das fotografische Material ersetzt.

Sowjetisches Patent Nr. 158205, Klasse 57b, 1962, von W. I. Mikalewskij und K. J. Mikalewskaja: Vorrichtung zum Fotografieren von unebenen Flächen mittels elektrischer Hochfrequenzfelder. Mit dieser Vorrichtung können die Innenflächen von Höhlungen fotografiert werden. Ein kleiner Gummiballon

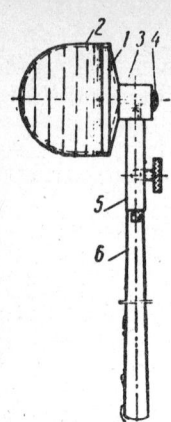

Sowjetisches Patent Nr. 158205.

wird als Kondensatorplatte verwendet. Die graphische Darstellung zeigt eine runde Metallscheibe (1), die einen dünnen elastischen Gummiballon (2) hält. In den Ballon wird eine leitende Flüssigkeit durch Metallnippel (3) gefüllt und dieser mit Schraube (4) verschlossen. Der Metallteil (5) des isolierten Handgriffs (6) wird in den Nippel geschraubt, und das Gerät wird durch eine Zuleitung mit dem Hochfrequenz-Funkengenerator verbunden. Die lichtempfindliche Schicht eines dünnen Gummifilms wird durch den Druck des Ballons gegen die zu fotografierende Fläche gepreßt. Der Hochfrequenzstrom wird zur Belichtung des Films eingeschaltet. Auf dem Film erhält man ein flaches Bild der Höhlenoberfläche. Eine andere Möglichkeit besteht darin, die Ballonfläche mit einer lichtempfindlichen Schicht zu bedecken und den Ballon aufzublasen, nachdem man ihn in die enge Höhlung eingeführt hat. Nach entsprechender Behandlung der lichtempfindlichen Schicht wird das Bild durch erneutes Füllen des Ballons mit Luft oder Wasser betrachtet.

Sowjetisches Patent Nr. 1164905, 1963, von den Kirlians: Vorrichtung zum Fotografieren mit Hochfrequenzströmen bei Tageslicht. Eine normale Kamera (1) – im allgemeinen eine 35-mm-Kamera – mit entferntem Objektiv kann verwendet werden. Eine Rollfilmcassette (2) wird in die Kamera eingelegt

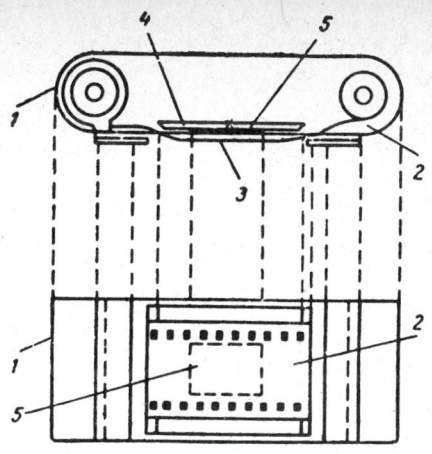

1. Kamera; 2. Film; 3. dielektrische Platte; 4. Isolierung; 5. stromleitende Metallplatte.

Sowjetisches Patent Nr. 1164905.

und von einer Spule auf die andere transportiert, wobei die licht-empfindliche Seite nach außen gerichtet ist. Das zu fotografie-rende Objekt wird gegen die dielektrische Platte (3) gepreßt. Die Platte muß ein in die Vorderseite der Kamera geschnittenes Fenster ganz bedecken und in die Schlitze passen. Der Hochfre-quenzgenerator wird zwischen dem Objekt und der stromleiten-den Metallplatte (5) angeschlossen; letztere ist auf einer nicht lei-tenden dielektrischen Platte (4) befestigt und wird gegen die Rückseite des Films gepreßt. Die Belichtungszeit wird durch das Verschlußsystem der Kamera reguliert.

Sowjetisches Patent Nr. 164906, Klasse 21g, von Kirlian u. a.: Beschreibung eines elektrostatischen Fotoapparats. Diese Vor-richtung vergrößert den Anwendungsbereich der Hochfre-quenztechnik, denn sie erlaubt die visuelle Untersuchung oder das Fotografieren von Objekten in komplizierten Positionen – zum Beispiel Höhlungen oder Löchern. Die Elektrode (1) hat eine Form entsprechend jener des zu fotografierenden Objekts

257

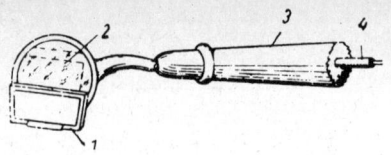

Sowjetisches Patent Nr. 164906.

und besteht aus transparentem stromleitenden Material. Sie ist durch ein Scharnier mit einem Hohlspiegel verbunden, dessen Rahmen aus dielektrischem Material besteht. Dieser Rahmen ist mit einem Handgriff (3) verbunden, durch den eine Zuleitung (4) zum Anschließen der Elektrode an den Hochfrequenzgenerator führt. Wird der Hochfrequenzstrom eingeschaltet, erfolgt zwischen Elektrode und Gegenstand eine Entladung, die vom Vergrößerungsspiegel reflektiert wird. Ein auf die Arbeitsseite der Elektrode gelegter Film erlaubt das Fotografieren des Objekts. Die Arbeitsseite der Elektrode sollte zur Stabilisierung des Entladevorgangs mit einem dielektrischen Gitter bedeckt werden.

Sowjetisches Patent Nr. 209968, 1966, von Viktor Adamenko und S. D. Kirlian, basiert auf Nr. 164906 (s. oben): Beschreibt ein Verfahren zur Herstellung von Hochfrequenzbildern von Gegenständen mit komplizierten, unregelmäßigen Flächen. Die Herstellung erfolgt mittels zweier transparenter dielektrischer Medien, die durch eine dünne Textilschicht getrennt sind. Ein Dielektrikum wird mit einer transparenten stromleitenden Schicht überzogen. Das Überzugsmaterial wird in engen Kontakt mit der zu fotografierenden oder zu untersuchenden Fläche gebracht. Elektrischer Strom vom Funkengenerator wird zwischen das polarisierte Dielektrikum und die stromleitende Schicht geleitet. Eine Entladung erfolgt durch die Zellen in dem Gewebe und wird entsprechend dem elektrischen Zustand des zu beobachtenden oder zu fotografierenden Gegenstandes zweidimensional verteilt. Nach diesem Verfahren kann jeder Teil des Körpers direkt fotografiert werden. Organischer Silikonstoff kann als transparente Elektrode verwendet werden. Er kann um

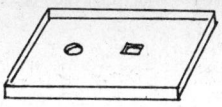

Sowjetisches Patent Nr. 264163.

den Körper gewickelt und aus einiger Entfernung fotografisch überwacht werden.

Sowjetisches Patent Nr. 264163, Klasse 57b, 1968, von A. Tambiew, M. Telitschenko, I. Schesterin: Vorrichtung für die Hochfrequenzfotografie; ermöglicht das Fotografieren biologischer Objekte in feuchter Umgebung und erhält die Lebensfähigkeit der untersuchten Organismen. Die untere Metallplatte hat die Form eines mit Agar-Agar-Lösung gefüllten Gefäßes. In das Agar-Agar-Gel wird eine Höhlung entsprechend der Form und der Größe des in das Gel gegebenen zu untersuchenden Objekts gemacht, so daß das Objekt in einem Tropfen Wasser oder einer feuchten Umgebung fotografiert werden kann. Bei diesem Verfahren behalten Organismen wie Zooplankton während wiederholter Aufnahmen mit Hochfrequenzströmen ihre Lebensfähigkeit.

Zahlreiche andere Kirlian-Patente betreffen Klemmvorrichtungen und Platten für die Kirlian-Fotografie. Patent 108088, 1950: Kondensatorplatten für konturige Objekte. Nr. 108090, 1950: Kondensatorplatten. Nr. 108092, 1950: Vorrichtung zum Fotografieren verschiedenartiger Objekte. Nr. 108099, 1951: Vorrichtung zum Fotografieren verschiedenartiger Objekte. Nr. 113807, 1955: Vorrichtung zum Fotografieren zylindrischer Metallgegenstände. Nr. 113837, 1955: Vorrichtung zum Fotografieren der Blätter einer Pflanze. Nähere Einzelheiten über diese und andere sowjetische Patente sind beim US Patent Office zu erfahren.

Einige Kirlian-Klemmvorrichtungen:

1. Kondensatoren, die in Form von Zangen angeordnet sind, zum Fotografieren von Blättern. Die entsprechende Einstel-

lung der Platten erfolgt durch Zusammendrücken der Zangen. Mit diesen Zangen können auch andere flache Körper fotografiert werden.

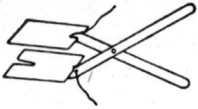

2. Eine runde Platte auf einem isolierten Griff. Mit Hilfe dieser Platte, die durch eine Mikrometerscheibe verstellbar ist, kann man verschiedene biologische Einzelheiten des gleichen Objektteils getrennt darstellen.

3. Flexible, einander angepaßte Platten zur Aufnahme abgerundeter Körper (z. B. Hände und Beine).

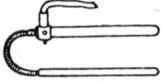

4. Eine zylindrische Platte für Abrolldrucke von unbegrenzter Länge. Die Rollen können ausgetauscht werden; ihre Breite bestimmt die Maße des Fotos.

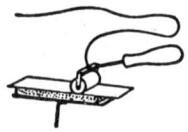

Optische Entladungs-Vorrichtung. Kann zur direkten Beobachtung eines Objekts in einem Hochfrequenzfeld an ein Mikroskop angeschlossen werden. 1. Anschluß zum Mikroskop; 2. Gewinde; 3. obere Gehäusehälfte; 4. Fokussierungszapfen; 5. Gewinde; 6. untere Gehäusehälfte; 7. zwei Öffnungen (Durchmesser 4 mm), eine vor der anderen; 8. Gummidichtung; 9. Verbindung zur Kraftquelle; 10. Metalldraht (zum Schutz vor Unter-

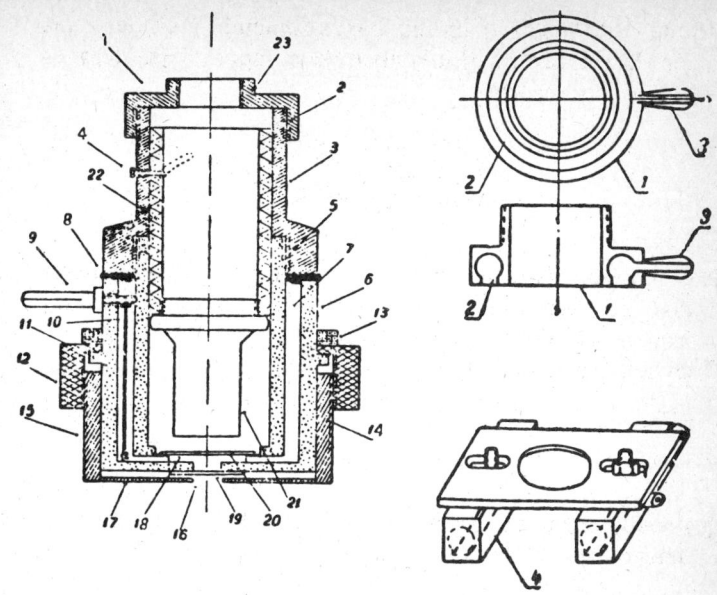

brechung des Stromkreises durch Wasserdampf); 11. ringförmige Verdickung; 12. frei drehbarer Druckverschluß; 13. Muffen; 14. Gewinde; 15. Querwand; 16. Öffnung, Durchmesser 5 mm; 17. Boden der Querwand; 18. Glas (0,6–1,0 mm dick); 19. Glas (0,13–0,14 mm dick); 20. Kammer (Zelle), durch Öffnung 7 mit Wasser gefüllt; 21. 8- – 12fach vergrößerndes Objektiv; 22. Objektivträger; 23. Gewinde (passend zum Gewinde der Mikroskoprohre).

Optische Entladungs-Platten für die optische Entladungs-Vorrichtung sind so konstruiert, daß sie die Haut spannen und ideal glatt machen für die visuelle Beobachtung.

a) Ein breiter Ring (1) aus dielektrischem Material hat auf einer Seite eine Rille bzw. Furche. (2) Die Aushöhlung wird durch (3) mit einer Vakuumpumpe verbunden.

b) Zum Strecken der Haut in jede Richtung können zwei mit einer Vakuumpumpe verbundene Stäbe mit Hohlkehlen (4) verwendet werden.

Weitere technische Daten über die Kirlian-Fotografie enthält
der Bericht von Dr. Tiller in: Stanley Krippner/Daniel Rubin
(Hrsg.), *Lichtbilder der Seele. Alles über Kirlians Aurafotografie*,
Bern und München 1975, S. 215–248.

Ein neuer Detektor zur Registrierung physiologischer Funktionen
aus G. A. Sergejew, G. D. Schuschkew, E. G. Grjaschnuchin »Der Sergejew-
Detektor«

Wir haben einen neuartigen Detektor entwickelt, der bioplasmatische Prozesse im menschlichen Körper registriert. Diese
hochempfindlichen Detektoren können die physiologische
Funktion jedes Körperbereichs registrieren.

Die Funktionsweise des Detektors basiert auf folgendem physikalischen Prinzip: Die Kraftfeld-Aktivität erregter Zellen im
menschlichen Organismus kann als turbulentes Niedrigtempe-
ratur-Plasma betrachtet werden, das die dielektrischen Eigenschaften der Umgebung beeinflußt.

Experimentelle Untersuchungen von Niedrigtemperatur-
Plasmastrukturen biologischen Ursprungs und Computerbe-
rechnungen brachten uns zu der Schlußfolgerung, daß die energetischen Prozesse in lebenden Organismen den formalen Erfordernissen unterliegen, wie sie von thermodynamischen Syste-
men mit negativen Temperaturen verlangt werden.

Wir haben experimentell nachgewiesen, daß das Auftreten
der Folge von Inversionsprozessen von Energie-Ebenen bei
7–9 Hertz liegt, was mit der Hauptfrequenzschwankung der Intensität des magnetischen Erdfeldes zusammenfällt.

Die Masereffekte im lebenden Organismus führen zur Emis-
sion hochkonzentrierter Ströme freier Elektronen und Protonen
in den freien Raum, was die lokalen Eigenschaften der dielektrischen Leitung der Luft verändern kann.

Die obigen theoretischen Voraussetzungen bildeten die
Grundlage für den empfohlenen neuartigen Detektor. Die
Funktionsprinzipien basieren auf einer stetigen Spannung zwi-
schen zwei kapazitiven Silberplatten, die durch ein Dielektri-

kum mit nichtlinearen Eigenschaften getrennt sind.

Als Dielektrikum wurde polarisiertes Bariumtitankristall (BaTiO₃) verwendet. Die Spannung am Ausgang des Bariumtitanelements wird natürlich bestimmt durch die Formel:

$$\frac{4_{\scriptscriptstyle\Pi}\, dE}{E(p)} \quad \frac{\Delta\, 1}{1}$$

wobei $E = 10^{12}\, \text{Dyn/cm}^2$
bei $t° = 10°C$ (Young-Modul)
        $d = 1{,}75 \cdot 10^{-6}$ (piezoelektrische Konstante)
        $E(p)$ – dielektrische Konstante abhängend von P – dem Grad der Turbulenz des Plasmafeldes biologischen Ursprungs.

Abhängig einerseits von den Werten der relativen Deformation $\frac{\Delta 1}{1}$ (akustischem Druck) und andererseits vom Wert der dielektrischen Konstante $E(p)$.

Während der experimentellen Erprobung wurde der Detektor in eine akustische Abschirmung gegeben und in einem Niederfrequenzbereich von 0,1–30 Hertz verwendet; in diesen Grenzen erfolgte eine Distorsion in Relation zum akustischen Resonanzpunkt. Doch die am Ausgang der Detektoren registrierten Spannungen erreichten mehrere zehn Millivolt, mit anderen Worten Werte, die realistischerweise nicht ausschließlich vom akustischen Druck in einem der Punkte der Körperoberfläche des menschlichen Organismus verursacht worden sein konnten.

Aus der Untersuchung der Formel folgt, daß die Veränderung der elektrischen Konstante $E(p)$ unter der Wirkung des bioplasmatischen Kraftfeldes den Wert der kapazitiven Leitfähigkeit im Spalt zwischen den Kondensatorplatten verlagern.

Strukturell gesehen sind die Detektoren in Form flacher Elemente konstruiert, die an jedem Bereich des menschlichen Körpers mit Gummiband befestigt oder in einiger Entfernung (gemäß den spezifischen Erfordernissen der Forschung) plaziert werden können. Es besteht kein direkter Kontakt zwischen Detektor und Haut, da die Elemente von einer Gummihülle umschlossen sind. Die Spannung des Detektor-Ausgangs kann mit dem Eingang jedes normalen Aufzeichnungsgeräts (Elektroenzephalograph, Elektrokardiograph, Vektorkardiograph usw.) verbunden werden. Wir haben der Aufzeichnungskurve die provisorische Bezeichnung »Bioplasmagramm« gegeben.

Einen »Sergejew-Detektor« konstruierte Anfang der siebziger Jahre der aus der Tschechoslowakei emigrierte Wissenschaftler Jan Merta. Durch Anschluß der Vorrichtung an einen Meßstreifenrecorder vermochte er bei Psi-Experimenten einige hochinteressante Ergebnisse zu erzielen. In Rußland wurde der Detektor zur Aufzeichnung von Kraftfeldveränderungen bei PK (besonders in Experimenten mit Nina Kulagina) und auch zum Aufspüren von Feldern um einen klinisch toten Körper verwendet.

Die Akupunktur-Meridiane

Die auf den einzelnen Meridianen angegebenen Punkte zeigen die Stellen an, die der Akupunktur-Arzt sticht, um eine oder mehrere Krankheiten zu heilen. Sowjetischen Forschern ist es gelungen, diese Akupunkturpunkte mit Hilfe der Kirlian-Methode zu fotografieren: Auf den Bildern erscheinen sie als Stellen mit größerer Helligkeit und strahlen helle Flammen aus – möglicherweise eine Folge der höheren elektrischen Leitfähigkeit, die die Akupunkturpunkte im Unterschied zur übrigen Haut besitzen.

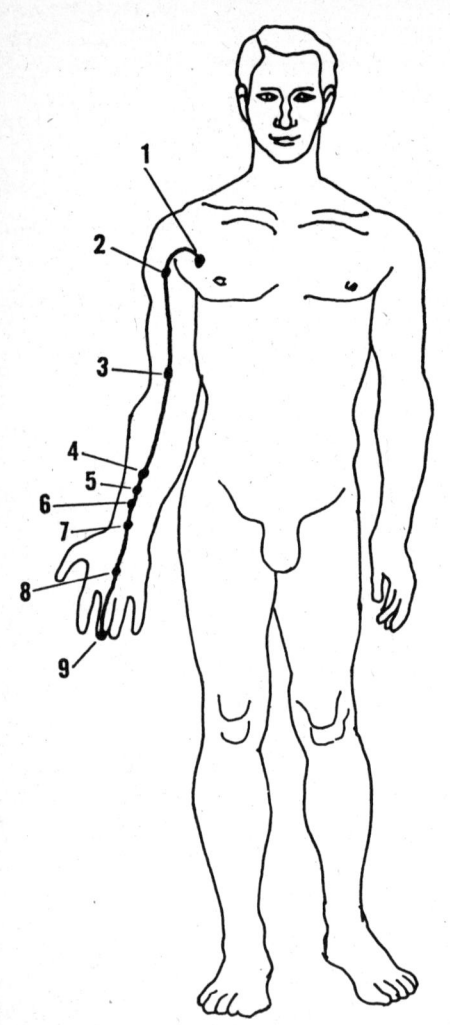

Kreislauf-Sexualität-Meridian.

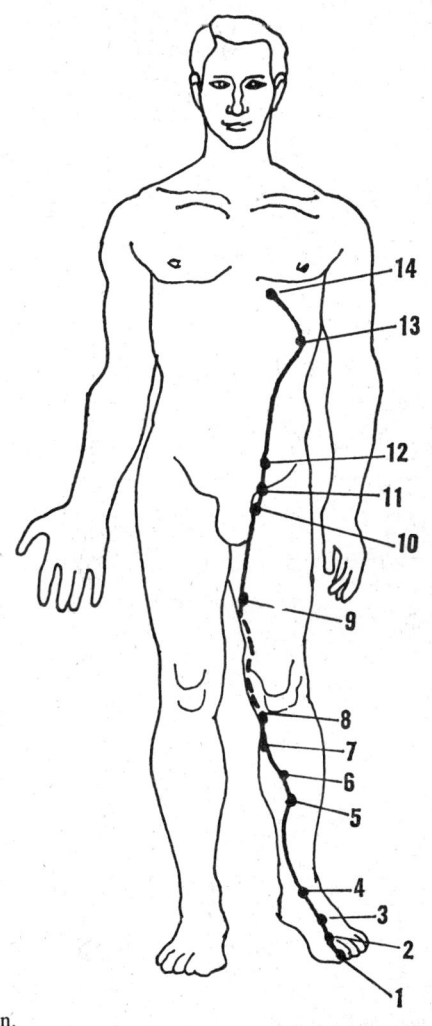

Leber-Meridian.

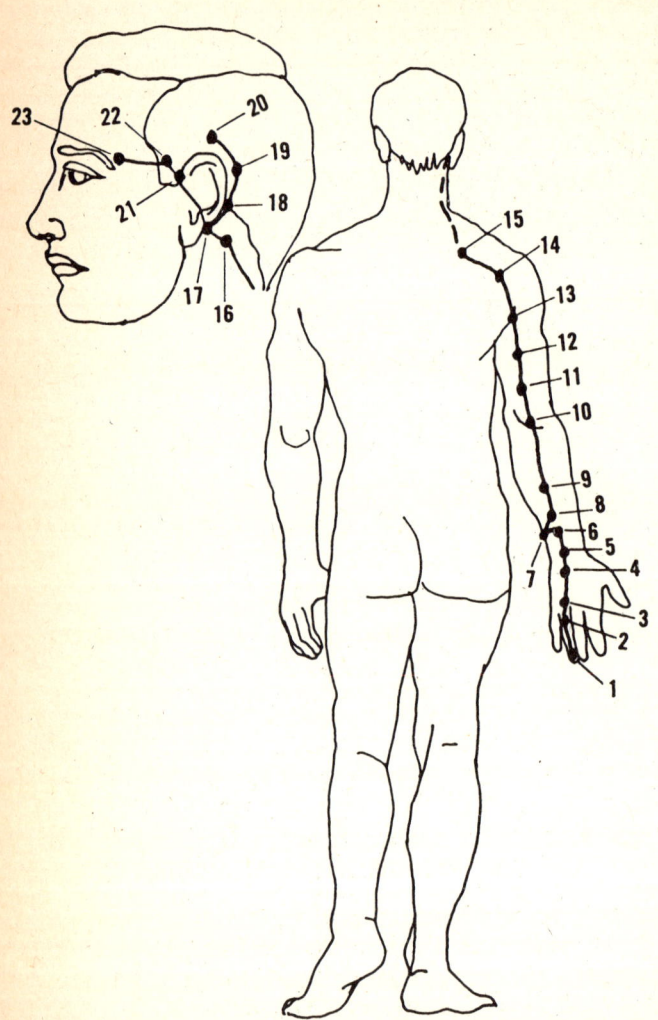

Dreifacher Erwärmer-Meridian.

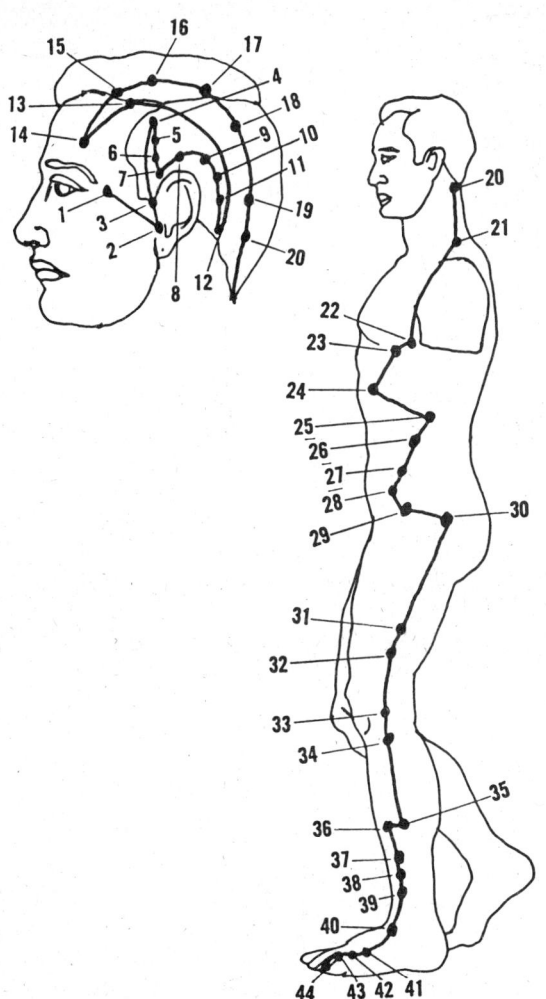

Gallenblasen-Meridian.

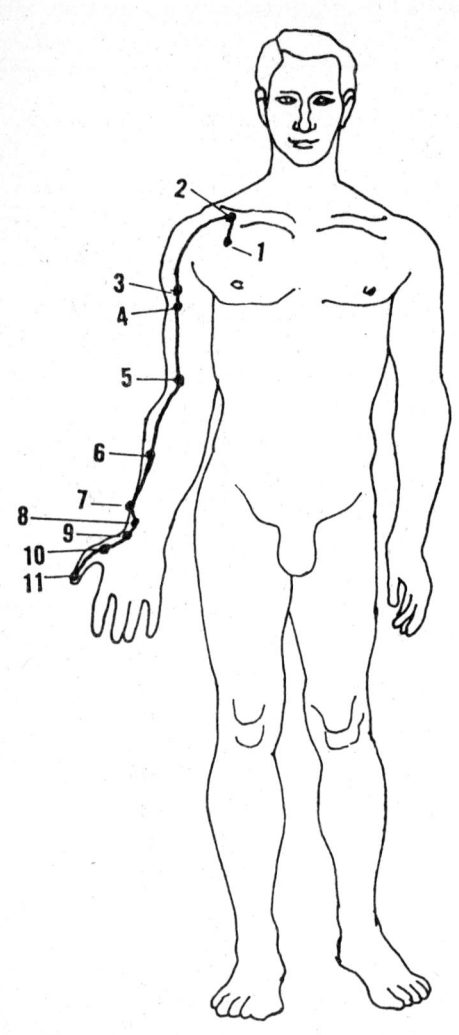

Lungen-Meridian.

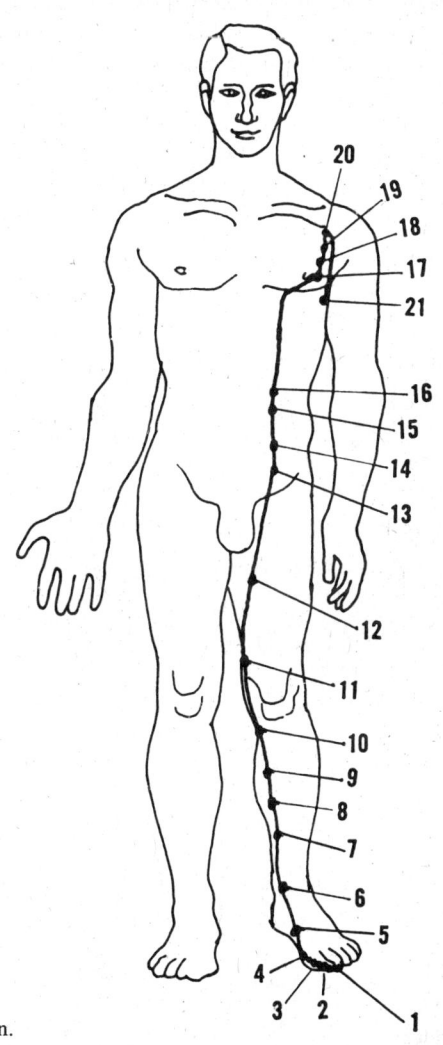

Milz-Meridian.

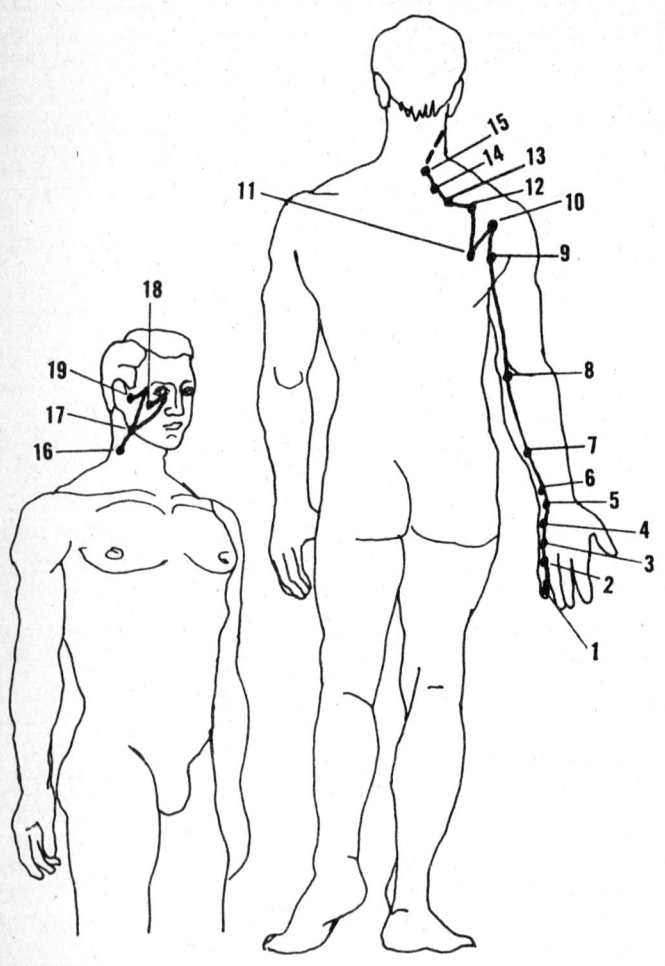

Dünndarm-Meridian.

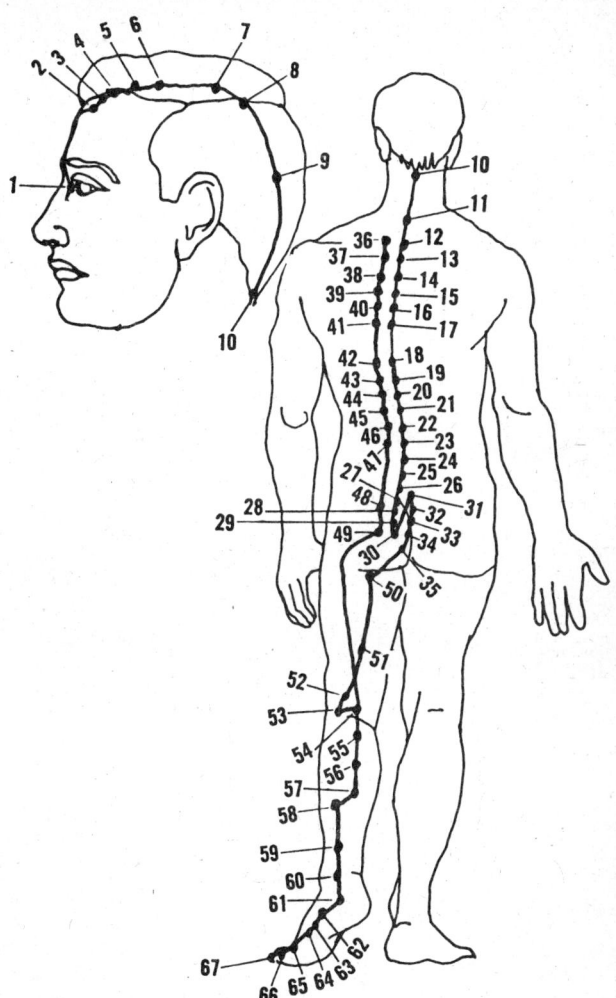

Blasen-Meridian.

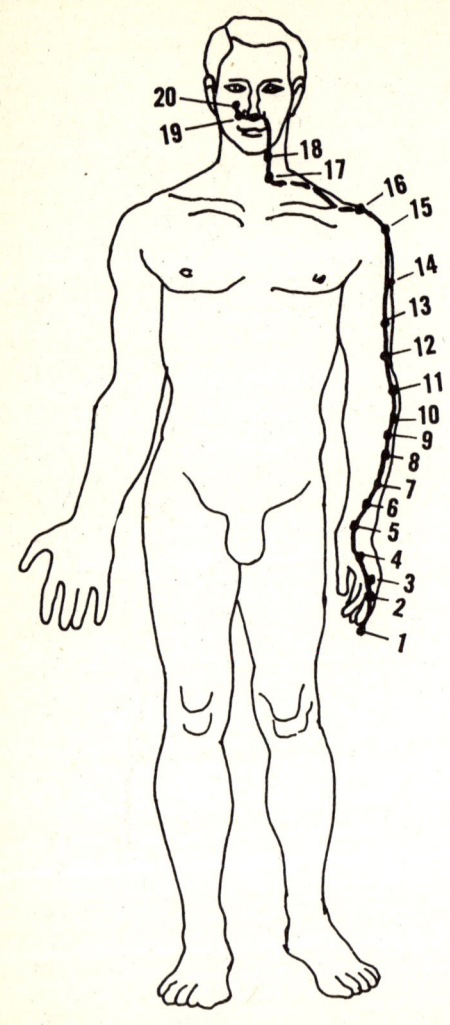

Dickdarm-Meridian.

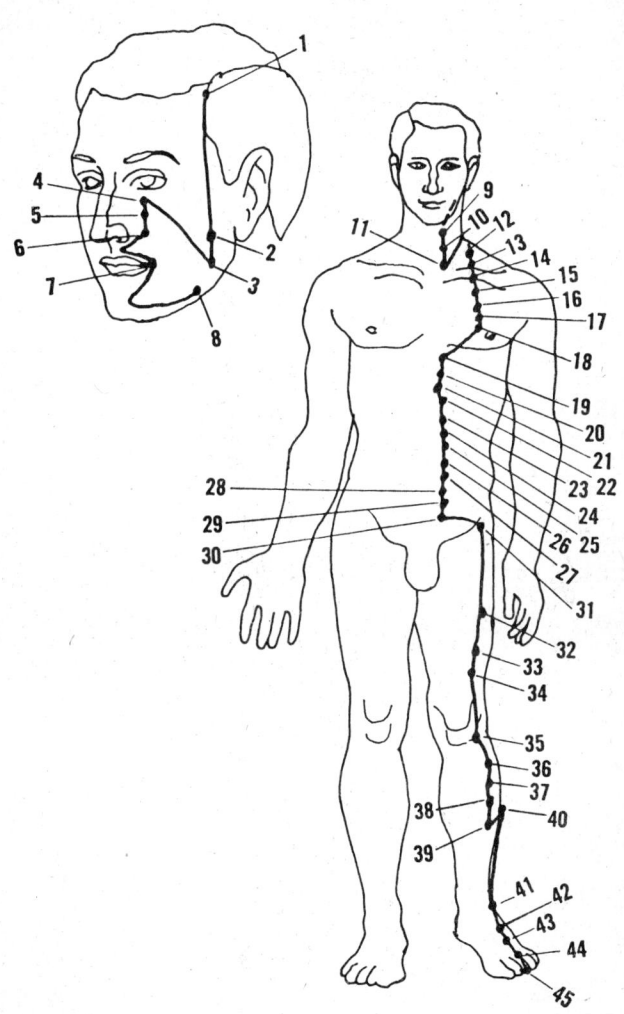

Magen-Meridian.

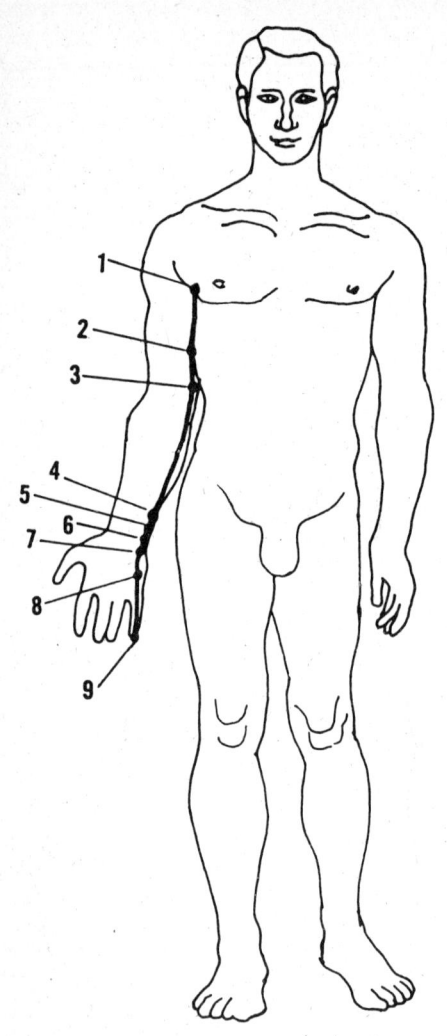

Herz-Meridian.

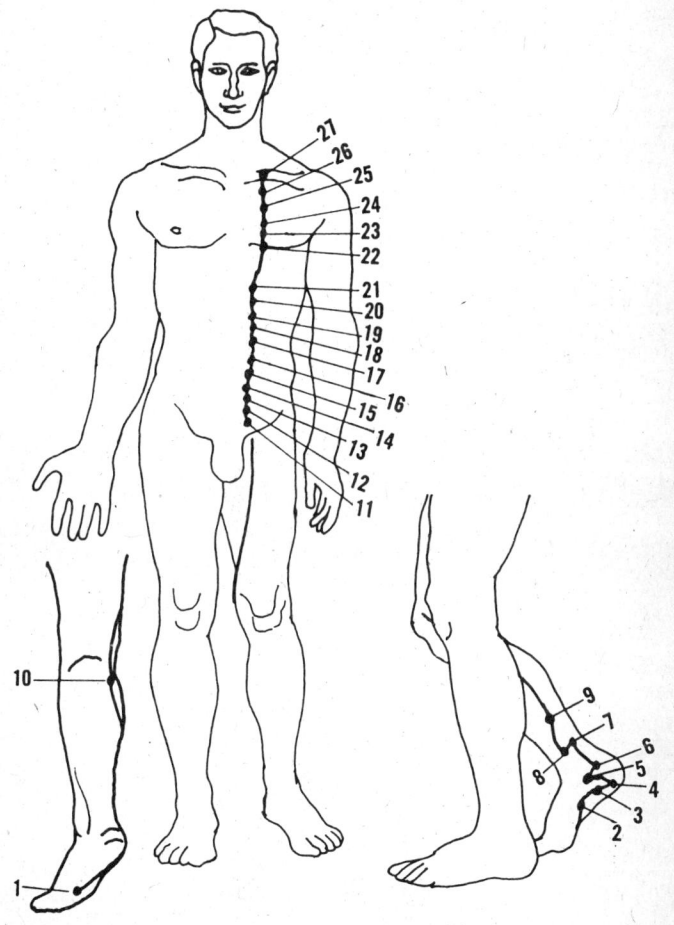

Nieren-Meridian.

Bibliographie

Zu Kapitel 1

Bailey, Alice, *Esoteric Psychology,* New York 1971.
Bonin, Werner F., *Lexikon der Parapsychologie und ihrer Grenzgebiete,* Bern und München 1976.

Castaneda, Carlos, *Reise nach Ixtlan. Die Lehre des Don Juan,* Frankfurt a. M. 1974 u. ö.

Freedland, Nat, *The Occult Explosion,* New York 1972.

Jung, C. G., *Zur Psychologie und Pathologie sogenannter occulter Phänomene,* Leipzig 1902.
–, *Über die Psychologie des Unbewußten,* Zürich 1948.
–, *Von den Wurzeln des Bewußtseins,* Zürich 1954.

Koestler, Arthur, *Die Wurzeln des Zufalls,* Bern/München/Wien ⁴1972.
Krishna, Gopi/Weizsäcker, C. F. von, *Biologische Basis der Glaubenserfahrung,* Weilheim 1971.

Muses, C. A./Young, C. (Hrsg.), *Consciousness and Reality,* New York 1972.

Ostrander, Sheila/Schroeder, Lynn, *Psi. Die wissenschaftliche Erforschung und praktische Nutzung übersinnlicher Kräfte des Geistes und der Seele im Ostblock,* Bern/München/Wien 1971 u. ö.
(Dieses Werk enthält eine ausführliche Bibliographie der Arbeiten von sowjetischen Forschern und Forschern aus anderen Ostblockländern zu im vorliegenden Buch angesprochenen Themen.)
–, *Vorauswissen mit Psi. Die Vorprogrammierung wichtiger Entscheidungen und Handlungen mit Hilfe der eigenen Psi-Kräfte,* Bern/München/Wien 1975. (Das Buch entstand in Zusammenarbeit mit Douglas Dean und John Mihalasky.)
–, u. Ostrander, Nancy, *Super-Learning. Die revolutionäre Lernmethode,* Bern und München ²1980.

Pearce, Joseph, *The Crack in the Cosmic Egg*, New York 1973.

Stelter, Alfred, *Psi-Heilung. Die wissenschaftliche Erforschung und praktische Anwendung medialer Kräfte*, Bern/München/Wien 1973 u. ö.

Thompson, W. J., *At the Edge of History*, New York 1971.

Waters, Tom A., *Psychologistik. Die Entdeckung des Überbewußtseins – Neuland psychischer und geistiger Möglichkeiten*, Bern und München 1973.

White, John (Hrsg.), *The Highest State of Consciousness*, Garden City 1972.

Zu Kapitel 2 und 3

Abrams, Albert, *New Concepts in Diagnosis and Treatment*, San Francisco 1916.

–, *Iconography: Electronic Reactions of Abrams*, San Francisco 1923.

Adam, Michel, *La Vie et les Ondes. L'Œuvre de Georges Lakhovsky*, Paris 1936.

Adams, George/Whicher, Olive, *The Living Plant and the Science of Physical and Ethereal Spaces*, Clent, Worcestershire 1949.

Albus, Harry, *The Peanut Man*, Grand Rapids, Michigan, 1948.

Albrecht, William A., *Soil Fertility and Animal Health*, Webster City, Iowa, 1958.

–, *Soil Reaction (pH) and Balanced Plant Nutrition*, Columbia, Missouri, 1967.

Alder, Vera Stanley, *The Secret of the Atomic Age*, London 1958–1972.

Aldini, Giovanni, *Orazione di Luigi Galvani*, Bologna 1888.

Allen, Charles L., *The Sexual Relations of Plants*, New York 1886.

Andrews, Donald H., *The Symphony of Life*, Lee's Summit, Missouri, 1967.

Applewhite, P. B., »Behavioral Plasticity in the Sensitive Plant Mimosa«, in *Behavioral Biology*, Bd. 7, Febr. 1972, S. 47–53.

Arditti, Joseph/Dunn, Arnold, *Experimental Plant Physiology: Experiments in Cellular and Plant Physiology*, New York 1969.

Audus, L. J., »Magnetotropism: A New Plant Growth Response«, in *Nature*, Jan. 1960.

Bach, Edward, *Heal Thyself*, Ashingdon, Rochford, Essex 1931.

–, *The Twelve Healers and other Remedies*, Ashingdon, Rochford, Essex 1933.

Backster, Cleve, »Evidence of a Primary Perception in Plant Life«, in *International Journal of Parapsychology*, Bd. 10, Nr. 4, Winter 1968, S. 329–338.

–, »Evidence of a Primary Perception at Cellular Level in Plant and Animal Life«, unveröffentlicht, Backster Research Foundation 1973.

Bacon, Thorn, »The Man who Reads Nature's Secret Signals«, in *National Wildlife*, Bd. 7, Nr. 2, Febr./März 1969, S. 4–8.

Bagnall, Oscar, *The Origin and Properties of the Human Aura*, New York 1970.

Baitulin, I. O., Injuschin, V. M., und Scheglow, U. V., »Probleme der Elektro-Biolumineszenz bei der Wurzelentwicklung«, in *Bioenergetische Fragen – und einige Antworten*, Alma-Ata 1968 (auf Russisch).

Balfour, Lady Eve B., *The Living Soil*, London 1943.

Balzer, Georg, *Goethe als Gartenfreund*, München 1966.

Barnothy, Madeleine F. (Hrsg.), *Biological Effects of Magnetic Fields*, New York 1964.

Barr, Sir James (Hrsg.), *Abram's Methods of Diagnosis and Treatment*, London 1925.

Basu, S. N., *Jagadis Chandra Bose*, Neu-Delhi 1970.

Beaty, John Yocum, *Luther Burbank, Plant Magician*, New York 1943.

Bentley, Linna, *Plants that Eat Animals*, London 1967.

Bertholon, M. l'Abbé, *De l'Electricité des Végétaux*, Paris 1783.

–, *Die Elektrizität aus medizinischen Gesichtspunkten betrachtet*, Jena 1781.

Bertrand, Didier, *Recherches sur le Vanadium dans les Sols et dans les Plantes*, Paris 1941.

Best, Connie, »The Man who Bends Science«, in . . . *And it is Divine*, Denver, Colorado, Mai 1973.

Bhattacharya, Benoytash, *Magnet Dowsing or The Magnet Study of Life*, Kalkutta 1967.

»Billions of Transmitters Inside Us? An Unknown Bio-information Channel has been Discovered: Using this ›Wireless Telegraph‹, the Cells of the Organism Transmit Danger Signals«, in *Sputnik*, Mai 1973, S. 126–130.

Bird, Christopher, »Dowsing in the USSR«, in *The American Dowser*, Aug. 1972.

–, »Dowsing in the USA: History, Achievement, and Current Research«, in *The American Dowser*, Aug. 1973.

Bock, Hieronymus, *Teutsche Speiszkammer*, Straßburg 1550.

Bontemps, Arna, *The Story of George Washington Carver*, New York 1954.

Bose, D. J., »J. C. Bose's Plant Physiological Investigation Relating to Modern Biological Knowledge«, in *Transactions of the Bose Research Institute*, Bd. 37, Kalkutta 1947/48.

Bose, Jagadis Chunder (oder Chandra), *Die Physiologie des Saftsteigens*, Jena 1925.

–, *Die Pflanzenschrift und ihre Offenbarungen*, Zürich und Leipzig 1928.

–, »Live Movements in Plants«, in *Transactions of the Bose Research Institute*, Bd. 1–6, New York 1918–1931.

–, *Response in the Living and Non-Living*, New York/Kalkutta/Boston 1902.

–, *Plant Response as a Means of Physiological Investigation*, New York/London/Bombay 1906.

–, *Researches in Irritability of Plants*, New York 1913.

–, *The Physiology of Photosynthesis*, New York und London 1924.

–, *The Nervous Mechanism of Plants*, New York/London/Toronto/Bombay/Kalkutta/Madras 1926.

–, *The Motor Mechanism of Plants*, New York/London/Toronto 1928.

–, *Growth and Tropic Movements of Plants*, New York 1929.

–, »Awareness in Plants«, in *Consciousness and Reality: The Human Pivot*, hrsg. von Charles Muses and Arthur M. Young, New York 1972, S. 142–150.

Boulton, Brett, »Do Plants Think?«, in *The Ladies' Home Journal*, Mai 1971.

Bragdon, Lillian J., *Luther Burbank, Nature's Helper*, New York 1959.

Brier, Robert M., »PK on a Bio-electrical System«, in *Journal of Parapsychology*, Bd. 33, Nr. 3, Sept. 1969, S. 187–205.

Brown, Beth, *ESP with Plants and Animals: A Collection of True Stories that Glow with the Power of Extrasensory Perception*, New York 1971.

Brown, jr., Frank A., »The Rhythmic Nature of Animals and Plants«, in *American Scientist*, Bd. 47, Juni 1959, S. 147.

Brunor, Nicola, *La medicina e la Teoria Elettronica della Materia*, Mailand 1927.

Budlong, Ware T., *Performing Plants*, New York 1969.

Burbank, Luther, *Die Zucht der Menschenpflanze*, Leipzig 1926.

–, *How Plants are Trained to Work for Man*, New York 1921.

–, *My Beliefs*, New York 1927.

–/Hall, Wilbur, *Lebensernte*, Stuttgart/Berlin/Leipzig 1929.

Burr, Harold Saxton, *Blueprint for Immortality: The Electric Patterns of Life*, London 1972.

Camerarius, Rudolf Jakob, *Über das Geschlecht der Pflanzen*, Leipzig 1899.

Carson, Rachel, *Der stumme Frühling*, München 1962.

Clark, Laurence, *Coming to Terms with Rudolf Steiner*, Rickmansworth 1971.

Cocannouer, Joseph A., *Weeds: Guardians of the Soil*, New York 1964.

Commoner, Barry, *Wachstumswahn und Umweltkrise*, München 1971.

Conrad-Martius, Hedwig, *Die »Seele« der Pflanze*, Breslau 1934.

Cremore, John Davenport, *Mental Telepathy*, New York 1956.

Crile, George Washington, *The Bipolar Theory of Living Processes*, New York 1926.

–, *The Phenomena of Life: A Radio-Electrical Interpretation*, New York 1936.

Crow, W. B., *The Occult Properties of Herbs*, London 1969.

Culpeper, Nicholas, *Culpeper's English Physician and Complete Herbal Remedies*, North Hollywood, Kalif., 1972.

Darwin, Charles R., *Insectenfressende Pflanzen*, Stuttgart 1876.

–, *Kletternde Pflanzen*, Stuttgart 1876.

–, *Die Wirkungen der Kreuz- und Selbstbefruchtung im Pflanzenreich*, Stuttgart 1877.

–, *Das Variieren der Thiere und Pflanzen im Zustande der Domestikation*, Stuttgart 1878.

–, *Das Bewegungsvermögen der Pflanzen*, Stuttgart ²1899.

Davis, Albert Roy/Bhattacharya, A. K., *Magnet and Magnetic Fields*, Kalkutta 1970.

Day, G. W. Langston/De la Warr, George, *Matter in the Making*, London 1966.

–, *New Worlds beyond the Atom*, London 1956.

Day, John, »Music to Stimulate Plants«, in *Mind and Matter*, März 1959.

De Beer, Sir Gavin, *Charles Darwin: Evolution by Natural Selection*, Garden City, New York, 1967.

De la Warr, George, »Do Plants Feel Emotion?«, in *Electrotechnology*, April 1969.

–, »Seeds Respond to Sound of Music«, in *News Letter*, Frühj. 1969, S. 6–7.

–/Baker, Douglas, *Biomagnetism*, Oxford 1967.

De la Warr, Marjorie, »Thought Transference to Plants«, in *News Letter*, Sommer 1970, S. 1–72.

–, »Plant Experiments – Series 2«, in *News Letter*, Herbst 1969, S. 3–11.

Dibner, Bern, *Alessandro Volta and the Electric Battery*, New York 1964.

–, *Galvani-Volta. A Controversy that Led to the Discovery of Useful Electricity*, Norwalk, Conn., 1952.

–, *Dr. William Gilbert*, New York 1947.

Dixon, Royal, *The Human Side of Plants*, New York 1914.

–/Brayton, Eddy, *Personality of Insects*, New York 1924.

Dixon, Royal/Fitch, Franklyn E., *Personality of Plants*, New York 1923.

Dodge, Bertha, *Pflanzen, die die Welt veränderten*, Wiesbaden 1963.

»Do Plants Feel Emotion?«, in *Ahead of Time*, hrsg. von Harry Harrison und Theodore J. Gordon, Garden City, New York, 1972, S. 106–116.

»Do Plants Have Feelings? Researcher is Communicating«, in *Carlisle County News*, März 1973.

Dowden, Anne Ophelia, *The Secret Life of the Flowery*, New York 1964.

Drown Ruth Beymer, *The Theory and Technique of the Drown H.V.R. and Radiovision Instruments*, Privatdruck, Los Angeles 1939.

–, *The Science and Philosophy of the Drown Radio Therapy*, Los Angeles 1938.

Duhamel DuMonceau, Henri Louis, *La Physique des Arbres*, Paris 1758.

Du Plessis, Jean, *The Electronic Reactions of Abrams*, Chicago 1922.

Du Puy, William A., *Wonders of the Plant World*, Boston 1931.

Ellicott, John, *Several Essays towards Discovering the Laws of Electricity*, London 1748.

Elliott, Lawrence, *George Washington Carver: The Man who Overcame*, Englewood Cliffs, New York, 1966.

283

Emrich, Hella, *Strahlende Gesundheit durch Bio-Elektrizität*, München 1968.

Esall, Katterine, *Plants, Viruses and Insects*, Cambridge 1961.

»ESP: More Science, less Mysticism«, in *Medical World News*, Bd. 10, Nr. 12, 21. März 1969, S. 20–21.

Fairchild, David, *The World was my Garden*, New York und London 1938.

Faivre, Ernest, *Oeuvres Scientifiques de Goethe*, Paris 1862.

Farb, Peter, *Living Earth*, New York 1959.

Farrington, Benjamin, *What Darwin Really Said*, New York 1966.

Faulkner, Edward H., *Plowman's Folly*, New York 1943.

Fechner, Gustav Theodor, *Nanna oder über das Seelenleben der Pflanzen*, Leipzig 1922.

–, *Zend-Avesta oder über die Dinge des Himmels und des Jenseits. Vom Standpunkt der Naturbetrachtung*, 2 Bde., Leipzig 1919/20.

–, *In Sachen der Psychophysik*, Leipzig 1877.

–, *Das Büchlein vom Leben nach dem Tode*, Diessen 1950.

Fenson, D. S., »The Bio-electric Potentials of Plants and Their Functional Significance, I: An Electrokinetic Theory of Transport«, in *Canadian Journal of Botany*, Bd. 35, 1957, S. 573–582.

–, »The bio-electric Potentials of Plants and Their Functional Significance, II: The Patterns of Bio-electric Potential and Exudation Rate in Excised Sunflower Roots and Stems«, in *Canadian Journal of Botany*, Bd. 36, 1958, S. 367–383.

–, »The Bio-electric Potentials of Plants and Their Functional Significance, III: The Production of Continuous Potentials across Membranes in Plant Tissue by the Circulation of the Hydrogen Ion«, in *Canadian Journal of Botany*, Bd. 37, 1959, S. 1003–1026.

–, »The Bio-electric Potentials of Plants and Their Functional Significance, IV: Some Daily and Seasonal Changes in the Electric Potential and Resistance of Living Trees«, in *Canadian Journal of Botany*, Bd. 41, 1963, S. 831–851.

Foster, Catherine Osgood, *The Organic Gardener*, New York 1972.

Francé, Raoul Heinrich, *Pflanzenpsychologie als Arbeitshypothese der Pflanzenphysiologie*, Stuttgart 1909.

–, *Das Sinnesleben der Pflanzen*, Stuttgart 1905.

–, *Das Liebesleben der Pflanzen*, Stuttgart 1906.

–, *Die technischen Leistungen der Pflanzen*, Leipzig 1919.

–, *Die Pflanze als Erfinder*, Stuttgart 1920.

–, *Die Seele der Pflanze*, Berlin 1924.

–, *Lebenswunder der Pflanzenwelt*, Berlin 1941.

Freedland, N., *The Occult Explosion*, New York 1972.

Friend, Rev. Hilderic, *Flowers and Flower Lore*, 2 Bde., London 1886.

Fryer, Lee/Simmons, Dick, *Earth Food*, Chicago 1972.

Gallert, Mark L., *New Light on Therapeutic Energies*, London 1966.

Galvani, Luigi, *Commentary on the Effect of Electricity on Muscular Motion*, Cambridge, Mass., 1953.

–, *Opere Scelte*, Turin 1967.

Geddes, Patrick, *The Life and Work of Sir Jagadis C. Bose*, London 1920.

Gilbert, William, *De Magnete*, New York 1958.

Goethe, Johann Wolfgang von, *Artemis Gedenkausgabe der Werke, Briefe und Gespräche*, Zürich 1952, Bd. 11 und 17.

Goodavage, Joseph F., *Astrology, The Space-Age Science*, West-Nyack, New York, 1966.

Grad, Bernard, »A Telekinetic Effect on Plant Growth«, in *International Journal of Parapsychology*, Bd. 5, Nr. 2, 1963, S. 117–133.

–, »A Telekinetic Effect on Plant Growth, II: Experiments Involving Treatment of Saline in Stoppered Bottles«, in *International Journal of Parapsychology*, Bd. 6, Nr. 4, 1964, S. 473–498.

–, »Some Biological Effects of the ›Laying on of Hands‹: A Review of Experiments with Animals and Plants«, in *Journal of the American Society for Psychical Research*, Bd. 59, Nr. 2, 1965, S. 95–127.

Graham, Shirley/Lipscomb, George, *Dr. George Washington Carver. Ein Lebensbild*, Berlin 1952.

Grayson, Stuart H./Swift, Sara, »Do Plants have Feelings? Cleve Backster's Remarkable Experiments Suggest heretofore Unknown Levels of Consciousness in Living Things«, in *Dynamis*, Bd. 1, Nr. 6/7, Nov./Dez. 1971, S. 1–8.

Grohmann, Herbert, *Die Pflanze als Lichtsinnesorgan der Erde und andere Aufsätze*, Stuttgart 1962.

Guilcher, Jean Michel, *La Vie Cachée des Fleurs*, Paris 1951.

Gumpert, Martin, *Hahnemann. Die abenteuerlichen Schicksale eines ärztlichen Rebellen und seiner Lehre, der Homöopathie*, Konstanz 1949.

Gunar, Iwan I., u. a., »On the Transmission of Electrical Stimulation in Plants«, in *Iswestija* der Timirjasew Akademie für Agrikultur, UdSSR, Nr. 4, 1971, S. 3–7 (Russisch, mit einer englischen Zusammenfassung).

–, »The Evaluation of Frost and Heat Resistance of Plants through Their Bioelectric Reactions«, in *Iswestija* der Timirjasew Akademie für Agrikultur, UdSSR, Nr. 5, 1971, S. 3–7 (Russisch, mit einer englischen Zusammenfassung).

–, »Bioelectric Potentials of Potato Tubers in Varying Phytopathological States«, in *Iswestija* der Timirjasew Akademie für Agrikultur, UdSSR, Nr. 6, 1971, S. 212–213 (Russisch, mit einer englischen Zusammenfassung).

–, »The Influence of Thermic Factors on the Dormancy Potentials of the Root Epidermal Cells of Winter Wheat«, in *Iswestija* der Timirjasew Akademie für Agrikultur, UdSSR, Nr. 2, 1972, S. 12–19 (Russisch, mit einer englischen Zusammenfassung).

Gupta, Monoranjon, *Jagadis Chandra Bose. A Biography*, Bombay 1964.

Gurwitsch, Alexander G., *Die mitogenetische Strahlung. Ihre physikalisch-chemischen Grundlagen und ihre Anwendung in Biologie und Medizin*, Jena 1959.

–, *Die histologischen Grundlagen der Biologie*, Jena 1930.

–, *Morphologie und Biologie der Zelle*, Jena 1904.

–, *Das Problem der Zellteilung*, 2 Bde., Berlin 1926/36.

–, *Mitogenetic Analysis of the Excitation of the Nervous System*, Amsterdam 1937.

Haase, Rudolf, *Hans Kayser. Ein Leben für die Harmonik der Welt*, Basel 1968.

Hahn, Fritz, *Luftelektrizität gegen Bakterien für gesundes Raumklima und Wohlbefinden*, Minden 1964.

Hahnemann, Samuel, *Organon der Heilkunst*, Coethen ⁶1865.

Halacy, jr., Daniel S., *Radiation, Magnetism and Living Things*, New York 1966.

Hall, Manly Palmer, *The Mystical and Medical Philosophy of Paracelsus*, Los Angeles 1969.

Hapgood, Charles H., *Reports from Acámbaro*, Unveröffentlichtes Manuskript.

Harvalik, Z. V., »A Biophysical Magnetometer-Gradiometer«, in *The Virginia Journal of Science*, Bd. 21, Nr. 2, 1970, S. 59–60.

Hauschka, Rudolf, *Heilmittellehre. Ein Beitrag zu einer zeitgemäßen Heilmittelerkenntnis*, Frankfurt a. M. 1965.

–, *Substanzlehre*, Frankfurt a. M. 1942.

Henslow, George, *The Origin of Floral Structure through Insects and other Agencies*, New York 1888.

Herzeele, Albrecht von, *Der Ursprung anorganischer Substanzen*, o. O. 1873.

Hieronymus, Louise und Galen, *Tracking the Astronauts in Apollo »11« with Data from Apollo »8« Included*. A Quantitative Evaluation of the Well-being of the three Men through the Period from two Days before Liftoff until the Quarantine Ended – A Consolidated Report, Privatdruck, 4. Sept. 1969.

Hieronymus, Galen, *Tracking the Astronauts in Apollo »8«*. A Quantitative Evaluation of the Well-being of the three Men through the Period from two Days before Liftoff until two Days after Splashdown – A Preliminary Report, Privatdruck, 30. Dez. 1968.

–, *The Truth about Radionics and some of the Criticism made about it by Its Enemies*, Springfield, Mo., Mai 1947.

Hill, Harvey Jay, *He Heard God's Whisper*, Minneapolis 1943.

Howard, Sir Albert, *The Soil and Health*, New York 1972.

–, *The War in the Soil*, Emmaus, Pa., 1946.

Howard, Walter L., *Luther Burbank: A Victim of Hero Worship*, Waltham, Mass., 1945.

–, *Luther Burbank's Plant Contributions*, Berkeley, Kalif., 1945.

Hudgings, William F., *Dr. Abrams and the Electron Theory*, New York 1923.

Hunt, Inez/Draper, Wanetta W., *Lightning in his Hand – The Life Story of Nikola Tesla*, Denver 1964.

Hutchins, Ross E., *Strange Plants and Their Ways*, New York 1858.

Hyde, Margaret O., *Plants Today and Tomorrow*, New York 1960.

Inglis, Brian, *The Case for Unorthodox Medicine*, New York 1969.

Innes, G. Lake, *I Knew Carver*, Privatdruck 1943.

Injuschin, Wladimir M./Fedorowa, N. N., »Über das biologische Plasma grüner Pflanzen«, Alma-Ata 1969 (Russisch).

Jenness, Mary, *The Man who Asked God Questions*, New York 1946.

Jimarajadasa, Curuppmullagé, *Flowers and Gardens (A Dream Structure)*, Madras 1913.

Joachim, Leland, »Plants – The Key to Mental Telepathy«, in *Probe the Unknown*, Nr. 47329, Dez. 1972, S. 48–52.

Karagulla, Shafica, *Breakthrough to Creativity*, Los Angeles 1967.

Karlsson, L., »Instrumentation for Measuring Bioelectrical Signals in Plants«, in *The Review of Scientific Instruments*, Bd. 43, Nr. 3, März 1972, S. 458–464.

Kayser, Hans, *Die Harmonie der Welt*, Wien 1968.

–, *Harmonia Planetarum*, Basel 1943.

–, *Vom Klang der Welt*, Zürich/Leipzig 1937.

Kervran, C. Louis, *Biological Transmutations*, London 1972.

–, *A la Découverte des Transmutations Biologiques. Une Explication des Phénomènes Biologiques Aberrants*, Paris 1966.

–, *Preuves Relatives à l'Existence de Transmutations Biologiques. Echecs en Biologie à la Loi de Lavoisier d'Invariance de la Matière*, Paris 1968.

–, *Transmutations Biologiques. Metabolismes Aberrants de l'Azote, le Potassium et le Magnésium*, Paris 1962.

–, *Les Transmutations Biologiques en Agronomie*, Paris 1970.

–, »Alchimie D'hier et D'aujourd'hui«, in *L'Alchimie, Rêve ou Réalité*, Rouen 1972/73.

Kilner, Walter J., *The Human Atmosphere or the Aura made Visible by the Aid of Chemical Screens*, New York 1911.

King, Francis, *The Rites of Modern Occult Magic*, New York 1970.

Kirlian, Semjon D./Walentina H., »Investigation of Biological Objects in High-Frequency Electrical Field«, in *Bioenergetic Questions – and some Answers*, Alma-Ata 1968.

–, »The Significance of Electricity in the Gaseous Nourishment Mechanism of Plants«, in *Bioenergetic Questions – and some Answers*, Alma-Ata 1968.

Kraft, Ken und Pat, *Luther Burbank: The Wizard and the Man*, New York 1967.

Kreitler, Hans und Shulamith, »Does Extrasensory Perception Affect Psychological Experiments?«, in *Journal of Parapsychology*, Bd. 36, Nr. I, März 1972, S. 1–45.

Kunz, F. L., »Feeling in Plants«, in *Main Currents of Modern Thought*, Mai/Juni 1969.

Lachowskij, Georges, *La Cabale. Histoire d'une Découverte (L'Oscillation Cellulaire)*, Paris 1934.

–, *La Formation Néoplastique et le Déséquilibre Oscillatoire Cellulaire*, Paris 1932.

–, *La Matière*, Paris 1934.

–, *La Nature et ses Merveilles*, Paris 1936.

–, *L'Origine de la Vie*, Paris 1925.

–, *L'Oscillateur à Longeurs d'Onde Multiples*, Paris 1934.

–, *L'Oscillation Cellulaire. Ensemble des Recherches Experimentales*, Paris 1931.

–, *La Science et le Bonheur*, Paris 1930.

–, *La Terre et nous*, Paris 1933.

Lawrence, L. George, »Biophysical AV Data Transfer«, in *A V Communication Review*, Bd. 15, Nr. 2, Sommer 1967, S. 143–152.

–, »Interstellar Communications Signals«, in *Information Bulletin* Nr. 72/6, San Bernardino, Kalif., Ecola Institute.

–, »Interstellar Communications: What are the Prospects?«, in *Electronics World*, Okt. 1971, S. 34 ff.

–, »Electronics and the Living Plant«, in *Electronics World*, Okt. 1969, S. 25–28.

–, »Electronics and Parapsychology«, in *Electronics World*, April 1970, S. 27–29.

–, »More Experiments in Electroculture«, in *Popular Electronics*, Juni 1971, S. 63–68.

–, »Experimental Electro-Culture«, in *Popular Electronics*, Febr. 1971.

Leadbeater, C. W., *The Monad*, Madras 1947.

Lehrs, Ernst, *Mensch und Materie. Ein Weg zu geistbejahender Naturerkenntnis durch Entwicklung von Beobachtung und Denken nach der Methode Goethes*, Frankfurt a. M. 1953.

Lemström, Selim, *Elektrokultur. Erhöhung der Ernte-Erträge aller Kulturpflanzen durch elektrische Behandlung*, Berlin 1902.

–, *Electricity in Agriculture and Horticulture*, London 1904.

Lepinte, Christian, *Goethe et l'Occultisme*, Paris 1957.

Lewis, Joseph, *Burbank the Infidel*, New York 1930.

Linné, Carl von, *Vorlesungen über die Cultur der Pflanzen*, Uppsala 1907.

–, *Flower Calendar*, Stockholm 1963.

–, *Reflections on the Study of Nature*, Dublin 1784.

Loehr, Rev. Franklin, *The Power of Prayer on Plants*, New York 1969.

Luce, G. G., *Biological Rhythms in Psychiatry and Medicine*, U.S. Public Health Service Pub. Nr. 2088, 1970.

Lund, E. J., *Bioelectric Fields and Growth*, Austin 1947.

Mackay, R. S., *Bio-Medical Telemetry*, New York 1970.

Magnus, Rudolf, *Goethe als Naturforscher*, Leipzig 1906.

Manber, David, *Wizard of Tuskegee*, New York 1967.

Mann, W. Edward, *Orgone, Reich and Eros*, New York 1973.

Marha, Karel/Musil, Jan/Tuhỳ, Hanà, *Electromagnetic Fields and the Life Environment*, San Francisco 1971.

Marine, Gene/Van Allen, Judith, *Food Pollution: The Violation of our Inner Ecology*, New York 1972.

Markson, Ralph, »Tree Potentials and External Factors«, in *Blueprint for Immortality: The Electric Patterns of Life* von H. S. Burr, London 1972, S. 166–184.

Martin, Richard, »Be Kind to Plants – Or you could Cause a Violet to Shrink«, in *The Wall Street Journal*, 28. Jan. 1972.

Matwejew, M., »Unterhaltung mit Pflanzen«, in *Nedelja*, Wochenendbeilage der *Iswestija*, Nr. 17, 17. April 1972 (Russisch).

MacCarrison, Sir Robert, *Nutrition and National Health*, London 1944.

McGraw, Walter, »Plants are only Human«, in *Argosy*, Juni 1969, S. 24–27.

Merkulow, A., »Sinnesorgane im Pflanzenreich«, in *Nauka i Religija*, Nr. 7, 1972, S. 36–37 (Russisch).

Mermet, Abbé, *Principles and Practice of Radiestesia*, New York 1935/1959.

–, *Der Pendel als wissenschaftliches Instrument*, Colmar 1938.

Mesmer, Franz Anton, *Allgemeine Erläuterungen über den Magnetismus und den Somnambulismus*, Halle und Berlin 1812.

Mességué, Maurice, *Von Menschen una Pflanzen*, Wien und München 1972.

–, *Die Natur hat immer recht*, Wien und München 1973.

–, *Cherches et tu Trouveras*, Paris 1953.

Meyer, Warren, »Man-and-Plant Communication: Interview with Marcel Vogel«, in *Unity*, Bd. 153, Nr. 1, Jan. 1973, S. 9–12.

Miller, Robert N., »The Positive Effect of Prayer on Plants«, in *Psychic*, Bd. 3, Nr. 5, März/April 1972, S. 24–25.

Milne, Lorus, *Das Gleichgewicht in der Natur*, Hamburg und Berlin 1965.

–, *Die Welt der Pflanzen*, München und Zürich 1970.

Milne, Lorus und Margery, *The Nature of Plants*, Philadelphia 1971.

Mitchell, Henry, »Spread a Little Sunshine and Love and Reap Sanity from Plants that Really Care«, in *The Washington Post*, 1. Juli 1973.

Morgan, Alfred P., *The Pageant Electricity*, New York 1939.

Murr, L. E., »Physiological Stimulation of Plants Using Delayed and Regulated Electric Field Environments«, in *International Journal of Biometeorology*, Bd. 10, Nr. 2, S. 147–153.

–, »Mechanism of Plant-Cell Damage in an Electrostatic Field«, in *Nature*, Bd. 201, Nr. 4926, 28. März 1964.

Naumow, E. K./Wilenskaja, L. V., *Soviet Bibliography on Parapsychology (Psychoenergetics) and Related Subjects*, Moskau 1971. Ins Amerikanische übertragen von Joint Publications Research Service, JPRS Nr. 55557, Washington, D. C., Mai 1972, 101 Seiten.

Nichols, J. D., *Please Doctor, do something!*, Atlanta, Texas 1972.

Nollet, M. L'Abbé, *Recherches sur les Causes Particulières des Phénomènes Electriques*, Paris 1754.

–, *Lettres sur l'Electricité*, Paris 1753.

Norman, A. G., »The Uniqueness of Plants«, in *American Scientist*, Bd. 50, Nr. 3, Herbst 1962, S. 436.

Northern, Henry und Rebecca, *Ingenious Kingdom*, Englewood Cliffs, New York, 1970.

Obolensky, George, »Stimulation of Plant Growth by Ultrasonic Waves«, in *Radio-Electronics*, Juli 1953.

O'Donnell, John P., »Thought as Energy«, in *Science of Mind*, Juli 1973, S. 18–24.

Osborn, Henry Fairfield, *Unsere ausgeplünderte Erde*, Zürich 1950.

–, *Ursprung und Entwicklung des Lebens auf Grund einer Theorie von der Wirkung, Gegenwirkung und Zwischenwirkung der Energie dargestellt*, Stuttgart 1930.

Ostrander, Sheila/Schroeder, Lynn, *Natural Birth Control*, New York 1973.

Ott, John N., *My Ivory Cellar – The Story of Time-Lapse Photography*, Privatdruck 1958.

–, *Health and Light – The Effects of Natural and Artificial Light on Man and other Living Things*, Old Greenwich, Conn., 1973.

Paracelsus, *Sämtliche Werke von Theophrast von Hohenheim gen. Paracelsus*, 20 Bde., München 1922/65.

Parasnis, D. S., *Magnetism*, London 1961.

Parker, Dana C./Wolff, Michael F., »Remote Sensing«, in *International Science and Technology*, Juli 1965.

Payne, Alan, »Secret Life of Plants' Revealed by Biologist«, in *Performance*, Bd. 1, Nr. 41, 29. März 1973.

Pekin, L. B., *Darwin*, New York 1938.

Pelt, Jean-Marie, *Evolution et Sexualité des Plantes*, Paris 1970.

Pfeffer, Wilhelm, *Pflanzenphysiologie*, Leipzig 1881.

Pfeiffer, Ehrenfried, *Kristalle*, Stuttgart/Den Haag/London 1930.

–, *Die Fruchtbarkeit der Erde. Ihre Erhaltung und Erneuerung. Das Biologisch-dynamische Prinzip in der Natur*, Basel 1938.

–, *Sensitive Crystalization Processes: A Demonstration of Formative Forces in the Blood*, Dresden 1936.

–, *The Compost Manufacturer's Manual*, Philadelphia 1956.

–, *The Earth's Face and Human Destiny*, Emmaus, Pa., 1947.

Philbrick, Helen/Gregg, Richard, *Companion Plants and how to Use them*, Old Greenwich, Conn., 1966.

Philbrick, John und Helen, *The Bug Book: Harmless Insect Controls*, Privatdruck 1963.

Picton, Lionel James, *Nutrition and the Soil: Thoughts on Feeding*, New York 1949.

Pierrakos, John C., *The Energy Field in Man and Nature*, New York 1971.

Pressman, A. S., *Electromagnetic Fields and Life*, New York und London 1970.

Priestley, Joseph, *The History and Present State of Electricity with Original Experiments*, London 1767.

Pringsheim, Peter/Vogel, Marcel, *Luminescence of Liquids and Solids and Its Practical Application*, New York 1943.

Puharich, Andrija, *The Sacred Mushroom: Key to the Door of Eternity*, Garden City, New York, 1959.

–, *Beyond Telepathy*, London 1962.

Pullen, Alice Muriel, *Despite of the Colour Bar*, London 1946.

Rahn, Otto, *Invisible Radiations of Organisms*, Berlin 1936.

Ravitz, L. J., »Periodic Changes in Electromagnetic Fields«, in *Annals, New York Academy of Sciences*, Bd. 46, 1972, S. 22–30.

Regnault, Jules Emile, *Les Méthodes d'Abrams*, Paris 1927.

Reichenbach, Carl Ludwig Freiherr von, *Odisch-magnetische Briefe*, Stuttgart und Tübingen 1852.

–, *Die odische Lohe und einige Bewegungserscheinungen als neuentdeckte Formen des odischen Princips in der Natur*, Wien 1867.

–, *Die Pflanzenwelt und ihre Beziehungen zur Sensitivität und zum Ode*, Wien 1858.

–, *Physikalisch-physiologische Untersuchungen über die Dynamide des Magnetismus, der Elektrizität, der Wärme, des Lichtes, der Krystallisation, des Chemismus in ihren Beziehungen zur Lebenskraft*, 2 Bde., Braunschweig ²1852.

–, *Wer ist sensitiv? Oder kurze Anleitung, sensitive Menschen mit Leichtigkeit zu finden*, Wien 1856.

–, *Der sensitive Mensch und sein Verhalten zum Ode*, Stuttgart und Tübingen 1854/55.

Retallack, Dorothy, *The Sound of Music and Plants*, Santa Monica, Kalif., 1973.

Richards, Guyon, *The Chain of Life*, London 1934.

Robbins, Janice und Charles, »Startling New Research from the Man who ›Talks‹ to Plants«, in *National Wildlife*, Bd. 9, Nr. 6, Okt./Nov. 1971, S. 21–24.

Rocard, Yves, *Le Signal du Sourcier*, Paris 1963.

Rodale, J. I., *The Healthy Hunzas*, Emmaus, Pa., 1949.

Roman, A. S./Injuschin, W. M., »Some Data on Voluntary Influence on Electrobioluminescence«, in *Bioenergetic Questions*, Beverly Hills 1972.
Russell, Walter B., *The Russell Genero-Radiative Concept*, New York 1930.
–, *The Universal One*, New York 1926.
–, *The Secret of Light*, Privatdruck, New York 1947.

Sanderson, Iwan T., »The Backster Effect: Commentary«, in *Argosy*, Juni 1969, S. 26.
Scott, Bruce I. H., »Electricity in Plants«, in *Scientific American*, Okt. 1962, S. 107–115.
Scott, Cyril Meir, *Music, Its Secret Influence throughout the Ages*, New York 1969.
Scott, G. Laughton, »The Abrams Treatment«, in *Practice, an Investigation*, London 1925.
Seltsam, Millicent, *Plants that Move*, New York 1962.
–, *Plants that Heal*, New York 1959.
Shaffer, Ron, »Your Plants may be Perspective«, in *The Washington Post*, 18. April 1972.
Sherrington, Sir Charles Scott, *Goethe on Nature and Science*, Cambridge 1942.
Simonéton, André, *Radiations des Aliments, Ondes Humaines, et Santé*, Paris 1971.
Singh, T. C. N., »On the Effect of Music and Dance on Plants«, in *Bihar Agricultural College Magazine*, Bd. 13, Nr. 1, India 1962/63.
Skutt, H. R./Shigo, A. L./Lessard, R. A., »Detection of Discolored and Decayed Wood in Living Trees Using an Pulsed Electric Current«, in *Canadian Journal of Forest Research*, Bd. 2, 1972.
Solouchin, Wladimir, *Trava* (Gras), erschienen als Serie in *Nauka i Zhizn*, Nr. 9–12, 1972 (Russisch).
»Some Plants are ›Wired‹ for Growth: Electricity in the Garden«, in *The Washington Post*, 13. Febr. 1968, S. 34.
Spangler, David, *Revelation. The Birth of a New Age*, Findhorn 1971.
Spraggett, Allen, *Probing the Unexplained*, New York 1971.
Steiner, Rudolf, *Ernährungsfragen. Über das Verhältnis der Nahrungsmittel zum Menschen*, Basel 1956.
–, *Welche Bedeutung hat die okkulte Entwicklung des Menschen für seine Hüllen und sein Selbst?*, Dornach 1935.
–, *Über das Zusammenwirken der sichtbaren Welt mit geistigen Wesenheiten*, Freiburg i. Br. 1952.
Stephenson, W. A., *Seaweed in Agriculture and Horticulture*, London 1968.
Stuart, Arthur, »Plants That See, Feel and Think«, in *Popular Science Monthly*, Bd. 112, April 1928.
Sutherland, Halliday, *Control of Life*, London 1951.
Swanholm, A. L., *The Brunler-Bovis Biometer and Its Uses*, Los Angeles 1963.

Sykes, Friend, *Food, Farming and the Future*, Emmaus, Pa., 1951.
–, *Humus and the Farmer*, London 1946.
Synge, Patrick, *Plants with Personality*, London 1939.

Taylor, J. E., *The Sagacity and Morality of Plants*, London 1884.
Thomas, Henry, *George Washington Carver*, New York 1958.
Thompson, Sylvanus, *Magnetism in Growth*, London 1902.
Tiller, William A., »On Devices for Monitoring Non-Physical Energies«, unveröffentlichter Artikel, 41 Seiten.
–, »Radionics, Radiesthesia and Physics«, in *Proceedings of the Academy of Parapsychology and Medicine. Symposium on the Varieties of Healing Experience*, 1971.
Tompkins, Peter/Bird, Christopher, »Love among the Cabbages: Sense and Sensibility in the Realm of Plants«, in *Harper's Magazine*, Nov. 1972, S. 90–96.
–, *Das geheime Leben der Pflanzen*, Bern und München [6]1978.
Turner, Gordon, »I Treated Plants not Patients«, in *Two Worlds*, Bd. 92, Nr. 3907, Aug. 1969, S. 232–234.

Uphof, J. C., *Dictionary of Economic Plants*, Lehre [2]1968.

Voisin, André, *Boden und Pflanze. Schicksal für Menschen und Tier*, München/Wien 1959.
Volta, Alessandro, *Opere Scelte di Alessandro Volta*, Turin 1969.

Watson, Lyall, *Supernature*, Garden City, New York, 1973.
Westlake, Aubrey T., *The Pattern of Health. A Search for a Greater Understanding of the Life Force in Health and Disease*, London 1961.
»What Noise does to Plants?«, in *Science Digest*, Dez. 1970, S. 61.
Wheeler, F. J., *The Bach Remedies Repertory*, Ashingdon, Essex, o. J.
Whicher, Olive/Adams, George, *Die Pflanze in Raum und Gegenraum. Elemente einer neuen Morphologie*, Stuttgart 1960.
White, John W., »Plants, Polygraphs and Paraphysics«, in *Psychic*, Bd. 4, Nr. 2, Nov./Dez. 1973.
Wickson, Edward J., *Luther Burbank. Man, Methods and Achievement*, San Francisco o. J.
Wrench, G. T., *The Wheel of Health*, New York 1972.

Yogananda, Paramahansa, *Autobiographie eines Yogi*, Weilheim/Obb. [7]1971.

Zu Kapitel 4 bis 7

Adamenko, Viktor G., »Electrodynamics of Living Systems«, in *Journal of Paraphysics*, 1970, Nr. 4, S. 113–120.

Barber, T. X., Vorwort zu *Biofeedback and Self-Control*, hrsg. von Barber, T. X., u. a., Chicago 1971, S. VII–XVI.

Beal, J. B., »Methodology of Pattern in Awareness«, in *Fields within Fields . . . within Fields*, 1972, Nr. 5, S. 42–48.

Bernal, J. D., *Theoretical and Mathematical Biology*, hrsg. von Waterman, T. H., und Morowitz, H. J., Waltham, Mass., 1965.

Bertalanffy, Ludwig von, »General System Theory and Psychiatry«, in *American Handbook of Psychiatry*, Bd. III, hrsg. von Arieti, S., New York 1966, S. 705–710.

Boswell, H. A., *Master Guide to Psychism*, New York 1969.

Brozek, J., »Soviet Psychology's Coming of Age«, in *American Psychologist*, 1970, Nr. 25, S. 1057.

Burr, Harold S., Artikel im *Yale Journal of Biology and Medicine*, 1957, Nr. 30, S. 161.

–, *Blueprint for Immortality. The Electric Patterns of Life*, London 1972.

–, *The Fields of Life*, New York 1973.

Carey, G. C., »The Tradition of the St. Elmo's Fire«, in *American Neptune*, 1963, Nr. 23, S. 29–38.

Clynes, Manfred, »Biocybernetics of the Dynamic Communication of Emotions and Qualities«, in *Science*, 1970, Nr. 170, S. 764.

Cole, M./Maltzman, I. (Hrsg.), *A Handbook of Contemporary Soviet Psychology*, New York 1969.

Croon, R., *Elektro-neurale Diagnostik und Therapie*, Bühl-Baden 1959.

DeLoach, Ethel E., »A Case History of Psychic Healing«, in *Newsletter of the Jersey Society of Parapsychology*, 1972, Nr. 2, S. 4.

Devine, R. E., »Psycho-Analyzer«, in *Electronic Experimenters Handbook*, Frühjahr 1970.

Duke, Marc, *Akupunktur*, Bern und München 1973.

Eckert, Roger, »Bioelectric Growth of Ciliary Activity«, in *Science*, Nr. 176, S. 473–481.

Edwards, F., *Stranger than Science*, New York 1959.

–, *Strange Worlds*, New York 1969.

Eisenbud, Jule, *The World of Ted Serios*, New York 1967.

Fallah, S., »Research Notes on Current Activities in Selective Fields of Parapsychology«, Washington, Cultural Information Analysis Center, May 1969.

Fox, J. W. C., Einleitung zu *Acupuncture* von Duke, Marc, New York 1972 (in der deutschen Ausgabe des Buches nicht enthalten).

Fuller, R. Buckminster, *Intuition*, New York 1972.

Gaidoz, H./Rolland, E., »St. Elmo's Fire«, in *Mélusine*, 1884/85, Nr. 2.

Garbuny, M., *Optical Physics*, New York 1965.

Greenler, R. G./Mallmann, A. J., »Circumscribed Halos«, in *Science*, 1972, Nr. 176, S. 128–131.

Hall, C. S./Lindzey, G., *Theories of Personality*, New York 1957.

Herbert, Benson, »The Kirlian Controversy: ›Cut-away‹ Effects«, in *Journal of Paraphysics*, 1972, Nr. 6, Rückseite der Ausgabe.

Holzer, H., *Psychic Photography: Threshold of a New Science?*, New York 1969.

Hunt, J./Draper, W., *Life Story of Nikola Tesla*, Denver 1964.

Huxley, Aldous, Vorwort zu *Acupunkture: The Ancient Chinese Art of Healing* von Mann, Felix, New York 1972.

Injuschin, T. C., »Über das Studium der Elektro-Biolumineszenz von Akupunkturpunkten unter normalen Bedingungen sowie bei Einsatz von Laserstrahlen«, in *Probleme der Bioenergetik*, hrsg. von Dombrowskij, A., u. a., Alma-Ata, Kirow-Staatsuniversität von Kasachstan, 1969, S. 64 (Russisch).

Injuschin, V. M., »Bioplasma and Interaction of Organisms«, in *Symposium of Psychotronics*, hrsg. von Rejdak, Zdenek, u. a., Dowton, Wiltshire, England: Paraphysical Laboratory, 1970, S. 50.

–, »Über die Frage des Studiums von Lumineszenz in einem Hochfrequenzfeld«, in *Über den biologischen Einfluß monochromatischen roten Lichts*, Alma-Ata, Kirow-Staatsuniversität von Kasachstan, 1967 (Russisch).

–, u. a., »Die biologische Essenz des Kirlian-Effekts«, in *Der Begriff des Bioplasmas*, Alma-Ata, Kirow-Staatsuniversität von Kasachstan, 1968 (Russisch).

Jonas, G., »Manfred Clynes and the Science of Sentics«, in *Saturday Review*, 13. Mai 1972.

Karagulla, Shafica, *Breakthrough to Creativity*, Los Angeles 1967.

K(h)olodow, J. A., *Die Wirkung elektromagnetischer und magnetischer Felder auf das zentrale Nervensystem*, Moskau 1966.

Kilner, Walter, *The Human Aura*, Neuaufl. New Jersey 1965.

Kim Bong Han, »Kyungrak-System und Sanal-Theorie«, in *Berichte der Akademie von Kyungpak der Demokratischen Volksrepublik Korea*, 1963, Nr. 2.

–, »Über das Kyungrak-System«, in *Zeitschrift der Demokratischen Volksrepublik Korea*, 1965, Nr. 2.

Kirlian, Semjon D./Kirlian, Walentina K., *Die Welt der wunderbaren Entladungen*, Alma-Ata, Kirow-Staatsuniversität von Kasachstan, 1958 (Russisch).

–, *Fotografie und visuelle Beobachtung mit Hilfe von Hochfrequenzströmen*, Alma-Ata, Kirow-Staatsuniversität von Kasachstan, 1959 (Russisch).

–, »Fotografie und visuelle Beobachtung mit Hilfe von Hochfrequenzströmen«, in *Journal der wissenschaftlichen und der angewandten Fotografie*, 1961, Bd. 6, Nr. 6, S. 397–403 (Russisch).

Krippner, Stanley/Davidson, Richard, »Parapsychology in the U.S.S.R.«, in *Saturday Review*, 18. März 1972.

Krippner Stanley/Rubin, Daniel (Hrsg.), *Lichtbilder der Seele. Alles über Kirlians Aurafotografie*, Bern und München 1975.

Langre, J. de, *The First Book of Do-In*, Hollywood 1971.

Laszlo, E., *Introduction to Systems Philosophy*, New York 1972.

–, *The Systems View of the World*, New York 1972.

Lavine, L. S., u. a., »Electric Enhancement of Bone Healing«, in *Science*, 1972, Nr. 175, S. 1118.

Lewin, Kurt, »Behavior and Development as Function of the Total Situation«, in *Manual of Child Psychology*, hrsg. von Carmichael, L., New York 1954, S. 918–970.

–, *Entwicklung der experimentellen Wissenspsychologie und die Psychotherapie*, Nachdruck der Ausgabe von 1929, Darmstadt o. J.

–, *Die Lösung sozialer Konflikte*, Bad Nauheim o. J.

–, *Grundzüge der Topologischen Psychologie*, hrsg. u. übertr. unter Mitarbeit von R. Falk, F. Winnefeld u. H. Ahrbeck jr., Stuttgart 1969.

Lilly, John C., *The Center of the Cyclone*, New York 1972.

Lowen, Alexander, *The Betrayal of the Body*, New York 1967.

Lucretius, Carus Titus, *De rerum natura*, Wiesbaden 1966.

Mann, Felix, *Acupuncture: The Ancient Chinese Art of Healing*, New York 1972.

Maxwell, J. C., *A Treatise on Electricity and Magnetism*, 2 Bde., London ²1881 (auf deutsch erschienen: *Auszüge aus James Clerk Maxwells Elektrizität und Magnetismus*, hrsg. von Emde, Fritz, Braunschweig 1915).

Mikalewskij, Wladislaw/Frantow, G. S., »Oberflächenfotografie von Metallen mit Hilfe von Hochfrequenzströmen«, in *Russisches Journal der wissenschaftlichen und angewandten Fotografie und Kinematografie*, 1966, Nr. 2, S. 380 (Russisch).

Milner, D. R./Smart, E. F., *There Are More Things*, London, Privatdruck, 1973.

Moss, Thelma, »Searching for Psi from Prague to Lower Sibiria«, in *Psychic*, 1971, Nr. 2, S. 40–44.

–/Johnson, Kendall L., »Radiation Field Photography«, in *Psychic*, 1972, Nr. 3, S. 50–54.

Muramoto, N., »Oriental Diagnosis«, in *The Macrobiotic*, 1971, Nr. 11, S. 9.

Murphy, Gardner/Kovach, J. K., *Historical Introduction to Modern Psychology*, New York 1972.

Nebel, John, *The Psychic World Around Us*, New York 1970.

Ohsawa, G., *The Unique Principle*, Boston 1970.

O'Neill, John J., *Prodigal Genius. The Life of Nikola Tesla*, New York 1971.

Ostrander, Sheila/Schroeder, Lynn, *Psi. Die wissenschaftliche Erforschung und praktische Nutzung übersinnlicher Kräfte des Geistes und der Seele im Ostblock*, Bern/München/Wien 1971 (insbes. die Kap. 16, 17, 18).

–, »Psychic Enigmas and Energies in the U.S.S.R.«, in *Psychic*, 1971, Nr. 2, S. 9–14.

Overhof, C., *Die physikalisch-physiologischen Fundamente der elektroneuralen Diagnose*, Bühl–Baden 1960.

Parin, V. V., Vorwort zu *Electromagnetic Fields and Life* von Presman, A. S., New York 1970.

Pawlow, I. P., *Die bedingten Reflexe*. Die grundlegenden Forschungen des russischen Nobelpreisträgers. Mit einem biogr. Essay v. Hans Drieschel, ausgew. v. Gerhard Baader, München 1972.

Pierrakos, John, »Observations of the Energy Field (Aura) of Man in Health and Disease«, in *Newsletter*, Radionic Magnetic Centre Organization, Oxford, Winter 1971.

Powell, A. E., *The Etheric Double*, Neuaufl. Wheaton 1973.

–, *The Astral Body*, Neuaufl. Wheaton 1973.

Prat, Silvester/Schlemmer, Jan, »Electrography«, in *Journal of the Biological Photographic Association*, 1939, Nr. 7, S. 145–148.

Pratt, J. G., »A Meeting on Parapsychology in Moscow«, in *Theta*, 1968, Nr. 23.

Presman, A. S., »Die Rolle elektromagnetischer Felder in Lebensprozessen«, in *Biofizika*, 1964, Nr. 9, S. 13.

–, *Electromagnetic Fields and Life*, New York 1970.

Ravitz, L. J., »Electromagnetic Field Monitoring of Changing Statefunction, Including Hypnotik States«, in *Journal of the American Society of Psychosomatic Dentistry and Medicine*, 1970, Nr. 17, S. 119–129.

Razran, G., *Mind in Evolution: An East-West Synthesis of Learned Behavior and Cognition*, Boston 1971.

Reiser, O. L., »Solar System Resonance, the Galactic Aurometer and the DNA Helix«, in *Fields within Fields . . . within Fields*, 1972, Nr. 5.

Rose-Neil, S., »The Work of Professor Kim Bong Han«, in *The Acupuncturist*, 1967, Nr. 1, S. 15.

Russell, Edward, *Design for Destiny*, London 1971.

Russo, Frank/Caldwell, W. E., »Biomagnetism Phenomena: Some implications for the Behavioral and Neurophysical Sciences«, in *Genetic Psychology Monographs*, 1971, Nr. 84, S. 177 bis 243.

Schwartz, Jack, *The Human Aura*. Sonderdruck anläßlich der Vierten Konferenz der Voluntary Control of Internal States, Council Grove, Kansas, April 1972.

Seipel, J. H., *The Magnetic Field Component of the Neural Impulse*. Schluß-bericht der N. A. S. A. Research Grant NGR 09–009–005, 1971.
–/Morrow, R. D., »The Magnetic Field Accompaning Neuronal Activity, a New Method for the Study of the Nervous System«, in *Journal of the Washington Academy of Science*, 1960, Nr. 50, S. 1–4.
Sivananda, Swami, *The Science of Pranayama*, Rishikesh, Indien, 1962.
Stoll, E., »Medical Portraits: Goya and van Gogh«, in *The Sciences*, 1972, Nr. 12, S. 16–21.
Szent-Györgi, A., *Introduction to a Submolecular Biology*, New York 1960.

Tesla, Nikola, »Vorträge, Patente, Artikel«, Belgrad, Jugoslawien, Privat-druck, 1956.
Tiller, William A., »A Technical Report on Some Psychoenergetic Devi-ces«, in *A. R. E. Journal*, 1972, Nr. 7, S. 81–94.

Ullman, Montague, »Fragments of a Parapsychological Journey«, in *Newsletter. American Society of Psychical Research*, 1971.

Veith, Ilza (Hrsg. u. Übers.), *Huang Ti Nei Ching Su Wen: The Yellow Emperor's Classic of Internal Medicine*, Neuausgabe, Berkeley 1970.

Wassiliew, Leonid L., *Mysterious Phenomena of the Human Psyche*, New York 1965.
White, J., »Acupuncture: The World's Oldest System of Medicine«, in *Psychic*, 1972, Nr. 3, S. 12–18.
Whitehead, A. N., *Process and Reality*, New York 1960.
Worrall, Ambrose und Olga, *Explore Your Psychic World*, New York 1970.

Zahradnicek, Josef, *Die fotochemischen Effekte der Maxwellschen Ströme*, Prag 1948.
Zelany, W., »Variation of Size and Charge of Lichtenberg Figures with Voltage«, in *American Journal of Physics*, 1945, Nr. 13, S. 106.

Zu Kapitel 8 und 9

Braud, W. und L., »Preliminary Explorations of Psi-Conducive States: Progressive Muscular Relaxation«, in *Journal of the American Society for Psychical Research*, Bd. 67, Nr. 1, 1973.

Cayce, Hugh Lynn, *Venture Inward*, New York 1972.

Dean, E. D., »Non-Conventional Communications«, in *Proceedings, First Space Congress*, Canaveral Council of Technology, 1964.
–, »Plethysmograph Recordings as ESP Responses«, in *International Journal of Neuropsychiatry*, Bd. 2, Nr. 5, 1966.

Ebon, Martin, *Test Your ESP*, New York 1972.
–, *Psychic Discoveries by the Russians*, New York 1971.

Garrett, Eileen, *Telepathy*, New York 1968.
–, *Awareness*, New York 1968.
–, *Many Voices*, New York 1969.

Hoy, D., *Psychic and other ESP Party Games*, New York 1965.

Kogan, I., »Is Telepathy Possible?«, in *Radio Engineering*, Bd. 21, S. 75–81.
–, »Telepathy, Hypnosis and Observations«, in *Radio Engineering*, Bd. 22, S. 141–144.

Leek, Sybil, *Telepathy*, New York 1971.
Lloyd, D. H., »Objective Events in the Brain Correlating with Psychic Phenomena«, in *New Horizons*, Sommer 1973.

Mihalasky, John/Dean, Douglas, »Bio-Communication«, in *Conference Record, 1969 IEEE International Conference on Communications*. Katalog Nr. 69C29-Com.

Ostrander, S./Schroeder, L./Dean, D./Mihalasky, J., *Vorauswissen mit Psi*, Bern/München/Wien 1975.
Owen A. R. G., »Editorial«, in *New Horizons*, Sommer 1973.

Puharich, Andre, *Beyond Telepathy*, New York 1962.

Rhine, Louisa, *ESP in Life and Lab*, New York 1967.
Rho Sigma, *Forschung in Fesseln. Elektro-Gravitation UFO-Phänomene. Das Rätsel der Elektro-Gravitation*, Wiesbaden 1972.
Rýzl, Milan, »A Method of Training in ESP«, in *International Journal of Parapsychology*, Bd. 8, 1966.
–, *How to Develop ESP in Yourself and Others*, San José, California: Rýzl Publication, Box 9459, Westgate Station.
–, *ASW-Phänomene außersinnlicher Wahrnehmung*, Genf 1972.
–, *ASW-Training*, Genf 1975.

Schmeidler, Gertrude, »High ESP Scores after a Swami's Brief Instruction in Meditation and Breathing«, in *Journal of the American Society for Psychical Research*, Bd. 64, Nr. 1, 1970.
Schwarz, Bernard, *Parent-Child Telepathy*, New York 1971.
Sergejew, G./Kulagin, V., »The Interaction of Bioplasmic Fields of Living Organisms with Light Photon Sources«, in *Bioenergetics Questions*, Beverly Hills, Southern California Society for Psychical Research, 1972.

Sherman, Harold, *How to Make ESP Work for You*, New York 1969.
Sinclair, Upton, *Radar der Psyche*, Bern/München/Wien 1973.

Tart, D. (Hrsg.), *Altered States of Consciousness*, New York 1969.
Tenhaeff, W. H. C., *Telepathy and Clairvoyance; Views of some Little Investigated Capabilities of Man*, Springfield, Illinois, 1971.

Ullman, Montague, »Can You Communicate with others in Your Dreams?«, in *Family Circle*, August 1971.
–/Krippner, Stanley, »An Experimental Approach to Dreams and Telepathy: II. Report of Three Studies«, in *The American Journal of Psychiatry*, Bd. 126, 1970.
–, »ESP in the Night«, in *Psychology Today*, Bd. 4, 1970.

White, Richard, »A Comparison of Old and New Methods of Response to Targets in ESP Experiments«, in *Journal of the American Society for Psychical Research*, Bd. 58, Nr. 1, 1964.
Worrall, Ambrose und Olga, *Explore Your Psychic World*, New York 1970.

Zu Kapitel 10 und 11

Alter, A., »The Pyramid and Food Dehydration«, in *New Horizons*, Sommer 1973.

Boadella, David, *Wilhelm Reich*, Bern und München 1981.
Brunler, Oscar, *Rays and Radiation*, Los Angeles 1950.

Farrell, T., »Secrets of the Great Pyramid Revealed«, in *Esquire*, April 1973.
Flanagan, P., *The Pyramid and Its Relation to Biocosmic Energy*, Glendale: Pyramid Products, 1972.

Grad, Bernard, *Pastoral Psychology*, September 1970.
–, *Journal of Pastoral Counseling*, Herbst/Winter 1971–1972.

Herbert, Benson, »Spring in Leningrad: Kulagina Revisited«, in *Parapsychology Review*, Juli/Aug. 1973.
–, »Alla Vinogradova«, in *Journal of Paraphysics*, Bd. 6, Nr. 5, 1972.
Hoppe, Walter, »My Experiences with the Orgone Accumulator«, in *Orgone Energy Bulletin*, Bd. 1, Nr. 1, 1949.
–, »Further Experiences with the Orgone Accumulator«, in *Orgone Energy Bulletin*, Bd. 2, Nr. 2, 1950.

Karagulla, Shafica, »Crystal-Magnets Have Energy Fields«, in S. K., *Breakthrough To Creativity*, Santa Monica 1973.

Layne, M./Crabb, R. (Hrsg.), *The Cameron Aurameter*, Vista: BSR Institute, 1970.

Lodge, Oliver, *Der Äther und die Wirklichkeit*, Braunschweig 1928.

Long, Max Freedom, *The Secret Science at Work*, Los Angeles 1953.

Mrkvicka, J., »Moscow Interview on ›Pyramids‹«, in *Journal of Paraphysics*, Bd. 6, Nr. 5, 1972.

Owen, A. R. G., »The Shapes of Egyptian Pyramids«, in *New Horizons*, Sommer 1973.

Pierrakos, John, »The Energy Field in the Atmosphere, the Earth and the Ocean«, in *Energy and Character*, Bd. 2, Nr. 2, 1971.

–, »The Energy Field of Man«, in *Energy and Character*, Bd. 1, Nr. 2, 1970.

–, »The Energy Field in Plants and Crystals«, in *Energy and Character*, Bd. 1, Nr. 3, 1970.

Reich, Wilhelm, *Die Bione*, Oslo 1939 (Klinische und experimentelle Berichte Nr. 6).

–, *Bion Experiments on the Cancer Problem* und *Drei Versuche am statischen Elektroskop*, Oslo 1939 (Klinische und experimentelle Berichte Nr. 7).

–, *Die Entdeckung der kosmischen Lebensenergie Orgon*, Tel Aviv 1953.

–, *The Discovery of the Orgone.* Bd. 1: *The Function of Orgasm*, New York 1942 (dt. als: *Die Entdeckung des Orgons*, Bd. 1: *Die Funktion des Orgasmus*, Köln 1969); Bd. 2: *The Cancer Biopathy*, New York 1948 (dt. als: *Die Entdeckung des Orgons*, Bd. 2: *Der Krebs*, Köln 1975).

–, *Ether, God and Devil*, Orgon Institute Press 1949.

–, *The Orgone Energy Accumulator: Its Scientific and Medical Use*, Orgone Institute Press 1951.

–, *Cosmic Superimposition*, Orgone Institute Press 1951.

–, *The Oranur Experiment: First Report (1947–1951)*, Orgone Institute Press 1951.

–, *The Einstein Affair*, Orgone Institute Press 1953.

–, *Contact with Space: The Second Oranur Report (1951–1956)*, Orgone Institute Press 1957.

Reichenbach, Carl Ludwig Freiherr von, *Physikalisch-psychologische Untersuchungen über die Dynamide des Magnetismus, der Electricität, der Wärme, des Lichtes, der Krystallisation, des Chemismus in ihren Beziehungen zur Lebenskraft*, 2 Bde., Braunschweig ²1852.

–, *Odisch-magnetische Briefe*, Stuttgart und Tübingen 1852.

–, *Der sensitive Mensch und sein Verhalten zum Ode*, 2 Bde., Stuttgart und Tübingen 1854/55.

–, *Die odische Lohe . . .*, Wien 1867.

–, *Odische Begebenheiten*, Leipzig 1913.

Robinson, L., *The Great Pyramid and Its Builders*, Virginia Beach 1958.

Ross, S., »A Pyramid that Sharpens Razor Blades?« in *En-Route*, Montreal: Air Canada, 20.–26. Februar 1973.

Shapiro, Marc, »Mesmer, Reich, and the Living Process«, in *The Creative Process*, Bd. 4, Nr. 2, 1965.

Simmons, D., »Experiments on the Alleged Sharpening of Razor Blades and the Preservation of Flowers by Pyramids«, in *New Horizons*, Sommer 1973.

Smythe, Austin, »Orgone Accumulator«, in *Journal of the American Medical Association*, Bd. 139, 2. Jan. 1949.

»Symposium of Psychotronics«, in *Journal of Paraphysics*, Bd. 5, Nr. 1 und 2, 1971.

Tiller, William, »ARE Fact Finding Trip to the Soviet Union«, in *A. R. E. Journal*, Bd. 7, Nr. 2, 1972.

Tompkins, Peter, *Cheops. Die Geheimnisse der Großen Pyramide – Zentrum allen Wissens der alten Ägypter*, Bern/München/Wien [6]1978.

Zu Kapitel 12

Abkürzungen:
A. S. P. R. – American Society for Psychical Research
S. P. R. – Society for Psychical Research

Aksakow, Alexander, *Animismus und Spiritismus*, 2 Bde., Leipzig 1894.

Aronowitz, Alfred C./Hamill, Peter, *Ernest Hemingway. The Life and Death of a Man*, New York 1961.

Bailey, Alice, *Esoteric Psychology*, New York 1971

Balfour, Earl of, »A Study of the Psychological Aspects of Mrs. Willet's Mediumship«, in *Proceedings* der S. P. R., Bd. 43, 1952.

Bander, Peter, *Carry On Talking*, Gerrards Cross, Buckinghamshire, 1972.

Battersby, H. F. P., *Man outside himself*, London 1942.

Bender, Hans, »The Phenomena of Friedrich Jurgenson – An Analysis by Prof. H. B.«, in *Journal of Paraphysics*, Bd. 6, H. 2, 1972 (und: *Zeitschrift für Parapsychologie . . .*, Bd. 12, Nr. 4).

Bendit, Phoebe Payne/Bendit, Laurence J., *The Psychic Sense*, New York 1949.

Boissou, Michaël, *Ein seltsamer Beruf. Aus dem Leben eines Mediums*, Luzern 1956.

Bozzano, Ernesto, *Discarnate Influence in Human Life*, London o. J.

–, *Die Spukphänomene*, Bamberg 1930.

–, *Übersinnliche Erscheinungen bei Naturvölkern*, Bern 1948.

Broad, C. D., *Lectures on Psychical Research*, New York 1962.

Bucke, Richard M., *Kosmisches Bewußtsein*, Celle 1925.

Carrel, Alexis, *Der Mensch, das unbekannte Wesen*, Stuttgart 1950.

Carrington, Hereward, *Modern Psychical Phenomena*, New York 1919.

Carty, Rev. Charles M., *Pater Pio. Der stigmatisierte Mönch*, München–Planegg 1954.

Cassirer, Manfred, »Two Visits to Dr. Raudive«, in *Parapsychology Review*, Bd. 3, Nr. 2, März/April 1972.

Cayce, Hugh Lynn, *Venture Inward*, New York 1972.

Conger, Wilda Lowell/Dushman, Elizabeth, *Forever is now*, Boston 1964.

Cronholm, Borje, »Phantom Limbs in Amputees«, in *Acta Psychiatricia et Neurologica Scandinavia*, Stockholm 1951.

Crookall, Robert, *The Study and Practice of Astral Projection*, London 1961.

–, »Astral Travelling«, in *Journal* der S. P. R., Bd. 42, Sept. 1963.

–, »Journey into Death«, in *Fate*, Bd. 16, Nr. 6, Juni 1963.

–, *The Techniques of Astral Projection*, London 1964.

Cummins, Geraldine, *Beyond Human Personality*, London 1935.

David-Neel, Alexandra, *With Mystics and Magicians in Tibet*, New York 1957.

Del Fante, Alberto, *Who is Padre Pio?*, New York 1955.

»Discussion On Voice Phenomena«, in *Light*, Sommer 1971.

Ducasse, D. M., *A Philosophical Scrutiny of Religion*, New York 1953.

–, *The Belief in a Life after Death*, Springfield, Illinois, 1960.

Dunlap, Jane, *Exploring Inner Space*, New York 1961.

Eastman, Margaret, »Out-of-the-Body Experiences«, in *Proceedings* der S. P. R., Bd. 53, Dez. 1962.

Ebon, Martin, *They Knew the Unknown*, New York 1971.

Edmunds, Simeon, »The Higher Phenomena of Hypnotism«, in *Tomorrow*, Bd. 2, Nr. 4, Herbst 1963.

Eisenbud, Jule, *Gedankenfotografie*, Freiburg i. Br. 1975.

Eliade, Mircea, *Schamanismus und archaische Ekstasetechnik*, Zürich und Stuttgart 1957.

Ethelberg, Sven, »Changes in Circulation through the Anterior Cerebral Artery«, in *Acta Psychiatricia et Neurologica Scandinavia*, Stockholm 1951.

Fahler, Jarl, »Does Hypnosis Increase Psychic Power?« in *Tomorrow*, Bd. 6, Nr. 4, Herbst 1958.

Findlay, Arthur, *The Way of Life*, London 1953.

Ford, Arthur, *Bericht vom Leben nach dem Tode*, Bern/München/Wien 1972.

–, »From the European Press – Swiss Research on the ›Voices‹«, in *Parapsychology Review*, Bd. 3, Nr. 4, Juli/Aug. 1972.

Fox, Oliver, *Astral Projection*, New York 1962.

Freuchen, Peter, *The Book of the Eskimos*, New York 1961.

Garrett, Eileen J., *My Life is a Search for the Meaning of Mediumship*, London 1939.

–, *Telepathy*, New York 1945.

–, *Awareness*, New York 1945.

–, *Adventures in the Supernormal*, New York 1959.

–, »The Nature of My Controls«, in *Tomorrow*, Bd. 2, Nr. 4, Herbst 1963.

–, »On Death«, in *Parapsychology Review*, Sondernummer, Okt. 1970.

Geley, Gustave, *Vom Unbewußten zum Bewußten*, Stuttgart 1925.

Goethe, J. W. von, *Artemis Gedenkausgabe der Werke, Briefe und Gespräche*, Bd. 10, Zürich 1952.

Hales, Carol, »Astral Errand of Mercy«, in *Fate*, Bd. 16, Nr. 9, Sept. 1963.

Hankey, Muriel, *J. Hewat MacKenzie*, New York 1963.

Hart, Hornell, »Six Theories about Apparitions«, in *Proceedings* der S. P. R., Bd. 50, Mai 1956.

–, »Man outside his Body«, in *Beyond the Five Senses*, New York 1957.

–, *The Enigma of Survival*, Springfield, Illinois, 1959.

Heywood, Rosalind, *ESP: A Personal Memoir*, New York 1964.

Hillers, Henry S., »Projecting the Etheric Body«, in *Journal* der A. S. P. R., Bd. 29, 1935.

Hunt, Douglas, *Exploring the Occult*, London 1964.

Iremonger, Lucille, *The Ghosts of Versailles*, London 1957.

Jaffé, Aniela, *Geistererscheinungen und Vorzeichen. Eine psychologische Deutung*, Zürich und Stuttgart 1958.

Johnson, Raynor C., *The Imprisoned Splendour*, New York 1953.

–, *Nurslings of Immortality*, New York 1957.

Jourdain, E. F./Moberly, C. A. E., *An Adventure*, New York 1955.

Jürgenson, Friedrich, *Sprechfunk mit Verstorbenen*, Freiburg i. Br. 1967.

Jung, C. G., *Synchronizität als ein Prinzip kausaler Zusammenhänge*, Zürich 1952.

–, *Erinnerungen, Träume, Gedanken*, hrsg. von Aniela Jaffé, Zürich/Stuttgart 1962.

Kemmerich, Max, *Gespenster und Spuk*, Ludwigshafen 1921.

Kerner, Justinus, *Die Seherin von Prevorst*, Stuttgart 1973.

Kilner, Walter J., *The Human Atmosphere*, London 1920.

King, Paul, »Confess, Cousin, or the Sound of Your Voice Will Do It for You«, in *Canadian Magazine*, 13. Januar 1973.

Kolb, Laurence C., *The Painful Phantom*, Springfield, Illinois, 1954.

Landau, Lucien, »An Unusual Out-of-Body Experience«, in *Journal* der S. P. R., Bd. 42, Sept. 1963.
Leonard, Gladys Osborne, *My Life in Two Worlds*, London 1931.
Leadbeater, C. W., *Man Visible and Invisible*, India 1952.

MacRobert, Russell G., »Spience Studies Intuition«, in *Tomorrow*, Bd. 9, Nr. 9, Mai 1950.
–, »Hallucinations of the Sane«, in *Journal of Insurance Medicine*, Bd. 5, Nr. 3, Juli 1950.
–, »Where is Bridey Murphy?«, in *The Maple Leaf*, New York, Frühjahr 1956.
Mattiesen, Emil, *Der jenseitige Mensch*, Berlin 1925.
–, *Das persönliche Überleben des Todes*, 3 Bde., Berlin 1936/39.
Miller, R. DeWitt, *You Do Take It with You*, New York 1955.
Mühl, Anita M., *Automatic Writing*, New York 1963.
Muldoon, Sylvan/Carrington, Hereward, *Die Aussendung des Astralkörpers*, Freiburg i. Br. 1964.
–, *The Phenomena of Astral Projection*, London 1951.
–, *The Case for Astral Projection*, Chicago 1936.
Murchison, Carl (Hrsg.), *The Case for and against Psychic Belief,* Worcester, Mass., 1927.
Murphy, Gardner, *Challenge of Psychical Research*, New York 1961.
Myers, F. W. H., *Human Personality and its Survival of Bodily Death*, hrsg. von Susy Smith, New York 1961.

Osis, Karlis, *Deathbed Observations by Physicians and Nurses*, New York 1961.
Osty, Eugene, *Die unbekannten Einwirkungen auf die Materie*, Leipzig 1933.
Owen, G. Vale, *Facts and the Future Life*, London 1922.

Penfield, Wilder, »The Cerebral Cortex of the Mind of Man«, in *Physical Basis of Mind,* hrsg. von Peter Laslett, Oxford 1950.
Pratt, J. Gaither, *Parapsychology,* New York 1964.
Prince, Walter Franklin, *Noted Witnesses for Psychic Occurences*, New York 1963.

Raudive, Konstantin, *Unhörbares wird hörbar*, Remagen 1968.
–, *Überleben wir den Tod?*, Remagen 1973.
–, »Erfahrungen mit dem Stimmenphänomen«, in *Parapsychika* 1974.
»Recording Voice Phenomena«, in *Newsletter*, Nr. 32, 25. Okt. 1972.
Ringger, Peter, »Ein Doppelgänger«, in *Neue Wissenschaft*, Dez. 1952.
Roberts, Jane, *Gespräche mit Seth. Von der ewigen Gültigkeit der Seele,* Genf 1979.

Rose, Ronald, *Living Magic*, London 1957.

Schaffranke, Rolf, »Secrets of the Human Aura«, in *Fate*, Bd. 17, Nr. 6, Juni 1964.
–, »Spirit Voices Tape-Recorded«, in *Fate*, Juli 1970.
Shelton, Harriett M., *Astral Flights*, Privatdruck 1963.
Sherman, Harold, *How to Make ESP Work for You*, Los Angeles 1964.
–, *You Live after Death*, New York 1944.
Sidgwick, Eleanor, »On the Evidence for Clairvoyance«, in *Proceedings* der S. P. R., Bd. 7, S. 30–99.
Smith, Susy, *ESP*, New York 1962.
–, *World of the Strange*, New York 1963.
–, *The Mediumship of Mrs. Leonard*, New York 1964.
–, *Die astrale Doppelexistenz*, Bern und München 1974.
Smythe, F. S., *The Spirit of the Hills*, London 1937.
Sotscheck, Jochem, Bericht über seine Experimente mit dem Stimmenphänomen in *Zeitschrift für Parapsychologie* . . ., Bd. 12, Nr. 4.
Stevens, E. W., *The Watseka Wonder*, Chicago 1887.
Stevenson, I., »A Review and Analysis of Paranormal Experiences Connected with the Sinking of the Titanic«, in *Journal* der A.S.P.R. 1960.
–, »Are Poltergeists Living or Are They Dead?«, in *Journal* der A.S.P.R., 1972.
–, »Twenty Cases Suggestive of Reincarnation«, in *Proceedings* der A.S.P.R., Bd. 26, 1966.
Stolpe, S. (Hrsg.), *Die Offenbarungen der hl. Brigitta von Schweden*, Frankfurt a. M. 1961.
Stolzenburg, A. F., *Antroposophie und Christentum*, Berlin 1925.

Thouless, Robert H., *Experimental Psychical Research*, London 1963.
Thurston, Herbert, S. J., *Surprising Mystics*, London 1955.
–, *Die körperlichen Begleiterscheinungen der Mystik*, Luzern 1956.
Titiev, Mischa, *Introduction to Cultural Anthropology*, New York 1959.
Trechter, David, »Review of Carry On Talking«, in *Parapsychology Review*, Bd. 3, Nr. 6, Nov./Dez. 1972.
Tweedale, Charles L., *Man's Survival after Death*, London 1909.
Tyrrell, G. N. M., *Personality of Man*, Middlesex 1947.
–, *Mensch und Welt in der Parapsychologie*, Hamburg 1960.
–, *Apparitions*, New York 1961.

Walther, Gerda, »Doppelgänger-Erlebnis in Amerika«, in *Neue Wissenschaft*, Heft 2/3, 1952.
–, »The Human Aura«, in *Tomorrow*, Bd. 2, Nr. 3, Frühj. 1954.
Wereide, Thorstein, »Norway's Human Doubles«, in *Tomorrow*, Bd. 3, Nr. 2, Winter 1955.
White, Stewart Edward, *The Betty Book*, New York 1937.

–, *Das uneingeschränkte Weltall*, Zürich 1963.

Whiteman, J. H. M., »The Process of Separation and Return in Experiences Fully Out-of-the-Body«, in *Proceedings* der S. P. R., 1953–1956.

–, *The Mystical Life*, London 1961.

Williams, Sophia, *You are Psychic*, Hollywood 1946.

Yogananda, Paramahansa, *Autobiographie eines Yogi*, Weilheim/Obb., ⁷1971.

Yram, *Practical Astral Projection*, New York o. J.

Bildquellennachweis

Der größte Teil der Abbildungen wurde aus der amerikanischen Originalausgabe übernommen. Die übrigen Abbildungen stammen aus dem Archiv des Scherz Verlages.

Personen- und Sachregister